L'italiano giuridico in Italia e nelle istituzioni dell'UE

ÉTUDES DE LINGUISTIQUE, LITTÉRATURE ET ART
STUDI DI LINGUA, LETTERATURA E ARTE
Dirigée par Katarzyna Wołowska et Maria Załęska

Volume 56

PETER LANG

Desy Masieri

L'italiano giuridico in Italia e nelle istituzioni dell'UE

PETER LANG

Bibliographic Information published by the Deutsche Nationalbibliothek
The Deutsche Nationalbibliothek lists this publication in the Deutsche Nationalbibliografie; detailed bibliographic data is available online at http://dnb.d-nb.de.

Cover illustration: Courtesy of Benjamin Ben Chaim.

ISSN 2196-9787
ISBN 978-3-631-87648-0 (Print)
E-ISBN 978-3-631-87999-3 (E-PDF)
E-ISBN 978-3-631-88000-5 (EPUB)
DOI 10.3726/b19827

Peter Lang – Berlin · Bern · Bruxelles · New York · Oxford · Warszawa · Wien

This publication has been peer reviewed.

www.peterlang.com

Ringraziamenti

Vorrei ringraziare in particolar modo il prof. Roman Sosnowski, per il suo impegno, per la sua gentilezza e per l'ammirevole pazienza che in questi anni ha avuto nei miei confronti. Inoltre, vorrei ringraziarlo per essere sempre stato un vero maestro disposto a tirar fuori il meglio di me e a seguirmi in tutte le tappe del mio lavoro. Inoltre, vorrei ringraziarlo per aver creduto in me e per avermi sempre sostenuta.

Vorrei ringraziare tutti i professori, adesso miei colleghi, dell'Istituto di Lingue e Letterature Romanze e in particolare del Dipartimento di Italianistica per essere stati in questi anni i miei mentori e per esser diventati la mia seconda famiglia. Vorrei dedicare un ringraziamento speciale alla prof.ssa Jadwiga Miszalska per il suo sostegno e ringraziare il dott. Daniel Słapek per il suo aiuto.

Vorrei ringraziare la prof.ssa Emanuela Piemontese e il prof. Francesco De Renzo per il loro sostegno durante il mio soggiorno a Roma.

Infine, un ringraziamento speciale alla mia Mamma per il suo sostegno morale e la sua pazienza.

Indice

Premessa 13

Parte prima: il linguaggio giuridico italiano

1. Il linguaggio giuridico: studi e problemi 19

1.1. Il linguaggio giuridico: osservazioni preliminari 19

1.2. Lingua vs. potere. Giuristi vs. linguisti. 24

2. Le caratteristiche peculiari del linguaggio giuridico 29

2.1. Classificazione dei testi giuridici 29

2.2. Il lessico del linguaggio giuridico 30

2.2.1 I latinismi nel linguaggio giuridico 40

2.3. Caratteristiche morfologiche 43

2.4. Caratteristiche sintattiche del linguaggio giuridico 45

Parte seconda: il linguaggio comunitario e la realtà dell'UE

3. Il multilinguismo 53

3.1. La politica del multilinguismo dell'UE 53

3.2. Il multilinguismo come base del funzionamento della legislazione comunitaria 55

3.3. Multilinguismo e interpretazione del diritto comunitario 57

3.4. Lingue ufficiali, lingue di lavoro e lingue procedurali. Lotta di potere fra il francese e l'inglese. 58

4. Il regime linguistico delle principali istituzioni europee 61
4.1. La Commissione europea 61
4.2. Il Consiglio dell'UE 64
4.3. Il Parlamento europeo 65
4.4. La Corte di giustizia e il Tribunale 66
4.5. La Banca centrale europea (BCE) 69
4.6. La Banca europea per gli investimenti (BEI) 69
4.7. La Corte dei Conti 70
4.8. Il Mediatore europeo e l'Alto rappresentante 70
4.9. Comitato delle regioni, Comitato economico e sociale 71
4.10. Le Agenzie 72

5. Aspetti linguistici dell'Unione europea 73
5.1. Il linguaggio comunitario 73
5.2. I principali atti dell'UE 76
5.2.1. Regolamenti 76
5.2.2. Direttive 76
5.2.3. Decisioni 77
5.4. La redazione dei testi comunitari 77
5.5. Traduzione, redazione e revisione 83

6. La traduzione presso le istituzioni europee 87
6.1. Tecnologia e traduzione 87
6.1.1. La traduzione automatica 87
6.1.2. Strumenti di ausilio della traduzione 88
Poetry, ManDesk, TraDesk e DGT Vista 88
Translator's Workbench (TWB) 89
Euramis 89

6.1.3. Strumenti di ricerca terminologica 90
IATE 90
Eur-Lex, N-Lex, Quest, DocFinder 91
6.2. La traduzione comunitaria 91
6.2.1. La traduzione comunitaria: prassi e sfide 91
6.2.2. Fenomeni di interferenza nella traduzione giuridica verso l'italiano dalla lingua francese e dalla lingua inglese 98

7. Il profilo dei traduttori e degli interpreti comunitari 103
7.1. La Direzione Generale della Traduzione della Commissione europea (DGT) 103
7.2. La Direzione Generale Interpreti (DGI) 105
7.3. Traduttori e selezione 105
7.3.1. Ufficio europeo per la selezione del personale (EPSO) 105
7.3.2. Criteri formali 106
7.3.3. Giuristi linguisti 107
7.3.4. Interpreti 108
7.3.5. L'interpretazione nell'ambito comunitario 110

Parte terza: descrizione e analisi del corpus

8. Descrizione e selezione del corpus 115
8.1. Criteri generali 115
8.2. Direttive 116
8.3. Decreti 117
8.4. Linguaggio giuridico italiano ed euroletto a confronto: introduzione all'analisi 119
8.5. Finalità dell'indagine e metodologia 121

9. Analisi lessicale 125

9.1. Prestiti dalla lingua inglese 125

9.2. Latinismi 150

9.3. Tecnicismi 161

9.4. Lessico dell'ambito dell'UE 184

Note conclusive in merito alla parte lessicale 191

10. Analisi sintattica 195

10.1. Verbi e strutture verbali 195

10.2. Verbo modale + verbo + si enclitico o si proclitico 200

10.3. Participi presenti 202

10.4. Participi passati 205

11. Tempi e modi 211

11.1. Presente e futuro indicativo 211

11.2. Passato remoto 212

11.3. Congiuntivo 213

11.4. Il condizionale 217

11.5. Forma impersonale 220

11.6. Forme passive e forme impersonali 229

11.7. Diatesi passiva 231

11.8. Gerundio 236

11.9. Gerundio e si enclitico 237

12. Subordinate e congiunzioni 241

12.1. Congiunzioni condizionali 241

12.2. Congiunzioni finali 246

12.3. Congiunzioni concessive 247

12.4. Congiunzioni causali 250

Note conclusive in merito all'analisi sintattica 253

Conclusioni finali 259

Bibliografia 271

Sitografia 277

Premessa

La presente ricerca ha il fine di presentare in maniera contrastiva le caratteristiche del linguaggio giuridico dell'Unione europea e le peculiarità del linguaggio giuridico italiano. L'opera è divisa in tre parti principali, ossia due teoriche e una pratica. Le prime due parti comprendono la letteratura scientifica che costituisce il punto di partenza per l'analisi del corpus.

Il fine dell'analisi era riscontrare quanto il linguaggio giuridico italiano e il linguaggio giuridico dell'UE diversità o similitudini sul piano lessicale e sintattico. Si tratta di due varietà diverse benché entrambe contengano testi di diritto in lingua italiana. Le differenze sono dovute a vari fattori, quali prima di tutto l'origine delle due varietà. Il linguaggio giuridico italiano ha una forte e lunga tradizione giuridico-linguistica, mentre il linguaggio comunitario è una varietà recente formatasi con la nascita dell'UE ed è il risultato di un complesso lavoro di traduzione, il quale nella maggior parte dei casi richiede l'impegno di numerosi traduttori ed esperti. Ovviamente, ci sono punti di contatto tra le due varietà che possono potenzialmente risultare in somiglianze linguistiche.

L'argomento è stato scelto perché vi sono relativamente pochi studi comparativi sul linguaggio giuridico comunitario e il linguaggio giuridico italiano. L'ipotesi iniziale, formulata sulla base di un limitato numero di testi e su letture preliminari, presupponeva che i testi comunitari fossero più semplici rispetto ai decreti nazionali. Tale ipotesi si basava sull'attenzione delle istituzioni europee alla redazione e al destinatario, ma anche dal fatto che il linguaggio comunitario presumibilmente potesse contenere meno tecnicismi collaterali e strutture arcaiche, dato che è il risultato di un lavoro di traduzione e non ha una lunga tradizione linguistica consolidata come nel caso del linguaggio giuridico italiano. L'ipotesi di partenza è stata oggetto di verifica sia nella parte teorica, con attenta lettura e interpretazione delle ricerche precedenti sia nella parte pratica, dove i vari tratti lessicali e sintattici sono stati confrontati nelle due varietà in questione.

La ricerca è divisa in due parti principali, a loro volta suddivise in capitoli. La prima parte è costituita dalla parte teorica in cui sono state incluse le principali nozioni e gli studi sul linguaggio giuridico e sul linguaggio comunitario, ritenuti il punto di partenza per il confronto effettuato nel presente elaborato. Il primo capitolo tratta del linguaggio giuridico italiano e ne include le peculiarità lessicali e sintattiche. Inoltre, sono state riportate le osservazioni incluse in diversi manuali di scrittura in merito alla redazione degli atti giuridici.

La parte seguente descrive il linguaggio comunitario a partire dalla nozione di *multilinguismo*. Di seguito vengono presentati il regime linguistico delle singole istituzioni e la politica linguistica delle istituzioni della UE, per poi passare alla traduzione comunitaria, in cui viene riportato il lavoro di redazione e traduzione degli atti dell'UE, compreso l'ausilio della tecnologia, ovvero i sistemi e le banche dati utilizzati dai traduttori dell'UE. Infine, viene presentato il profilo del traduttore comunitario e dei linguisti giuristi, compreso il loro reclutamento a partire dalle istituzioni responsabili della selezione del personale, per arrivare ai criteri richiesti e alla particolarità della traduzione comunitaria dal punto di vista tecnico e culturale.

Nella parte teorica, sono menzionati non solo gli studi linguistici, ma anche i rispettivi manuali di scrittura, in particolare nell'ambito della legistica. Vengono citate non solo le indicazioni dei linguisti italiani sulla scrittura delle leggi italiane, ma anche il manuale della Commissione europea riguardante la redazione delle direttive comunitarie. Le osservazioni contenute nei manuali di scrittura menzionati sono state fondamentali per lo svolgimento della presente indagine.

La seconda parte della presente ricerca è costituita dall'analisi del corpus, divisa in tre capitoli: il primo capitolo è dedicato alla descrizione del corpus, ai criteri di selezione e alla metodologia d'indagine. Il corpus è divisibile in due principali gruppi: il primo composto dalle direttive, l'altro dai decreti legge che recepiscono le direttive scelte. Dal punto di vista della quantità dei testi e delle parole, il corpus risulta essere asimmetrico. Tale problema deriva dal fatto che un decreto legge può recepire più direttive. Oltre ai dati quantitativi, sono riportate le differenze che rendono asimmetrico il corpus, ossia il numero complessivo delle parole e il numero dei testi. Tale discrepanza deriva dal fatto che un atto di recepimento può attuare più direttive.

Il secondo capitolo della parte analitica è dedicato all'analisi lessicale. Lo scopo dell'indagine consiste nel rilevare la presenza e le eventuali differenze d'uso di prestiti, tecnicismi specifici o collaterali e termini gergali. L'indagine svolta ha il compito di verificare se l'incidenza dei fenomeni lessicali sia uguale in entrambe le varietà. Nell'analisi è verificata la presenza sia dei tecnicismi collaterali che dei loro eventuali equivalenti appartenenti alla lingua comune per verificare quale delle due varietà sia più incline alla semplificazione terminologica.

Per quanto riguarda i termini di provenienza straniera, ci si avvale degli esempi di origine dotta e provenienti da altre lingue comuni. Un'altra questione rilevante per l'analisi è in quale dei corpus vi siano più prestiti e come i termini di origine straniera vengano percepiti in entrambe le varietà giuridiche. Tale questione solleva il problema della redazione dei testi giuridici e del destinatario, solitamente non esperto del settore. L'ultimo capitoletto della parte lessicale concerne i termini gergali e gli eventuali calchi di traduzione. Anche in questo caso è rilevante appurare come il giurista italiano inserisca o meno nei decreti i termini appartenenti al gergo comunitario.

Il terzo capitolo della parte analitica concerne le peculiarità sintattiche riscontrate nel corpus. Tuttavia, occorre precisare che anche in questa fase sono stati selezionati solo i fenomeni linguistici ritenuti più rilevanti. Nella scelta, la parte teorica è stata il punto di partenza, in particolare il capitolo concernente il linguaggio giuridico. Infatti, la presente indagine è focalizzata sulla scelta dei verbi e dei complessi verbali nei rispettivi corpus, sull'incidenza dei participi presenti e passati, sulla scelta di tempi e modi in particolare per quanto concerne il modo congiuntivo e il modo condizionale. Inoltre, la ricerca valuta la forme impersonali, la diatesi passiva e le sue funzioni e la presenza del gerundio. Infine, sono prese in considerazione le congiunzioni finali, concessive e causali per verificarne e paragonarne la frequenza d'uso nei rispettivi testi. Per una maggiore chiarezza, sono riportati i dati in merito all'occorrenza normalizzati a un milione per rendere l'analisi più oggettiva.

La presente indagine non è esauriente, ma è volta ad essere un punto di partenza per i futuri studi di linguistica in materia della traduzione giuridica e comunitaria, ma anche della legistica. Inoltre, la ricerca ha cercato di individuare ed eventualmente valutare un'eventuale influenza reciproca delle due varietà. Si ritiene che tale modalità di analisi possa essere utile non solo dal punto di vista prettamente linguistico, ma anche traduttivo.

Parte prima: il linguaggio giuridico italiano

1. Il linguaggio giuridico: studi e problemi

1.1 Il linguaggio giuridico: osservazioni preliminari

Il presente capitolo ha come scopo definire le principali peculiarità del linguaggio giuridico in maniera introduttiva. Le problematiche menzionate verranno approfondite nelle successive parti della presente ricerca.

Occorre partire dal presupposto che già la definizione del linguaggio giuridico risulta essere problematica dato che gli studiosi si avvalgono di diversi termini ad es. lingua del diritto, linguaggio legale, linguaggio giuridico, ecc. Qualsiasi discorso su problemi giuridici fa parte del linguaggio giuridico, anche se possiamo suddividerlo in diverse categorie, come ad esempio linguaggio legislativo, linguaggio giurisprudenziale o linguaggio della dottrina giuridica.

Nel presente libro ci limiteremo a usare il termine linguaggio giuridico, inteso come linguaggio che esprime l'insieme di testi e discorsi concernenti il diritto e applicati dai giuristi. Non entreremo quindi in dettaglio delle varie classificazioni, eventualmente, all'occorrenza segnalando la sottovarietà del linguaggio giuridico che andremo a richiamare.

Innanzi tutto, il linguaggio giuridico è una lingua speciale, ovvero una varietà diafasica distinguibile dalla lingua standard e dalle altre varietà per le sue caratteristiche peculiari. Sobrero (1993: 237–138) riporta che le lingue speciali si differenziano in base al loro grado di tecnicizzazione e, a differenza dei sottocodici, hanno un linguaggio proprio. Infatti, come ogni lingua specialistica, il linguaggio giuridico ha tratti distintivi soprattutto sul piano lessicale, ma anche morfosintattico che lo rendono particolare rispetto a tutti gli altri.

Tuttavia si ritiene che le lingue speciali siano artificiali e isolate rispetto alla lingua comune, ciò non è del tutto vero dato che, come menziona Scarpa (2005: 16–17), il contatto fra la lingua standard e le lingue speciali è bidirezionale siccome esse restringono e specializzano le norme della comunicazione. La particolarità delle lingue speciali consiste nel restringere e specializzare le regole linguistiche della comunicazione. Tuttavia, occorre tenere a mente che una delle caratteristiche del linguaggio giuridico è il rapporto bidirezionale con le altre lingue speciali, visto che il diritto non ha confini precisi e abbraccia tutti gli ambiti delle nostra vita (Ibidem).

Secondo Hoffmann (in Sobrero 1993: 243) le caratteristiche di una lingua specialistica sono: precisione, oggettività, astrattezza, generalizzazione, densità di informazione, sinteticità, neutralità emotiva, massima precisione, impersonalità, coerenza logica, uso di termini tecnici definiti, simboli e figure, ossia peculiarità presenti nel linguaggio giuridico e nei testi di diritto definiti come molto vincolanti (D'Achille 2003: 201).

Nel linguaggio giuridico è molto marcato il rapporto tra lingua speciale e lingua standard rilevato da Scarpa. Questo perché il diritto delinea i confini di ogni parte della vita quotidiana dalla famiglia alla tecnologia e alla medicina. Infatti, nei testi giuridici sono presenti tecnicismi di altre lingue speciali o tecnicismi, la cui accezione dipende dal contesto d'uso.

Il linguaggio giuridico è una varietà diafasica, ovvero relativa al contesto extralinguistico, ma contiene caratteristiche diastratiche, ossia la sua percezione dipende dalle caratteristiche socio-culturali dei parlanti, dai giuristi, ai cittadini con un basso livello di istruzione (Mantovani 2008: 23).

Vellutino (2018: 68–69) evidenzia che nella sociolinguistica dell'italiano contemporaneo, il linguaggio giuridico si colloca sull'area dell'italiano standard. Il linguaggio istituzionale presenta una serie di testi specifici e lessemi derivanti dalle combinazioni del lessico comune alla materia specialistica. Un'altra caratteristica rilevante del diritto consiste nell'intrinsecare i diversi linguaggi tecnico-scientifici, fenomeno visibile sia nella legislazione nazionale che in quella comunitaria (Antelmi 2008: 113–114).

Come evidenzia Serianni (2003:107–108), il linguaggio giuridico è, o almeno dovrebbe essere, strettamente connesso con la linguistica, dato che abbraccia tutti gli ambiti della nostra vita e non ha confini precisi. Il linguista precisa che la rilevanza linguistica si veicola su due aspetti: in primo luogo, molti termini giuridici derivano dalla lingua comune anche se solitamente descrivono concetti che possono essere definiti come più ristretti, più comprensibili o semplicemente differenti; in secondo luogo, gli atti normativi dovrebbero costituire un insieme coeso dal punto di vista terminologico e giuridico, in cui non sono ammesse ambiguità interpretative. Ed ecco che troviamo un'altra caratteristica del linguaggio giuridico riscontrata in tutte le lingue speciali, ovvero la monosemia (Masini 2007: 69).

La complessità del linguaggio giuridico è visibile anche nel fatto che il sistema giudiziario è costituito da diversi gradi di giudizio, mettendo in conto il cosiddetto principio di fallibilità del processo, dovuto dall'erronea (seppur in buona fede) interpretazione. Proprio il concetto di interpretazione del diritto, e dei piani a cui si applica, mostrano quanto importante sia la lingua nel diritto, concetto purtroppo sottovalutato da molti giuristi italiani, come vedremo nei seguenti capitoli.

Il linguaggio giuridico delinea le norme sociali e comportamentali di una comunità; per questo è rivolta a un incalcolabile numero di destinatari. Vellutino (2018: 63) cita Beccaria, il quale nota che in una società interconnessa come quella odierna, vi è un rapporto di osmosi con la lingua comune che rende sempre minore la distanza e le differenze tra il lessico comune e il lessico tecnico-scientifico, cosa che porta al continuo aumento di neologismi della lingua comune provenienti dal lessico di una lingua speciale, com'è anche possibile che i lessemi specifici entrino a far parte della lingua comune. Questi passaggi sono chiamati *procedimento del travaso* o *transfert* (Ibidem 64).

Per sottolineare la complessità e interdisciplinarità del linguaggio giuridico-burocratico, Vellutino utilizza il termine *linguaggi istituzionali* (2018: 84–84). Effettua la divisione in linguaggi istituzioni speciali del diritto e dell'amministrazione a cui appartengono il linguaggio normativo (compreso il linguaggio processuale delle sentenze emanate dalle corti di giustizia) e il linguaggio amministrativo. L'altro gruppo appartiene ai linguaggi istituzionali mediali per la comunicazione e l'informazione, a cui appartengono il linguaggio per la comunicazione pubblica e per le relazioni pubbliche, il linguaggio giornalistico volto alla collaborazione con la stampa (compresi i loro siti istituzionali e le testate giornalistiche) e il linguaggio pubblicitario concernente le campagne pubblicitarie o di comunicazione su diritti, servizi, opportunità o volti a promuovere iniziative o sensibilizzare la società riguardo a iniziative importanti.

Un'altra caratteristica dei linguaggi specialistici consiste nella loro complessità dovuta al fatto che solitamente si tratta principalmente di testi destinati ad esperti, o in maniera che siano comprensibili solo a esperti. Tale fenomeno è legato ad una questione di potere, alla mancata attenzione ai destinatari, ma anche, come appurato nei seguenti capitoli, dal fattore storico, il quale ha inciso (e continua a incidere) sul linguaggio giuridico, il più conservatore fra tutti i linguaggi specialistici.

Questo è dovuto all'importanza del linguaggio giuridico, il quale ha il potere di cambiare e delineare la realtà, imponendo regole e comportamenti su ogni ambito della nostra vita. Tuttavia, gli atti giuridici e amministrativi vengono discussi dai linguisti per la loro mancata comprensibilità da parte del cittadino medio. Usando un linguaggio poco chiaro, o meglio oscuro, i giuristi inconsapevolmente violano la legge, secondo la quale il diritto deve essere accessibile e conosciuto dai cittadini.

Tale imperatività della giurisprudenza si divide in *carattere performativo* e *carattere prescrittivo*. Il primo delinea il concetto di autorità dello Stato e dei comandi espressi dalle norme. Il carattere prescrittivo concerne le frasi prescrittive, le quali possono essere parafrasate con l'utilizzo del verbo modale *dovere*. Le norme prescrittive sono volte a un fine, mentre le norme performative non delineano comportamenti ma sono atti con effetto immediato nel momento dell'enunciazione, definiti costitutivi o dispositivi, dato che non solo condannano, assolvono o autorizzano, ma applicano simultaneamente il contenuto dell'atto (Mortara Garavelli 2001: 62).

Infatti, oltre al carattere performativo, nel linguaggio giuridico si denota inoltre il carattere costitutivo dell'ordine del discorso. Questo perché le leggi oltre a prescrivere comportamenti o divieti, fondano enti, sanciscono legittimità e altri valori di una società. (Antelmi 2008: 103). Un enunciato dichiara l'atto nel momento stesso in cui esso viene compiuto come ad es. " Io vi dichiaro marito e moglie". I testi giuridici non si delineano solo alla dimensione del *dire* ma anche del fare, e incidono nettamente sulla realtà imponendo obblighi e conferendo diritti (Rashed 2015: 53).

Tuttavia, malgrado sia una lingua di natura specialistica con valore performativo, essa contiene anche elementi di vaghezza, o non completa determinatezza, dovuti alla sua flessibilità, ovvero al fatto che nel tempo è costretto a descrivere nuove situazioni e nuove realtà (Antelmi 2008: 94).

Al tema del linguaggio giuridico è legato il linguaggio burocratico, ovvero il linguaggio della comunicazione dell'amministrazione pubblica, ritenuto un sottocodice del linguaggio del diritto. Entrambi hanno in comune innanzi tutto l'appartenenza al diritto, ma anche molti altri tratti ad es. sul piano lessicale, sintattico e morfologico. Infatti, entrambi sono molto criticati dai linguisti. Anche se il linguaggio giuridico è strettamente legato al linguaggio burocratico, con cui ha un rapporto bidirezionale, nella presente ricerca si analizzerà solo il linguaggio giuridico in paragone con il linguaggio comunitario.

Tuttavia, occorre menzionare che per quanto riguarda il linguaggio giuridico, la sua complessità è determinata dal fattore storico. Come sottolinea De Mauro (2011: 420), fin dal XIX secolo, ai tempi dell'unificazione politica, era necessario arrivare all'unificazione linguistica anche dal punto di vista terminologico, siccome già a quei tempi nel linguaggio del diritto erano presenti barbarismi, dialettalismi, a causa di una mancata codificazione e unificazione.

Vale la pena notare che Vittorio Sciaiola (Ibidem: 429) creò un circolo di studi giuridici in cui si mostrava prettamente contro l'affermazione secondo cui un libro poteva essere ritenuto come elaborato e accurato solo in base a quanto fosse lontano linguisticamente dalle norme dell'italiano, concetto, fortunatamente, capovolto al giorno d'oggi grazie ai diversi studi sulla scrittura elaborata, come vedremo nella parte seguente della presente ricerca.

Questo problema persiste ancora negli anni trenta nel manuale di Giovanni Giurati (Ibidem: 430), il quale tratta del linguaggio delle arringhe in relazione alla lingua comune, o meglio alla divaricazione tra i vari italiani regionali. È evidente che se dopo così tanti anni di unificazione non si è riusciti a trovare una lingua comune, non si può pretendere di trovare una lingua speciale immune a questa differenziazione. Questo perché la differenza tra la lingua standard imposta e la lingua parlata, o meglio le lingue parlate, è troppo marcata. De Mauro (Ibidem: 423–424) nei suoi studi evidenzia che tuttavia l'uso degli arcaismi e dei latinismi è dovuto alla natura del linguaggio giuridico.

Un altro problema era la povertà lessicale del linguaggio giuridico. D'altro canto, De Mauro sottolinea che talvolta i giuristi dimenticano che le norme servono non solo a comunicare un messaggio, ma sono strumenti che delineano la comunicazione sociale e i rapporti nella società stessa. Infatti, non è sufficiente studiare la legislatura dal punto di vista linguistico, ma occorre la logica dei rapporti sociali, disciplinati dal loro trattamento nella legislazione nel contesto storico e tecnico. Rinunciare a una ristretta sistemazione e unificazione terminologica dipende anche dalle necessità attuali dello Stato e della normativa, l'inserimento di termini tecnici di diversi ambiti e il riferimento strutturale e terminologico ai modelli stranieri, ossia del latino classico, del tedesco e del francese (Ibidem: 429).

Anche Piemontese (1998: 322) riprende il lavoro di De Mauro e sostiene che il problema della comprensione delle leggi risale almeno dall'Ottocento, quando Ferdinando Arrivabene nell'opuscolo *Della lingua forense. Dissertazione.* sosteneva la necessità di una lingua migliore, dichiarando anche il timore che tale intento potesse rivelarsi "fatica gittata".

Come afferma Piemontese, le vicende storiche e politiche hanno certamente influito sull'italianizzazione e sul linguaggio giuridico, ma anche il manicheismo e la difformità tra produttori dei testi e i loro riceventi. Proprio così si è cominciato a pensare alla qualità dei testi non solo dal punto di vista strettamente linguistico, ma anche redazionale e concettuale, il che ha portato all'elaborazione di diversi manuali di stile per la redazione dei testi amministrativi e giuridici.

Nella valutazione del linguaggio giuridico italiano, occorre tenere a mente che l'Italia è seconda alla Svizzera per quanto riguarda la ricchezza di produzione legislativa, il che è anche causa di un certo disordine nel campo giuridico, fatto che incide sul linguaggio giuridico (soprattutto sul piano lessicale) e sui problemi nella redazione legislativa. L'Istituto per la documentazione giuridica (IDG) ha creato degli archivi volti a realizzare un *Vocabolario storico della lingua giuridica italiana* per poter permettere ricerche sull'evoluzione del lessico giuridico. Tali ricerche potrebbero essere strumenti di supporto per i giuristi per la comprensione del significato di alcuni termini ma anche per linguisti e traduttori (Mariani Biagini, Parenti 2000: 285–287). Sono stati creati diversi glossari, quali ad es. il *Glossario delle consuetudini giuridiche dall'Unità d'Italia*, *Lo schedario pratese del Vocabolario giuridico italiano* (1275–1807), il *Glossario giuridico dei testi in volgare di Montepulciano* o il *Glossario della legislazione medicea sull'ambiente* e molti altri.

Come vediamo, il linguaggio giuridico è una varietà assai complessa studiata sia da linguisti che giuristi. Nelle seguenti parti verranno approfondite le problematiche accennate e menzionati diversi contributi e studi sulla "lingua del potere", fra cui il rapporto fra lingua e diritto, giuristi e linguisti.

1.2. Lingua vs. potere. Giuristi vs. linguisti.

La questione del potere della lingua nell'ambito del diritto merita attenzione, dato che, come si può appurare, la lingua è potere, soprattutto nel linguaggio giornalistico, politico e giuridico la lingua va ritenuta uno strumento di potere proprio perché fin dai tempi antichi, colui capace di adoperare la parola ricopriva cariche importanti nella società. A differenza del linguaggio giornalistico e politico, la forza della parola si manifesta in maniera forse meno evidente nel linguaggio del diritto. Questo perché raramente i cittadini hanno a che fare in maniera diretta con le norme e il loro linguaggio, a differenza dei media.

Cavagnoli (2013: 74) cita Cardona quando afferma che la lingua è potere visto che definisce i ruoli sociali, i quali possono essere simmetrici o asimmetrici, definisce i rapporti fra i membri di una comunità, indicandone la distanza come ad es. grazie al "lei di cortesia" o tramite l'imperativo unidirezionale. Il linguaggio giuridico regola i rapporti della società, ma ne stabilisce anche l'etica, i valori, le convinzioni e le funzioni di determinati gruppi sociali, tramite le norme (Ibidem: 75) anche perché è risaputo adoperare la parola, la quale è in grado di convincere, obbligare, creare una nuova realtà. Come sottolineano Garzone e Santulli (2008:13), la particolarità del linguaggio giuridico consiste nel fatto che nel diritto la lingua non serve solo a comunicare contenuti e descrivere la realtà, ma essa manifesta, anzi è piuttosto la manifestazione del diritto in sé.

Da tempo, nella sociolinguistica si studiano i legami tra lingua e potere. La differenza tra l'approccio linguistico e quello sociolinguistico, secondo Cavagnoli (2013: 75), consiste nel fatto che il linguista analizza le parole, mentre il sociolinguista unisce l'aspetto linguistico ai fattori extralinguistici, ossia potere, autorità, subordinazione o manipolazione per citarne alcuni.

Come rileva Cavagnoli (2013: 75) ai linguaggi specialistici è legata la concezione di prestigio, derivante dal fatto di non essere comprensibili per tutti i potenziali lettori, poiché si è lontani dalla lingua comune per la specificità del loro contenuto. L'inaccessibilità viene marcata con l'uso di infiniti, voce passiva, forme impersonali e con l'alto grado di formalismo, i quali appesantiscono i testi, rendendone più difficile la comprensione. Nelle seguenti parti vedremo perché queste caratteristiche siano a tal punto inammissibili dal punto di vista morale, sociale e giuridico.

Il primo punto su cui vorrei concentrarmi nel problema della relazione lingua-diritto è la forza della parola. Sabatini (1987: 13) nota che la lingua e il modo in cui ci esprimiamo, mostrano una visione dei fatti, ma non necessariamente la realtà. La parola è un mezzo volto a comunicare le nostre idee, ma nel caso del diritto, la parola è potere, vistane la performatività e l'influsso che essa ha sulla società.

In secondo luogo, bisogna pensare a come il diritto e la lingua costruiscano i rapporti interni di una società. Alquanto rilevante è il distacco nei confronti del lettore, marcato non solo con l'uso della forma impersonale (riscontrata nei linguaggi specialistici), ma tramite scelte linguistiche inusuali e lontane dalla lingua comune. Questo porta a pensare quale sia il fine dei testi giuridici e a chi essi siano realmente rivolti. Giuridicamente, il linguaggio giuridico è erga omnes, mentre in realtà gli atti giuridici sembrano piuttosto rivolti ad esperti, visti i tratti lessicali (latinismi, arcaismi) e morfo-sintattici, ardui sia per l'italiano colto che semicolto.

Secondo Sepe (2004: 34) tale distacco deriva dalla mentalità autoritativa dei funzionari pubblici composta da due principali elementi, ossia per prima cosa "infliggere" ai cittadini la preoccupazione di non capire le intenzioni dell'amministrazione, il che spiegherebbe le caratteristiche della comunicazione amministrativa. Inoltre, l'altra faccia della medaglia consiste nella sensazione di burocrati e giuristi di essere ritenuti dai cittadini i colpevoli, per non dire il "capro espiatorio (Ibidem) della mancata funzionalità del sistema burocratico e legislativo".

Un altro effetto del linguaggio giuridico, riscontrabile nella società è il suo conservativismo in tema di genere femminile. Malgrado da anni vi sia la parità dei sessi, essa non è stata ancora del tutto "sancita" vista la riluttanza ad usare il genere femminile e le continue incertezze o critiche riscontrare nella prassi, come la ministra, il ministro, ecc. Per anni le professioni legate al diritto erano inaccessibili alle donne e tale riluttanza potrebbe far pensare che sia tuttora così. Infatti Cavagnoli (2013: 79) sostiene che la lingua sia un sistema basato su norme che se modificate, modificano a loro volta il sistema. Come sottolinea, non è il sistema linguistico ad essere sessista, ma è la norma linguistica ad esserlo.

Anche Serianni (2003: 108) sottolinea come in nessun altro linguaggio settoriale la lingua abbia tanta rilevanza come nel linguaggio del diritto. Pur essendo una lingua speciale, è fra tutte la meno soggetta ad abbreviazioni e forse alla concretezza, ossia i testi giuridici (mi riferisco soprattutto ai testi interpretativi) oscillano fra la dottrina giuridica, l'interpretazione e l'argomentazione.

A mio avviso questo fenomeno deriva dalla natura intrinseca del linguaggio giuridico, il quale opera con il linguaggio e non solo con il contenuto, il quale spesso passa in secondo piano. Infatti non ci è estraneo il concetto di "forza della parola", secondo cui nell'Antichità erano gli eruditi ad arrivare al potere e chi sapeva adoperare la parola era rispettato e al tempo stesso temuto dalla società. Volendo, è possibile collegare il rapporto lingua-diritto con il linguaggio politico, soprattutto nel caso dei regimi, come ad es. nel caso del linguaggio di Mussolini. A prima vista potrebbe sembrare che non vi siano punti in comune, mentre in entrambi la parola è uno strumento di potere. Per quanto riguarda linguaggio giuridico, è possibile affermare che tale potere si manifesta in maniera più sublime o meno marcata, dato che quando le norme non sono chiare, sono interpretate in vario modo e quindi manipolabili. D'altro canto, non dovrebbe stupire che solitamente i divieti sono espressi in maniera diretta e trasparente, mentre i diritti non sempre. Questo porta i giuristi e i rappresentanti del potere legislativo ad avere in pugno il popolo. Per quanto riguarda il linguaggio politico, tale dominio deriva dalla retorica e dalla forza di persuasione e mira a portare un determinato gruppo di persone al potere legislativo, esecutivo e infine giudiziario. Un altro punto in comune consiste nel fatto che entrambi i linguaggi possono essere un'arma tagliente a discapito dei cittadini.

La quarta dimensione problematica riguarda il dovere di coloro che rivestono una carica pubblica: hanno il dovere di farsi capire e il diritto dei cittadini di capire. Anche se sembra logico, a quanto pare, secondo i giuristi, non tutti i destinatari devono capire il contenuto delle norme, sembra che i giuristi (o politici) si impegnino a non essere compresi per mantenere il loro potere sul popolo, il che è inaccettabile.

Il rapporto lingua vs. diritto, o meglio lingua vs. linguaggio giuridico si delinea in una serie di paradossi. Il primo paradosso è che il linguaggio giuridico è lo strumento del diritto, il quale dovrebbe garantire la parità di tutti i cittadini, mentre essendo esso espresso con un'antilingua, viola il principio base della legislatura e della lingua sul piano della comunicazione e sul piano giuridico, poiché capire e sapere sono un diritto.

Riflettendoci attentamente, la lingua, o il linguaggio con cui vengono espresse le norme, può essere mezzo di controllo democratico o autoritario. Se le norme e le comunicazioni sono incomprensibili, o semplicemente ambigue, non solo il cittadino non comprende gli obblighi da essi derivanti, ma non è nemmeno in grado di prendere coscienza dei propri diritti. La chiarezza linguistica è da ritenersi uno strumento di controllo democratico siccome non lascia piena libertà alla classe politica dirigente, permettendo al popolo di "sapere" e conoscere con chiarezza le azioni eseguite in ambito politico e giuridico (De Renzo 1994: 270). Questa tesi è pienamente conforme con l'opinione di Sepe (2004: 37), secondo cui "oscurare il linguaggio serve ad annebbiare le responsabilità" ma anche ad evitare il controllo democratico, dato che, pensandoci bene, la mancata chiarezza è uno degli elementi che favoriscono il populismo.

Inoltre, ad essere assurdo è anche il rapporto giurista vs. linguista poiché somiglia a una fatica pari a quella di Sisifo. In teoria dovrebbe essere complementare e volto alla collaborazione, mentre in verità i giuristi ignorano le critiche e gli appelli dei linguisti.

Per rendere la legge maggiormente comprensibile sarebbe necessaria la collaborazione fra giuristi e linguisti. Il giurista dovrebbe filtrare nel testo gli elementi giuridicamente rimarchevoli, ovvero individuare le decisioni politiche del legislatore con conseguenze sul comportamento del cittadino, mediante la lingua scelta ad es. con l'uso dell'indicativo come lingua della realtà. Paradossalmente, sono i linguisti a difendere il diritto dei cittadini ad un sistema giuridico e chiedendo una comunicazione amministrativa trasparente, tramite diverse iniziative e manuali di scrittura volti alla semplificazione del linguaggio giuridico e burocratico.

2. Le caratteristiche peculiari del linguaggio giuridico

2.1 Classificazione dei testi giuridici

Nella presente parte ci limitiamo a presentare le principali divisioni dei testi giuridici in base a diversi criteri. La principale classificazione è stata elaborata da Serianni, il quale divide i testi giuridici in normativi, interpretativi e applicativi (2003: 107) in base all'attività dei giuristi, ovvero creare, interpretare e applicare la legge.

Come riporta Mortara Garavelli (2001: 25), i testi normativi sono atti di diritto primario e secondario, come ad esempio costituzioni, convenzioni, decreti, ordinanze, codici, mentre i testi interpretativi riguardano la dottrina giuridica e l'interpretazione delle leggi, tuttavia si ritengono tali anche testi di natura scientifica sul diritto inteso come ambito di studio. Vi sono quattro principali categorie nell'interpretazione giuridica: letterale, logica, analogica e sistematica (Ibidem: 27), le quali si basano su diversi elementi, quali l'elemento storico, argomenti logici o argomenti derivanti da diverse norme. La funzione dei testi interpretativi consiste nel risolvere ogni dubbio e integrare le questioni non precisate nelle singole norme. Tali testi sono considerati parte della comunicazione specialistica, infatti sono elaborati da giuristi per giuristi e trattano di argomenti estranei ai non esperti.

Passando ai testi applicativi, troviamo principalmente atti processuali, amministrativi e atti giuridici privati. I primi sono ordinanze, decreti o sentenze emanati dai giudici, atti giuridici dei magistrati o atti del pubblico ministero. Gli atti dci giudici ricoprono funzioni diverse dato che, a differenza della sentenza, le ordinanze e i decreti sono atti strumentali che servono ad agevolare l'organizzazione del processo: infatti il decreto riguarda questioni burocratiche (come ad es. la data di un'udienza), mentre l'ordinanza regola questioni di maggiore complessità. Vi sono diversi tipi di sentenze: s. di condanna, s. di accertamento o s. costitutive.

Negli atti normativi dell'amministrazione pubblica troviamo avvisi, decreti, ordinanze o verbali (Ibidem: 33) il cui scopo è principalmente fornire informazioni, regolare questioni ambigue o imporre obblighi e doveri ai cittadini.

Gli atti giuridici privati includono atti notarili, contratti, testamenti, ossia atti che concernono il mercato privato, questioni finanziarie o matrimoniali di famiglia, ma non sono di dominio pubblico e necessitano discrezione.

Cavagnoli (2008:290) riprende la classificazione di Mortara Garavelli, notando che essa sia poco stabile dato che l'appartenenza di alcuni testi a un dato gruppo risulta essere discutibile e dipendente dal punto di vista del lettore o di chi utilizza il testo. Si tratta di contratti, titoli e atti amministrativi inclusi nel gruppo di testi normativi ma che potrebbero benissimo essere riconosciuti come testi applicativi, oppure la sentenza che è sia un testo interpretativo che un testo normativo, dato che per i giuristi sono spesso testi di riferimento.

Cavagnoli (Ibidem: 291) propone una classificazione dei testi giuridici in base all'argomento di cui trattano, ossia: diritto pubblico e diritto penale, diritto privato, diritto internazionale e comunitario. Al diritto pubblico appartengono testi di diritto costituzionale, diritto amministrativo (anch'essi divisi in parte generale o parte speciale concernente ad es. ambiente, energia, polizia, ecc.) e troviamo un sottogruppo riguardante il diritto penale, anch'esso diviso in parte generale e parte speciale (diritto processuale penale). Nella categoria "diritto privato" sono inclusi testi concernenti il diritto civile, il diritto lavorativo, il diritto commerciale e il diritto processuale civile. Nell'ultimo gruppo vediamo testi di diritto comunitario, diritto internazionale pubblico e diritto internazionale privato.

Negli ultimi anni sono stati pubblicati numerosi contributi che sottolineano la distintività della sentenza dovuta alla sua interdisciplinarietà siccome è ritenuta un testo di natura argomentativa, normativa, ma anche applicativa, qualità che la rendono per molti una categoria di testo a parte.

2.2. Il lessico del linguaggio giuridico

Nella presente parte verranno presentate le principali caratteristiche lessicali del linguaggio giuridico, da anni fonte di critiche da parte di linguisti e cittadini. Tale fenomeno deriva, come è già stato presentato nel cap. *Il linguaggio giuridico: studi e problemi* (vedi: p. 9), dal fatto che il linguaggio del diritto si distingue per il suo lessico strettamente specialistico, interamente comprensibile solo agli esperti (malgrado sia erga omnes). Tra le diverse cause troviamo sul piano lessicale la presenza di tecnicismi, latinismi ed espressioni ben lontane dall'uso della lingua comune.

Uno dei motivi della difficoltà di comprensione risulta dal fatto che il linguaggio giuridico non è una lingua tecnica in senso stretto (Rashed Beniamen 2015: 49), a differenza della medicina e della fisica ha una tassonomia debole, non si configura come una lingua artificiale ma come una lingua naturale. La questione della definizione dei termini giuridici riguarda diversi aspetti:

a) rapporto o distinzione tra accezione giuridica e accezione comune, oppure tra accezione giuridica e altre accezioni tecnico-settoriali;
b) cambiamento o slittamento di significato all'interno dello stesso vocabolario giuridico dovuti all'evoluzione di concetti e istituti giuridici nel passaggio da un periodo storico-culturale a un altro.
c) compresenza nel vocabolario di uno stesso spaccato temporale e culturale, di voci con accezioni giuridiche differenti in base al sistema e all'ambito disciplinare di riferimento.

In primo luogo, a rendere i testi giuridici difficili ai cittadini, sono i tecnicismi. Occorre menzionare la distinzione di Serianni in *tecnicismi specifici* e *tecnicismi collaterali* (2003: 115) riportata anche negli studi di Mortara Garavelli. Secondo la definizione di quest'ultima (Mortara Garavelli 2001: 10), i tecnicismi specifici sono termini monosemantici appartenenti esclusivamente a un dato settore, come ad esempio:

anatocismo – capitalizzazione degli interessi di una somma dovuta, mediante aggiunta al capitale degli interessi via via maturati;
sinallagma – obbligazione reciproca che in un contratto vincola entrambe le parti a prestazioni corrispettive;
stellionato – nel diritto romano ogni reato o atto doloso, di natura perlopiù commerciale, non compreso in un crimine specifico.

Tuttavia, per quanto riguarda i tecnicismi specifici, Mantovani (2008: 37) nota che essi sono in gran parte costituiti da termini comuni ridefiniti di provenienza dotta e meno comuni rispetto ai tecnicismi collaterali poiché potrebbero causare polisemia all'interno del lessico specialistico.

Tra i tecnicismi specifici sono presenti ad es. *contumacia*, *equipollenza*, *peculato*, *rescissione*, *usucapione*, *vilipendio* (Benedetti 2012: 14). Il termine *contumacia* sembrerebbe essere un ottimo esempio per confermare la definizione sopramenzionata di Mantovani dato che questo termine ha una diversa valenza nel diritto penale e civile. Nel diritto processuale penale concerne la situazione in cui un imputato rifiuta di presentarsi al dibattimento, mentre nel diritto processuale civile il termine descrive la situazione della parte del processo che volontariamente non prende parte al processo (Treccani online). *Contumacia* ha anche altri significati nel linguaggio della medicina, in cui è sinonimo di *quarantena* o *osservazione medica*, o nel linguaggio della Chiesa viene intesa come "ribellione", "condizione di scomunicato", "isolamento e emarginazione" (Ibidem).

Equipollenza, deriva dal linguaggio della geometria, il cui significato è di "equivalenza" ad esempio *documento equipollente*, ovvero un documento dello stesso valore, della stessa importanza (Treccani online). *Peculato* invece significa amministrare in modo disonesto come sinonimo di "truffare", ma non in tutti i casi. Il *peculato d'uso* consiste nel momentaneo utilizzo di una somma di denaro (sempre da un incaricato ufficiale), peculato di distrazione concerne l'uso di beni pubblici per realizzare uno scopo pubblico diverso da quello stabilito o assegnato alla persona, mentre peculato per distrazione riguarda qualsiasi uso illecito o illegittimo di denaro pubblico (Treccani online).

Rescissione nel linguaggio giuridico, significa l'azione di annullamento ad es. di un contratto, della divisione dell'eredità, ovvero un'azione legale dovuta a condizioni non vantaggiose per una delle parti (Treccani online).

Usucapione nel diritto concerne la modalità dell'entrata in possesso di una proprietà di un bene o di un altro diritto sull'uso di esso per un periodo di tempo ridotto (Treccani online). *Vilipendio* nel linguaggio comune è sinonimo di disprezzo, mentre nel diritto penale il reato di vilipendio significa offesa tramite parole, scritti o atti dei principi considerati particolarmente importanti ad es. alla nazione, alla bandiera nazionale, ecc. (Treccani online).

Vale la pena notare che tutti i termini riportati da Benedetti sono di provenienza latina, ovvero *contumacia*, *aequipollentia*, *peculatus*, *rescissio (-onis)*, *usucapio (-onis)*, *vilipendium* (come sostiene Mantovani) e il loro significato può variare in base al linguaggio settoriale in cui vengono utilizzati.

Seguendo Mortara Garavelli (2001:16), i *tecnicismi collaterali*, sono invece espressioni superflue dal punto di vista del significato, ma talvolta scelte dai giuristi per i loro tratti distintivi soprattutto sul piano stilistico. Inoltre, vale la pena precisare che i tecnicismi collaterali, a differenza dei tecnicismi specialistici, servono solo a rendere più complesso il testo e sarebbero facilmente sostituibili con vocaboli ed espressioni maggiormente comprensibili.

Serianni (2003: 113) distingue quattro categorie di tecnicismi collaterali presenti nel linguaggio giuridico, ossia: nomi generali, tecnicismi collaterali di uso stabile diventati tecnicismi specifici, tecnicismi collaterali e locuzioni preposizionali (chiamati tecnicismi collaterali microsintattici).

Tra i nomi generali diventati tecnicismi abbiamo *cosa*, *fatto*, *parte*, *persona* siccome il termine *cosa* nella lingua comune può designare qualsiasi oggetto, mentre nel linguaggio giuridico significa qualsiasi bene che può essere oggetto di un diritto, mentre *fatto* si riferisce a qualsiasi comportamento rilevante dal punto di vista giuridico. La *parte* è il soggetto che stipula contratti con altri soggetti o il protagonista di un processo, mentre per *persona* si intende chiunque sia dotato di capacità giuridica.

Tale fenomeno viene definito *risemantizzazione*, *tecnicizzazione* e consiste nel dare un nuovo significato ai termini che comprendono l'estensione di significato o il restringimento.

Rashed Beniamen (2015: 76), menziona i termini *dispositivo* e *affinità*. Come ben sappiamo, nella lingua comune la parola "dispositivo" si riferisce a qualsiasi congegno, meccanismo che serve per effettuare una determinata azione come ad es. *d. d'allarme*, *d. di controllo*, *d. elettrico*, *d. di sicurezza* (Treccani online), mentre nel linguaggio giuridico si riferisce alla parte della sentenza contenente la decisione. Tuttavia anche nel linguaggio giuridico, questo termine ha diverse accezioni, dato che come sostantivo può significare la parte dispositiva di un contratto, o di una legge, ovvero la parte che specifica i particolari del contratto (Ibidem), ma può riferirsi a qualsiasi documento contenente una dichiarazione di volontà (Treccani online). Nel caso di *affinità*, nel linguaggio comune è sinonimo di "somiglianza", mentre nel diritto si riferisce al vincolo giuridico tra una persona e parenti del coniuge formatosi con il matrimonio.

Serianni (2003:112–113) menziona esempi di termini come *confusione* o *invenzione*. Il primo ha nella lingua comune l'accezione di disordine, mentre nel l. giuridico si riferisce a riunione o "estinzione di obbligazioni o di un debito". Invenzione si riferisce al diritto di ritenere proprio un oggetto mobile ritrovato, se non rivendicato dal legittimo proprietario entro un anno oppure nel diritto civile a una fase di acquisto di una proprietà.

Inoltre, vi sono espressioni elaborate che provengono da parole semplici del linguaggio comune, come ad esempio: *nucleo familiare – famiglia*, *modalità – modo*, *nominativo – nome*, *problematiche – problemi*, *documentazione – documenti* (Lubello 2014: 55). La loro particolarità consiste nel fatto che, benché siano sinonimiche, si preferisce la parola strutturalmente più lunga perché sembra maggiormente ricercata; inoltre il suo significato è facilmente comprensibile, dato che proviene da una parola semplice di seguito elaborata. Come vediamo nuovamente, questa è un'altra scelta lessicale inutile dal punto di vista semantico, ma dettata da un'esigenza di stile e registro.

Mortara Garavelli (2001: 178) riporta quattro esempi di *tecnicismi collaterali*: *adire* ("ricorrere a"), *contemplare* ("prevedere"), *impugnare* ("presentare all'autorità giudiziaria o amministrativa la richiesta di modificare un precedente provvedimento"), *rigettare* ("respingere una richiesta presentata in un procedimento amministrativo o giudiziario").

Inoltre Vellutino (2018: 72–73) sottolinea che i *tecnicismi collaterali* possono essere sostituiti siccome sono termini preferiti per la loro connotazione specialistica e la loro funzione espressiva serve per marcare l'appartenenza a un ristretto gruppo di esperti, donando loro prestigio proprio perché non hanno utilità semantica e aumentano la difficoltà di comprensione ai non esperti. Inoltre, egli elenca alcuni tecnicismi collaterali sostituibili con termini o espressioni meno tecniche:

Tab. 1: Tecnicismi e termini preferibili

Tecnicismo	Termine preferibile
a far data	*dal*
condizione ostativa	*impedimento*
corresponsione/emolumento/oblazione	*pagamento*
dichiarazioni mendaci	*dichiarazioni false*
diniego	*rifiuto*
esecutivo di rilascio	*sfratto*

Inoltre Mortara Garavelli elenca esempi di tecnicismi di decoro espressivo, i quali solitamente sono di origine latina e servono a sottolineare la continuità con il passato e a rendere il testo più ricercato (2001: 178):

Tab. 2: Tecnicismi collaterali e sinonimi

Tecnicismo collaterale	Sinonimo
caducazione	*annullamento*
edittale	*previsto dalla legge*
integrare	*configurare, corrispondere*
interporre	*presentare*
porre in essere	*realizzare*
proporre	*presentare*

Vale la pena citare Lubello (2014: 53), il quale constata la presenza di tecnicismi giuridici entrati nel linguaggio burocratico come *ammenda*, *istanza*, *ingiunzione*, *istruire* o *viziare* ("annullare"). Il linguaggio burocratico, come il linguaggio giuridico adotta numerosi vocaboli dagli altri linguaggi settoriali. Questo perché proprio come il linguaggio del diritto, non ha confini precisi, ma si posiziona tra il linguaggio delle norme e la materia che regola, ad es. le lettere ufficiali indirizzate ai cittadini in materia di contributi, assicurazione sanitaria, ecc. L'incidenza tra il linguaggio giuridico e burocratico è bilaterale, ossia vi sono tecnicismi del linguaggio burocratico entrati nel linguaggio giuridico, come ad esempio: *volturare*, *previo*, *esperire*, *espletare*, *in calce a*, *a tergo*, *attergare* (Rashed Beniamen 2015: 138).

Mantovani (2008: 37) nota che la maggior parte dei tecnicismi collaterali (che chiama anche stereotipi) sono rappresentati da verbi, come ad es. *escutere*, *adire*, *comminare*, *contemplare*, *impugnare*, *rigettare*, i quali formano espressioni giuridiche con altri termini tecnici come ad es. *impugnare la sentenza*, *rigettare l'appello*.

Benedetti elenca altri esempi di tecnicismi che risultano assai lontani dall'uso linguistico del parlante comune, come ad esempio:

Tab. 3: Espressioni presenti nella lingua comune e espressioni presenti nel linguaggio giuridico

Espressione presente nella lingua comune	**Espressione presente nel linguaggio giuridico**
interrogare un testimone	*escutere un teste*
non ottemperare	*disobbedire, non seguire un ordine/ una norma*
sfratto	*provvedimento esecutivo di rilascio*

Come vediamo i tecnicismi collaterali hanno principalmente una funzione di decoro, di stile e potrebbero essere facilmente sostituiti con altri termini senza che ne risenta il livello di registro, come ad esempio interrogare un testimone. Nel caso di *provvedimento esecutivo di rilascio* ovviamente bisognerebbe precisare che si tratta (in questo caso) del rilascio di un immobile, un appartamento e non ad es. di un detenuto. Bisogna sottolineare che il diritto è rivolto a tutti i cittadini: colti e semicolti, italiani e stranieri, raramente in grado di comprendere o, almeno cogliere il senso generale, del significato di tali termini.

Alla presente divisione, Mortara Garavelli (2001: 176–179), aggiunge un'ulteriore categoria di tecnicismi, ossia i tecnicismi giuridici, come: *rogito notarile*, *trascrizioni pregiudizievoli*, *stipula* e le dittologie: *possesso e godimento*, *patti e condizioni*, *peso e vincoli*, *dichiara e garantisce*, *assoluta ed esclusiva*, comprese le formule notarili: *ne accusa quietanza*, *utili e onerosi*, *dipendenti formalità*.

Anche in questo caso si possono trovare termini ricercati assai distanti dall'uso nella lingua comune, il cui compito è far sembrare il testo maggiormente elaborato e risaltare l'impersonalità del discorso: *sito*, *acquirente*, *effettuarsi*, *verrà dedotto*, *altresì*.

Per quanto riguarda la formazione lessicale, Vellutino (2018: 62) evidenzia che il linguaggio giuridico, come tutti i linguaggi speciali, è soggetto alla neologia tramite la formazione di nuovi lessemi o l'adattamento di unità lessicali già esistenti. Tuttavia, la modalità della formazione terminologica sia a livello semantico che morfologico, sintattico, morfosintattico sono gli stessi della lingua comune.

Benedetti (2012: 48) nota come nella formazione delle espressioni giuridiche siano frequenti termini riempitivi quali *natura*, *carattere* o *rilievo* che servono ad allungare la frase e appesantirla stilisticamente come ad es. *una pratica urgente* è una pratica che *riveste carattere d'urgenza*, *una procedura occasionale* è una procedura che *non ha carattere di ripetitività*, o troviamo espressioni quali: *carattere provvisorio*, o *sostanziale*, *natura corporea*, *saltuaria*, *eccezionale* o *di rilievo decisivo*.

Vellutino (2018: 73) rileva che nella formazione del lessico specialistico ci si avvale prima di tutto di regole di formazione proprie dell'italiano (chiamate *endogene*) ma anche di regole *esogene*, nel caso di prestiti o calchi da lingue straniere.

Nella creazione di unità lessicali si passa attraverso l'aggiunta di una preposizione (o di altri elementi lessicali) che esprimono i nessi logici di specificazione o di finalità come nel caso di:

Tab. 4: Espressione, elemento chiave, funzione.

Espressione	Elemento chiave	Funzione
Autorità di Gestione	*di*	*specificazione*
Autorità per l'Energia	*per (+ articolo)*	*finalità*
Piano Regolatore	*regolatore*	*aggettivo di relazione*
stazione appaltante	*appaltante*	*participio con valore aggettivale*
mostra mercato	*mercato*	*nome con funzione attributiva*
casa famiglia	*famiglia*	*nome con funzione appositiva*
Tassa Rifiuti	*rifiuti*	*nome con funzione appositiva*

Inoltre Dell'Anna (2013: 152–153) elenca altre coppie sinonimiche in cui i nomi d'azione sono sinonimi di nomi deverbali a suffisso zero, come ad esempio: *autenticazione – autentica*, *espropriazione – esproprio*, *notificazione – notifica*, *rettificazione – rettifica*, *revocazione – revoca*, *ripristinazione – ripristino*, *rivendicazione – rivendica*, *stipulazione – stipula*. Solitamente la differenza consiste nel registro e uno dei termini è normalmente più diffuso nella lingua comune rispetto all'altro.

Vellutino (2018: 74–75) rileva che la formazione di termini avviene con l'unione di unità sintagmi costituite da parole semplici che costituiscono la testa della sequenza lessicale e nel caso di denominazioni di istituzioni, fondi o progetti istituzionali per un motivo di economia linguistica si formano gli acronimi, i quali vengono spesso pronunciati come una sola parola, come nel caso di *Programma Operativo Regionale* (POR), *Piano dell'Offerta Formativa* (POF), *Accordo di programma quadro* (APQ), *Centro di Accoglienza per richiedenti asilo* (CARA), *Carta Nazionale dei servizi* (CSN), *Codice di Avviamento Postale* (CAP), *Ufficio Relazioni con il Pubblico* (URP), compresi gli acronimi pronunciati lettera per lettera *Autorità di Gestione* (AdG), *Ordine del Giorno* (Odg), *Credito Formativo Universitario* (CFU).

Per quanto riguarda la frequenza e la provenienza dei prestiti, storicamente era il latino la principale lingua di provenienza, mentre oggigiorno con la nascita dell'UE, la globalizzazione, la collaborazione internazionale e ovviamente altri fattori storico-economici, è l'inglese la principale lingua dai cui provengono i forestierismi giuridici, seguito dal francese.

Oltre alla classica divisione dei prestiti, Vellutino (2018: 77) effettua la distinzione fra prestiti di necessità, che solitamente divengono poi prestiti integrali, e prestiti di lusso (anch'essi integrali), riscontrati principalmente nel linguaggio giuridico della medicina, come ad es. *pazienti low responder, pazienti high responder, cross-reagenti, sistema di imaging mammario.* Nel caso di *responder,* sarebbe sostituibile con *refrattario*, o *responsivo*, ad es. *pazienti poco responsivi alla terapia.* L'anglicismo *imaging* descrive nella diagnostica medica l'insieme di tecniche usate per aumentare la precisione delle immagini radiologiche ed ecografiche a scopo di diagnosi o ricerca tramite computer o scanner (altri due prestiti ormai acclimatati).

Come prestito acclimatato si potrebbe anche considerare il termine *mobbing*, dall'inglese *to mob* ovvero "assalire con violenza", anche se il termine proviene dall'etologia e serviva ad indicare il comportamento aggressivo di alcuni uccelli e di seguito negli anni '80 passò alla sociologia per indicare la forma di oppressione, persecuzione nell'ambito lavorativo. Si può ritenere che il termine sia stato ufficialmente sancito nel linguaggio giuridico con l'entrata in vigore della risoluzione del Parlamento europeo n. A5-0283/2001 riguardante il "mobbing sul posto di lavoro" esortando i Paesi comunitari a "verificare ed uniformare la definizione della fattispecie di mobbing" (Antelmi 2008: 111).

Com'è stato precedentemente menzionato, una delle caratteristiche del linguaggio burocratico e del linguaggio giuridico è la conservatività che consiste nella minima influenza a cambiamenti lessicali e morfosintattici. A differenza degli altri linguaggi settoriali o sottocodici, nel linguaggio burocratico e giuridico gli esempi di forestierismi sono molto rari.

Nei testi burocratici, si possono trovare gli aggettivi con la desinenza *-ale*, creati grazie all'influsso dell'inglese, come ad esempio: *dirigenziale, discrezionale, previsionale, gestionale*. Neologismi come *e-governement* o *e-democracy* (Fortis 2005: 59) e forestierismi o prestiti integrali non adattati: *city manager, mobility manager, privacy, urban planning, governance, front office, back office, benchmarking, customer, house organ*, ecc. Inoltre, Fortis (2005: 59) rileva come da anni il Ministero del Lavoro e delle Politiche Sociali venga comunemente chiamato Ministero del Welfare.

Anche nel linguaggio giuridico si riscontrano termini di provenienza anglosassone, come ad esempio: *authority, bookmarker, briefing, budget, clearing, common-law, cross-examination, establishment, expertise, leadership, leasing, manager, target, part-time* (Benedetti 2012: 64)

Un'altra categoria grammaticale che ha un'enorme valenza lessicale nel linguaggio giuridico è il verbo data la sua importanza legata alla giurisprudenza. Data la funzione performativa del diritto, nel linguaggio giuridico, e ovviamente nel linguaggio burocratico, troviamo la presenza dei *verbi performativi*, divisi in *verbi verdettivi*, *commissivi* o *esercitivi* (Vellutino 2018: 90). I *verbi verdettivi* servono a enunciare un verdetto e sono: *condannare, assolvere, giudicare, classificare*, mentre i *verbi commissivi* esprimono una promessa o un impegno come *promettere, giurare, impegnare, assicurare*. Infine, i verbi esercitivi esprimono un potere come ad es. *autorizzare, nominare, proclamare, dichiarare, ordinare, deliberare, decretare, determinare, disporre* (Ibidem), oppure *sancire, regolare, ribadire, disciplinare, vincolare* (Benedetti 2012: 17). Oltre a essi, troviamo anche *verbi estimativi*, ad es. *considerare, constatare, credere, esaminare, giudicare, interpretare, ponderare, presupporre, ravvisare, ritenere, soppesare, sostenere, stimare, supporre, vagliare, valutare* (Benedetti 2012: 17).

Inoltre, nel linguaggio giuridico troviamo verbi che hanno la funzione di opposizione, o contrapposizione di argomenti, come ad. es. *confutare* (ad es. *una perizia*), *confliggere, contestare, contrapporsi, obiettare, opporsi* (Benedetti 2012: 22).

Benedetti (2012: 31) sottolinea come i giuristi amino fare ricorso ad avverbi e aggettivi per descrivere la modalità in cui bisogna effettuare un'azione giuridica per sostituire espressioni della lingua comune:

Tab. 5: Avverbi frequenti nei testi giuridici e sinonimi frequenti nella lingua comune.

Avverbio frequente nei testi giuridici	**Sinonimo frequente nella lingua comune**
compiutamente	*del tutto*
conformemente	*secondo*
conseguentemente	*quindi, perciò, pertanto*
contestualmente	*insieme*
inavvertitamente	*involontariamente*
materialmente	*di fatto, del tutto*
pedissequamente	*senza originalità*
preliminarmente	*prima, per tempo*
prioritariamente	*in precedenza*
susseguentemente	*poi*

Espressioni avverbiali arcaiche usate nel linguaggio giuridico rilevate da Benedetti (2012: 32) con significati: *a fortiori – a più forte ragione* (Treccani online), *a rigor di logica, a tambur battente – immediatamente, senza indugio* (De Mauro online), *a buon diritto – legittimamente* (Treccani online).

Oltre ai verbi, Benedetti (2012: 34) rileva la presenza di aggettivi, quali: *accusatorio, approvativo, coattivo, concomitante, detentivo, esecutivo, esigibile, forense, impugnabile, inidoneo, mero, olografo, petitorio, preterintenzionale, recettizio.* Inoltre, lo studioso elenca esempi di espressioni in cui l'uso di un preciso aggettivo con un sostantivo è talmente ricalcato da aver formato locuzioni stabili, come nel caso di: *autorità competenti, asilo politico, condono edilizio, esecutore testamentario, incidente probatorio, interesse legittimo evento dannoso, atto dovuto, titolo esecutivo, condotta riparatoria, clausola vessatoria, scrittura privata, parte integrante, guarentigie fallimentari,* ecc. (Ibidem: 35).

Un'altra caratteristica propria del linguaggio giuridico è senz'altro la presenza di eufemismi, come ad esempio: *operatore ecologico* invece di *spazzino, non udente* per *sordo, non vedente* per *cieco* (Lubello 2017: 50–54).

Inoltre, Benedetti elenca esempi di espressioni marcate dei giuristi (2012: 36–37), come ad esempio: *in adempimento, in conformità, in ottemperanza, in riferimento, sulla base, sulla scorta, in funzione, in considerazione* o espressioni in cui vengono uniti due termini opposti, ossia: *in tutto o in parte, maggiore o minore, direttamente o indirettamente, assieme causa ed effetto, a torto a ragione* (Benedetti 2012: 38).

Non possiamo descrivere il lessico del linguaggio giuridico senza menzionare gli arcaismi, come ad esempio: *giusta* (*secondo*), *di guisa/ in tal guisa* (*di modo/ in tal modo*) o espressioni arcaiche come ad es. *altresì, ancorché, eziandio, laonde, orbene, testé, onde, poscia, essendoché, sennonché* (Ibidem: 68–71). Anche Mortara Garavelli (2001: 179) definisce il lessico del linguaggio giuridico conservatore di formule superflue e arcaiche, quali: *celebrare un processo, nell'immediato conquesto, in severa ipotesi, rigettare un ricorso, emanare/ emettere una sentenza, adire un'autorità giudiziaria.* Sono ritenuti arcaici anche alcuni participi passati come ad es.: *adempiuto, adibito, asserito, auspicato, convenuto, destituito, differito, ingiunto, eluso, escusso, facoltizzato, perpetrato, procrastinato, quietanzato, reiterato, subordinato, ubicato* (Benedetti 2012: 30).

Il lessico del linguaggio del diritto è alquanto ricco e complesso, perciò soggetto a molte critiche. Di seguito verrà riportata la presenza del latino sul piano lessicale e le caratteristiche morfo-sintattiche, anch'esse complesse e interessanti dal punto di vista linguistico.

2.2.1 I latinismi nel linguaggio giuridico

È risaputo che anche se il latino è di fatto una lingua morta, la sua presenza sembra tuttora continuare ad essere indiscussa in alcuni linguaggi specialistici quali il linguaggio della medicina e il linguaggio giuridico. Tale fenomeno ha radici storiche ma anche sociolinguistiche.

In primo luogo, storicamente era il latino la principale fonte lessicale del linguaggio giuridico, dato il suo legame con la cultura dell'Antichità. Inoltre, vale la pena ricordare che dopo l'unificazione d'Italia, il latino era una delle principali lingue da cui venivano "ricavati" i termini giuridici da integrare nel nuovo ordine giuridico.

In secondo luogo, l'attaccamento dei giuristi ai latinismi deriva dall'esigenza di rendere il testo maggiormente elaborato e ricercato proprio tramite l'uso di prestiti di provenienza dotta, non comprensibili al cittadino medio. Questa scelta ha anche come funzione rendere il testo meno accessibile dato che non tutti conoscono il latino, per non parlare del latino giuridico.

Come sostiene Serianni (2003: 118), la presenza del latino nel linguaggio giuridico è a dir poco marcata e serve a mantenere e sottolineare l'arcaicità del linguaggio giuridico e l'attaccamento alla tradizione latina. Questo è visibile anche nella modalità di prestito, definita particolare da Dardano e Trifone (2011: 643) perché essendo ritenuti prestiti dotti, si tende a mantenere la loro forma latina invece di adattarla all'italiano, fenomeno che ha portato alla creazione degli allotropi.

Dell'Anna riporta esempi di latinismi non integrati riportati dal codice penale, ossia *ius aedificandi* per *diritto di costrizione, petitum* ovvero *oggetto della richiesta, causa petendi* per *ragione del domandare, litis contenstatio* per contestazione della lite, *simultaneus processus* ovviamente processo simultaneo, *de plano* che significa "in via amichevole", "in forma extragiudiziale" (Dell' Anna 2013: 160–161).

Benedetti (2012: 65) elenca espressioni latine inserite nei testi giuridici senza cambiarne la forma dato che si presuppone che il destinatario ne conosca il significato, ossia: *aut simil stabunt aut simul cadent, opinio iuris et necessitatis, voluntas legislatoris, voluntas legis, analogia legis, ubi eadem legis ratio, ibi eadem legis dispositivo, ratio legis, occasio legis*. Anche Gualdo (2011: 433) nota la presenza di inserti frasali occasionali nei testi giuridici, ossia: *de iure, de plano, omissis, placet, status quo, super partes, terminus a quo, ecc.*

Inoltre, sono frequenti locuzioni latine usate in funzione di tecnicismi collaterali, ossia presenti per motivi stilistici e non tecnici, dato che sarebbero facilmente sostituibili con le equivalenti espressioni italiane (Benedetti 2012: 66–67):

Tab. 6: Locuzioni latini e il loro significato in italiano

Locuzione latina	Significato
ad interim	*provvisoriamente*
ad libitum	*a piacere*
apertis verbis	*espressamente, apertamente*
casus belli	*motivo scatenante*
de auditu	*per sentito dire*
inaudita altera parte	*senza aver ascoltato la controparte*
more uxorio	*come marito e moglie*
more solito	*secondo la solita usanza*
per tabulas	*come risulta dagli atti*
salvis iuribus	*fatti salvi tutti gli eventuali diritti*

Serianni (2003:118) riporta esempi di locuzioni latine, la cui forma è stata adattata alle esigenze dell'italiano per poi passare alla lingua comune, ovvero:

Tab. 7: termini di origine latina e forme adattate all'italiano

Termine di origine latina	Forma adattata all'italiano
de iure	*di diritto*
de facto	*di fatto*
ex seguito	*partendo da, per effetto di*
ex tunc	*da allora*
ex nunc	*da ora*

Nel caso degli esempi riportati nella tabella, vale la pena precisare che nei testi giuridici i termini latini e i loro equivalenti in italiano compaiono in maniera alternativa a seconda delle preferenze del giurista. Come vediamo, le espressioni adattate funzionano perfettamente nella lingua comune e sono utilizzate frequentemente, mentre nei testi giuridici si suole riportarle nella loro forma originale.

Benedetti (2012: 32) enumera anche espressioni latine utilizzate dagli avvocati nelle arringhe giudiziarie: *ipso facto – sul fatto stesso, illico et immediate – subito e immediatamente, a rigor di logica – secondo le premesse* (Treccani online), *a tambur battente – senza indugio, immediatamente* (De Mauro online). Inoltre (Ibidem: 67) riporta la presenza delle massime latine, quali: *ubi societas ibi jus, lex posterior abrogat legem priorem, lex superior at inferiori, nemo jus ignorare censetur*, ecc.

Gualdo (2011: 433) riporta esempi di massime del diritto romano, il cui significato è conosciuto ai giuristi ma non per forza al cittadino medio:

Tab. 8: Massime del diritto romano e traduzione in italiano

Massime del diritto romano	Traduzione in italiano
id quod plerumque accidit	*ciò che avviene nella maggior parte dei casi*
in dubio pro reo	*nel dubbio si giudichi a favore dell'imputato*
nulllum crimen sine lege	*non c'è crimine se non è previsto dalla legge*
solve et repete	*prima paga, poi chiedi il rimborso*

Rashed Beniamen nota che sono assai frequenti nelle sentenze dato che sono testi di "ragionamento e applicazione della dottrina". Inoltre, lo studioso fa un'interessante osservazione, ovvero ricorda che le sentenze sono dirette principalmente a giuristi, per cui i latinismi sono strumenti e rappresentano nozioni paragonabili ai nomi delle patologie per un medico (2015: 150).

Sergio Lubello (2014: 54) riporta termini latini classificati come tecnicismi giuridici ma presenti anche nel linguaggio burocratico, ossia: *iter* – procedura a cui è soggetta una pratica burocratica, *memorandum* – documento che contiene i termini di un'intesa, *de cuius* – soggetto defunto proprietario di beni.

Rashed Beniamen (2015: 147) sottolinea come la presenza dei latinismi non riguardi solo l'italiano giuridico, bensì anche altre lingue, quali il francese e l'inglese. Il caso dell'inglese risulta interessante dato che nei paesi anglosassoni vige il *common law* e non il *civil law*. Tuttavia, il diritto anglosassone si avvale dei prestiti dotti nei testi divulgativi della giurisprudenza o nei testi concernenti la dottrina giuridica, come ad esempio: *per curiam*, *amici curiae*, *stare decisis*.

In realtà questo fenomeno non dovrebbe stupire dato che i latinismi in ogni linguaggio giuridico di qualsiasi lingua nazionale hanno la stessa funzione intrinseca, ossia: far sembrare il testo più elaborato e più specialistico, non essere accessibile a ogni possibile lettore e infine marcare l'appartenenza alla tradizione del diritto romano. Quest'ultima funzione è cruciale nel caso dei Paesi dell'ex blocco sovietico, i quali dopo la caduta del comunismo hanno adottato il sistema democratico. Per rimarcare la rottura con il regime, hanno pian piano cominciato a introdurre latinismi nei testi normativi ma anche nei testi non strettamente vincolanti che mantengono un forte legame con il diritto (Wołodkiewicz 2009: 89–93).

2.3. Caratteristiche morfologiche

Come ogni lingua speciale, il linguaggio giuridico possiede tratti distintivi sul piano morfologico, che talvolta risultano essere più ricchi e maggiormente complessi rispetto alle altre microlingue. In primo luogo, occorre precisare che vi è un'enorme prevalenza della suffissazione rispetto alla prefissazione anche se possiamo trovarne degli esempi: *de-* ad es. *depenalizzazione*, con *extra-* ad es. *extracontrattuale*, *extragiudiziale*, *sub-* come ad es. *subaffittuario* e sublocatario, *su-* e *sopra-* *suddetto*, *suindicato*, *sopracitato*, *sopra menzionato*, con *retro-* ovvero *retroattivo*, *co-* ossia *codelegare*, *codetenere*, *coimputato*, *comproprietà*, *corresponsabilità*, *controricorrente*, *controricorso*, *controparte* (Dell'Anna 2013: 155–156)

Molto frequente risulta invece essere la suffissazione con *-ario*, *-tore/-ore*, *-ivo*, *-orio*, *-azione/-zione*, *-bile*, *-ando*, *-endo*, ecc. Per cominciare Dell'Anna elenca i suffissati in *-ario* nel caso dei sostantivi in funzione di determinante che indicano i nomi d'agente, come ad es. *firmatario*, o destinatari di un diritto, un bene o un beneficio, come nel caso di *accollatario*, *comodatario*, *delegatario*, *donatario*, *mutuatario*, *beneficiario*, *promissario*, *proprietario*, *usufruttuario*, i quali hanno origine nella tradizione giuridica romanistica (Dell'Anna 2013: 147).

Frequente risulta essere la suffissazione *-tore/ore* per i nomi d'agente e, come rileva Dell'Anna (2013:148), nei testi giuridici denota sostantivi di professioni giuridiche o giudiziarie, sostantivi che indicano azioni giuridiche, ruoli processuali o contrattuali, oppure possono riferirsi a specifici ruoli giuridici occasionali. Per descrivere professioni giuridiche e giudiziarie, il linguaggio del diritto si avvale di tecnicismi giuridici derivanti dal latino, come ad esempio *difensore*, *ispettore, procuratore*. Nel caso degli altri due gruppi, il suffisso ha un importante valore agentivo, come ad esempio *accusatore, conduttore, successore, compratore, ritrovatore* (Rashed Beniamen 2015: 183).

Uno dei principali suffissi è *-azione* o *-zione*, come nel caso di amministrazione dal verbo *amministrare*, oppure *novazione, iscrizione, cancellazione* (Mantovani 2008: 35), *ospedalizzazione, rateizzazione, regionalizzazione* (Lubello 2014: 56).

Frequenti sono anche gli aggettivi con *-ivo* e *-orio* non con un valore assoluto ma con un complemento di specificazione per es. *pena restrittiva della libertà personale, deposito produttivo di interessi, causa estintiva di un reato* (Mantovani 2008: 35), ma anche aggettivi in *-ale* grazie all'influsso dell'inglese, come ad es. *occupazionale, procedimentale, interinale, concorsuale, emergenziale, compartimentale, trattamentale* (Lubello 2014: 56).

Sono solitamente suffissi di aggettivi deverbali, anche se bisogna precisare che gli aggettivi con la desinenza: *-ivo* sono più frequenti. Dell'Anna li divide in: coppie sinonimiche e coppie non sinonimiche. Nelle coppie sinonimiche sono presenti ad esempio: *cognitivo – cognitorio, derogativo – derogatorio, organizzativo – organizzatorio, satisfattivo – satisfattorio* (Dell'Anna 2013: 150). Le coppie non sinonimiche sono divise in due gruppi:

a) coppie in cui l'elemento *-ivo* riguarda ambiti d'uso quotidiani, mentre la desinenza *-orio* riporta il significato *di + nome di azione*, come ad es. *compromissivo – compromissorio decisivo – decisorio*;
b) coppie non sinonimiche, entrambi di valore semantico giuridico, come ad es. *commissivo* e *commissorio. Commissivo* si riferisce nel diritto ad un'azione positiva anche se non permessa dalla legge (Treccani online), mentre *commissorio* ad es. *patto commissorio* descrive un tipo di accordo stipulato in caso di pagamento non avvenuto.

Rashed Beniamen (2015: 172) nota che vi sono molti esempi di derivati con base aggettivale di *-bile*, nominalizzabili con il suffisso *-ità*, i quali servono a mostrare permesso, possibilità e discrezionalità, come *accoglibile, appellabile, confiscabile, eseguibile, impugnabile, imputabile, inaccettabile, inalienabile, inderogabile, irrevocabile, opponibile, sanzionabile, trasferibile, tutelabile* (Dell'Anna 2013: 151).

Rashed Beniamen (2015: 172) divide gli aggettivi in *-bile* in due principali gruppi, ossia: aggettivi utilizzati per economia e aggettivi con accezione giuridica. Nel primo gruppo troviamo infatti aggettivi che non hanno connotazione giuridica, il cui ruolo si limita a esprimere possibilità o potenzialità in maniera neutra e descrittiva, come nel caso di attribuibile, possibile, rinvenibile. Al secondo sottogruppo appartengono invece aggettivi utilizzati con funzione argomentativa o esornativa ad es. *assumibile, imprescindibile, indefettibile.*

Al secondo gruppo appartengono aggetti con significato giuridico i quali esprimono permesso, divieto e derivano da verbi con significato giuridico, oppure aggettivi che non hanno valenza giuridica ma possono assumerla in base al contesto, ossia *accoglibile, addebitabile, ammissibile, giustificabile imprescrittibile, improcedibile, inderogabile, ineccepibile, opponibile, perseguibile, scusabile, tutelabile*, ecc. Come mostra Rashed Beniamen (Ibidem: 175), gli aggettivi in *-bile* sono molto presenti nel campo dell'economia e del sistema fiscale ad es. *monetizzabile, detraibile, gettonabile, rimborsabile, rintracciabile*, ecc. In aggiunta, sono molto frequenti gli aggettivi verbali che terminano in *-ando*, *-endo*, i quali riproducono i gerundivi latini come ad es. *persona estradanda.*

Un altro dei principali meccanismi di formazione lessicale è la derivazione grazie ad affissi o altri morfemi i quali modificano il contenuto della base lessicale, alterandone anche la categoria grammaticale.

Inoltre, troviamo deverbali a suffissazione zero, ovvero: *subentro, scorporo, inoltro, parifica, pernotto, reintegri, sollecito, surroga, deroga, delibera, convalida* (D'Achille 2010: 155) o verbi denominali con desinenza *-are* o *-izzare*, come *dimissionare, ospedalizzare, disdettare, postalizzare, scadenzare, introitare* (Lubello 2014: 56).

I tratti morfologici del linguaggio giuridico risultano essere interessanti dal punto di vista linguistico siccome la morfologia è maggiormente soggetta a cambiamenti e influenze esterne rispetto alla sintassi.

2.4. Caratteristiche sintattiche del linguaggio giuridico

Dopo le caratteristiche lessicali e morfologiche passiamo finalmente alla sintassi del linguaggio giuridico, anch'essa assai ardua e soggetta a molte critiche. Bisogna dire che in nessun linguaggio specialistico la sintassi risulta essere così complessa come nel caso del linguaggio giuridico dato che solitamente le lingue speciali tendono all'economizzare il testo eliminandone gli elementi superflui, mentre, paradossalmente, nel linguaggio del diritto riscontriamo la tendenza opposta.

Cavagnoli (2013: 83) nota quanto la sintassi del linguaggio giuridico sia stabile e poco flessibile. In effetti vale la pena soffermarsi sul fatto che malgrado i diversi manuali di scrittura per la semplificazione del linguaggio giuridico e amministrativo, la sintassi si mostra immune ai suggerimenti dei linguisti.

Come è già stato precedentemente appurato, il primo tratto sintattico delle lingue speciali è l'omissione dell'articolo dato che esso non ha nessuna rilevanza per quanto riguarda il contenuto dei testi e risulta dalla tendenza all'economia (Serianni 2003: 122) in cui si tende ad eliminare gli elementi superflui. Certamente, omettere l'articolo non è possibile in tutti i casi, solo se la sua assenza non causa ambiguità, come ad esempio: *proporre ricorso* o *depositare istanza di scarcerazione.*

In primo luogo, occorre menzionare le strutture particolari, preferite rispetto ai singoli verbi come ad es. *dare origine* invece di *originare*, *dar luogo* per *causare*, *mettere in atto* per *attuare*, *assolvere ad una funzione* per *servire a*, *essere tenuti* a *dovere*, *avere facoltà* invece di *potere*, *trovare fondamento* invece di *basarsi* (Benedetti 2012: 25–26).

Sono frequenti e numerose anche le strutture con *porre* che spesso hanno un significato diverso dal linguaggio comune, come ad es. *porre in essere*, *porre fine*, *porsi un problema*, *porre la firma*, *porre in esecuzione*, *porre di fronte alle responsabilità* ("accusare"), *porre indugio* ("rinviare"), *porre da parte* ("rinviare"), *porsi una questione* (Benedetti 2012: 28).

Inoltre Benedetti (Ibidem: 27) sottolinea la discutibile abitudine dei giuristi a utilizzare espressioni sostantivanti invece dei verbi semplici per "appesantire" il testo e renderlo più complesso, come a es.:

Tab. 9: Verbi semplici presenti nella lingua comune e l'espressione giuridica equivalente

Verbo semplice (lingua comune)	Espressione giuridica
concludere	*pervenire alla conclusione*
eseguire	*dare esecuzione*
informarsi	*assumere informazioni*
negare	*respingere ogni addebito*
rifiutare	*opporre un rifiuto*
smentire	*diramare una smentita*
tentare	*esperire un tentativo*

Sono frequenti i costrutti *verbo modale + verbo modale + si enclitico*, come ad esempio: *deve attestarsi*, *deve attuarsi*, *deve considerarsi*, *deve fondarsi*, *deve ritenersi*, *può applicarsi*, *può configurarsi*, *può manifestarsi*, *può riscontarsi*, *può trarsi* (Mortara Garavelli 2001:158–159).

Un' altra caratteristica particolare è l'uso di *occorrere* in funzione di ausiliare prima dei verbi *aggiungere*, *distinguere*, *emanare*, *intervenire*, *mantenere*, *notare*, *sincerarsi*, *sottolineare*, *valutare*, *vigilare* (Benedetti 2012: 25).

Costrutti con *essere* all'inizio della frase (Benedetti 2012: 51): *è evidente, è indispensabile, è da premettere, è da considerare, è opportuno notare, è opportuno verificare.*

Inoltre, nei testi normativi si osserva la tendenza a usare il *-si* enclitico con valore passivo o impersonale (Mortara Garavelli 2001: 158–159) come in: *deve eseguirsi, può procedersi, deve trascriversi*. Nei costrutti *verbo modale + infinito* il *sì* è sempre enclitico: *deve osservarsi, deve intendersi, deve ritenersi*. Questo tipo di costrutto eleva il registro del testo rendendolo più ricercato e in un certo senso antiquato nello stile.

Un'altra caratteristica che distingue il linguaggio giuridico dalle altre lingue speciali è senza dubbio l'uso di participi presenti e participi passati. Infatti, sono molto frequenti i participi presenti con valore verbale: *fatto costituente reato, i diritti spettanti al condannato, parti davanti a me comparenti*. Anche Benedetti (2012:29) ne elenca altri: *accettante, accomandante, competente, concernente, concorrente, comodante, competente, delegante, depositante, dichiarante, esimente, figurante, mandante, scrivente, stipulante, traente.* Inoltre sono frequenti i participi presenti sostantivati: *adottante, donante, affrancante, istante, comparente, rimettente, dichiarante, stipulante, depositante, comodante* e locuzioni fisse formate da due parole: *fondo dominante, fondo servente, lucro cessante* (Mortara Garavelli 2001: 167), oppure la struttura *participio presente + complemento oggetto* ad es. *lo scrivente ufficio* (Lubello 2014: 50).

Inoltre, un altro fenomeno caratteristico è l'anteposizione del participio passato al nome, ossia: *per interposta persona, la citata circostanza, la mancata osservanza, la reiterata inosservanza* (Benedetti 2012: 50–51), oppure l'uso di "Vista...", "Considerato.. " per introdurre e motivare la decisione in decreti, ordinanze e sentenze (Lubello 2014: 50). Tale fenomeno sintattico deriva dall'importanza e dal "peso" giuridico che porta il significato espresso dal participio passato donando così importanza al nome e alla frase stessa. Fra i più frequenti troviamo: *investito* (ad es. *il giudice è investito della funzione*), *caratterizzato da, sancito, precisato, promulgato* (Benedetti 2012: 31). Spesso sono preceduti da avverbi e formano locuzioni come ad esempio: *giustamente accolto, opportunatamente respinto, debitamente firmato, validamente sottoscritto, attentamente valutato, preventivamente controllato, positivamente concluso, tassativamente proibito, analogamente disposto* (Ibidem), le quali servono a motivare maggiormente e convincere della legittimità degli argomenti o delle decisioni prese da un'istituzione pubblica o dal tribunale.

Dell'Anna (2013: 155–156) riporta esempi in cui il participio presente o passato cambia categoria e diventa un sostantivo come: *appellante, chiamante, committente, concorrente, contraente, controricorrente, duellante, impugnante, opponente, ricorrente* e essi non indicano gli agenti caratterizzanti o classificanti ma piuttosto gli iniziatori di un'azione.

In aggiunta i participi passati che mantengono una certa patina arcaica: *adempiuto, adibito, asserito, auspicato, convenuto, destituito, differito, ingiunto, eluso, escusso, facoltizzato, perpetrato, procrastinato, quietanzato, reiterato, subordinato, ubicato* (Benedetti 2012: 30).

Oltre ai participi è visibile anche la presenza dell'uso scorretto del gerundio, la quale si caratterizza per l'interferenza con il soggetto della frase principale (Lubello 2014: 50). Rashed Beniamen (2015: 297–300) elenca esempi in cui il gerundio svolge il ruolo di introduzione e si trova all'inizio della frase o di un paragrafo, come ad esempio: *venendo al danno, considerando, non può dubitarsi, vertendosi*, ecc. Inoltre, vi sono casi in cui il gerundio sostituisce forme aggettivali o forme sostantive creando tuttavia forme obsolete come ad esempio: *estradando, nubendi, costituendi, accertanda in suo capo* (Ibidem: 298).

Per quanto riguarda i modi, un altro tratto distintivo del l. giuridico è sicuramente l'uso del congiuntivo al posto dell'indicativo, una tendenza contraria rispetto alla lingua comune. Questo fenomeno serve a rendere i testi più elaborati e complicati, allontanandoli dagli usi della lingua comune.

Interessante è l'uso del presente storico e del presente acronico. Il presente storico serve a presentare gli atti processuali simultanei come ad es. "Ricorre per cassazione il difensore di (…). L'altro difensore (…) denuncia difetto di motivazione (…)" riportato da Mortara Garavelli (2001: 171). Secondo Dell'Anna (2013: 138), il presente indicativo serve per semplificare e nel caso delle sentenze è un presente narrativo applicato nella motivazione ma che si riferisce ad argomenti e decisioni. Inoltre, la studiosa menziona l'uso del presente non deittico e atemporale, il quale non è volto a posizionare gli eventi ma piuttosto a mostrare il collegamento fra di essi e non essenzialmente la successione temporale.

Rashed Beniamen (2015: 252) indica come nel linguaggio giuridico il futuro e l'imperfetto abbiano una funzione diversa rispetto alla lingua comune, ossia il futuro ha la funzione di imperativo, mentre l'imperfetto con valore puntuale al posto del passato prossimo o in casi estremi del passato remoto. L'imperfetto è infatti frequente nelle ricostruzioni ed esposizioni degli avvenimenti in cui vengono raccontate vicende di cui concernono le questioni giuridiche nei testi interpretativi e applicativi, come la frase riportata da Mortara Garavelli (2001: 171) tratta da una sentenza della Corte di cassazione:

> "Con la sentenza […], la Corte di cassazione *annullava* la suddetta ordinanza […].".

Come vediamo, questa frase è riportata da un testo applicativo e l'uso dell'imperfetto è da ritenersi discutibile dal punto di vista logico e grammaticale, dato che la performatività di ogni atto giuridico concerne la simultaneità degli effetti giuridici nel momento in cui vengono approvati o pronunciati, mentre l'imperfetto descrive azioni narrative o di aspetto perfettivo.

L'uso improprio dei tempi verbali, o meglio differente rispetto alle loro funzioni grammaticali, porta a una concordanza dei tempi decisamente lontana dalle esigenze standard. Nel caso della sentenza, l'imperfetto ha la funzione di narrare gli eventi riguardanti gli eventi in causa (come nel linguaggio burocratico), mentre il passato prossimo descrive i fatti interni al processi legati alla sentenza. Tuttavia Rashed Beniamen precisa che la concordanza dell'imperfetto e del passato prossimo nei testi giuridici non si basa su regole ben precise, ma spesso risulta da scelte e preferenze stilistiche del legislatore (2015: 252).

Inoltre, il linguaggio giuridico si caratterizza per il ricorso alla forma passiva, la cui funzione è dare impersonalità e astrattezza al discorso. Nella diatesi passiva vi è sempre il paziente che "subisce" l'azione, come d'altronde nel rapporto tra giurisprudenza e cittadini, soggetti ad essa. In più, sul piano stilistico la voce passiva rende i testi maggiormente complessi ed elaborati dato che nella lingua comune domina l'uso della diatesi attiva.

Un altro fenomeno sintattico, è senz'altro la nominalizzazione volta a produrre densità lessicale con l'uso di nomi astratti, aggettivi o participi presenti con valore verbale come ad esempio: *la trasmissione (degli atti), la cancellazione* (Mortara Garavelli 2001: 173), spettante, oppure esecutore testamentario invece di esecutore del testamento, in cui l'aggettivo sostituisce la preposizione per esprimere la relazione semantica (Mantovani 2008: 41). Come riporta d'Achille (2003: 194) la nominalizzazione è visibile nel linguaggio giuridico-burocratico nelle espressioni: *dare lettura* per *leggere*, *aver luogo* per *svolgersi*, e anch'essa serve a innalzare il registro e far sembrare il testo maggiormente elaborato.

Vale la pena nominare l'anteposizione dell'aggettivo, il quale non ha solo carattere stilistico ma ha anche lo scopo di mostrare e sottolineare la rilevanza di uno dei due elementi. Benedetti (2012: 35) elenca esempi di anteposizione dell'aggettivo soprattutto nei casi in cui nella lingua comune sarebbe preferibile la postposizione, scelta volta a innalzare il registro e "appesantire" il testo, ossia: *avente causa, stretto collegamento, generale divieto, giustificato motivo, mancato rinvenimento, contestuale giudizio, gratuito patrocinio, espressa menzione, preventiva conferma, fondate ragioni*, o le *riportate osservazioni* (Lubello 2014: 50)

Come riporta Mortara Garavelli (2001: 165) *generale divieto, adeguata motivazione, riportate osservazioni, accettabile lettura* l'anteposizione dell'aggettivo non serve solo a sottolineare uno dei due elementi ma anche rendere il testo maggiormente elaborato. Occorre pena sottolineare che l'anteposizione può riguardare anche categorie grammaticali, ad es. Santulli (2008: 222–223) elenca altri esempi di anteposizione dell'aggettivo e dell'avverbio, ossia: *l'appellata sentenza, l'erronea ricostruzione, il denunziato vizio, in parziale accoglimento*, oppure *immediatamente comunicheremo, correttamente osservando, il ricorrente a torto postula* o anche il numerale, come ad es. *il limite di mesi tre, l'edificio di metri dieci* (Lubello 2014: 50).

Un altro tratto sintattico è la forte presenza di particolari locuzioni preposizionali e connettivi desueti. Tra le strutture preposizionali ormai arcaiche troviamo: *a far luogo da* per *a partire da*, *dietro presentazione di*, *di concerto con* per *d'intesa con*, *entro e non oltre* invece di *entro* (Lubello 2014: 49). Inoltre, un altro tratto distintivo del linguaggio giuridico riguarda l'uso di locuzioni preposizionali a discapito delle preposizioni semplici, come ad esempio (Serianni 1997: 117):

Tab. 10: Locuzioni preposizionali e preposizioni semplici

Locuzione preposizionale	Preposizione semplice
a carico di	*contro*
a seguito di	*per, dopo*
a titolo di	*per, come*
ai fini di	*per*
ai sensi di	*per, secondo*
in danno di	*su, contro*

Mantovani (2008: 37) elenca esempi di locuzioni preposizionali, quali: *altresì, al fine di, talché, in ordine a, per via di* oltre alle quali troviamo locuzioni stereotipate, ossia: *a tal fine, portare a conoscenza, previa autorizzazione* (Lubello 2014: 55).

Oltre alle locuzioni preposizionali, Benedetti (2012: 31) elenca esempi di locuzioni composte da participi passati preceduti da avverbi, ovvero: *giustamente accolto, opportunamente respinto, debitamente firmato, validamente sottoscritto, tempestivamente inoltrato, positivamente concluso, assolutamente previsto, analogamente disposto* (Benedetti 2012: 31).

Tuttavia, è necessario precisare che i fenomeni sintattici non sono l'unico motivo di critica del linguaggio giuridico, ma lo sono anche le lunghissime frasi che rendono il testo meno leggibile e maggiormente difficili da comprendere. Infatti Gotti (1991: 32) ritiene la sintassi "una delle responsabili maggiori del fallimento comunicativo" proprio perché è difficile riuscire a captare le informazioni rilevanti in una frase più di venti righe.

Parte seconda: il linguaggio comunitario e la realtà dell'UE

3. Il multilinguismo

3.1. La politica del multilinguismo dell'UE

Prima di passare alla traduzione comunitaria, occorre fare un passo indietro fino alle origini dell'attuale politica linguistica dell'UE. Il fine delle istituzioni comunitarie era avviare una collaborazione di natura politico-economica e con ciò garantire la pace. Per realizzare questo scopo, è stato necessario "imparare" a rispettare i diritti umani e la cultura degli altri Paesi. Per cultura non intendiamo solo gli usi e i costumi di una comunità, ma anche la lingua. Perciò è stato coniato l'attuale termine *multilinguismo*, detto anche *plurilinguismo.*

Romano Arrigo (online: 5) mostra la distinzione fra il *plurilinguismo* e il *multilinguismo,* termini confusamente usati come sinonimi. Il *plurilinguismo* si riferisce alle competenze di un individuo di imparare e adoperare più lingue, mentre il *multilinguismo* guarda alla presenza di molteplici codici nella società o in una comunità o in un'area geografica. Inoltre, egli aggiunge che il termine *plurilinguismo* tende a sostituire la nozione di bilinguismo dato che un discente non conosce obbligatoriamente "solo" due lingue. Per molti il termine *multilinguismo* concerne la possibilità di parlare e scrivere in diverse lingue mentre nel caso dell'UE, significa la parità giuridica di tutte le lingue ufficiali (Wagner, Bech, Martínez 2002: 3–5). Lo status delle lingue va a pari passo con lo spirito dell'UE, secondo cui la lingua è parte fondamentale dell'identità personale e nazionale

La formazione dell'Unione europea ha portato al termine multilinguismo un nuovo significato in riferimento alla politica delle istituzioni comunitarie volta alla non discriminazione delle lingue ufficiali. Tuttavia, il *multilinguismo,* è più di una semplice divisione linguistica: è un processo storico e un obbligo giuridico, base della funzione delle istituzioni dell'UE.

Nei trattati del 1951 la nozione di *multilinguismo* non viene ancora menzionata e la versione francese era l'unica vincolante anche se vi erano quattro lingue ufficiali (italiano, francese, tedesco e neerlandese).

Nel 1958 le lingue ufficiali erano quattro: francese, italiano, neeerlandese e tedesco. Oggigiorno, all'adesione di ogni Stato viene apportate modifiche al Regolamento n. 1 del 1958 (Ufficio delle pubblicazioni europee 2014: 2).

Questo cambia negli anni 70–80 con l'adesione di nuovi Stati e l'introduzione di nuove lingue ufficiali, ovvero: inglese, danese, greco, spagnolo, portoghese, finlandese e svedese. Con la crescita del numero degli stati membri, cresce anche il numero delle combinazioni linguistiche e del bisogno di traduttori (Romano

Arrigo online: 6). L'aggiunta negli anni 2000 di 12 lingue, quali: ceco, polacco, slovacco, sloveno, lituano, lettone, ungherese, estone, maltese, rumeno e croato, rende il multilinguismo una vera e propria sfida dal punto di vista logistico.

Tuttavia, la svolta significativa al multilinguismo è avvenuta non solo grazie ai trattati, ma anche ai rapporti Nyborg, Hänsch e Galle e al Regolamento 1/1958, i quali portano alla distinzione fra *lingue ufficiali, lingue di lavoro* e *lingue procedurali*. Il rapporto Nyborg riafferma l'uso delle lingue ufficiali durante le riunioni del Parlamento "*in tutte le lingue e da tutte le lingue, sia nel parlato che nello scritto*", mentre nel rapporto Hänsch venne ristabilito il diritto degli europarlamentari di esprimersi nella propria lingua nazionale e il principio di trasparenza della UE, secondo il quale ogni cittadino deve avere accesso alla legislazione nella propria lingua (Tosi 2012: 80). Inoltre, esso stabilisce che tutti i documenti siano redatti nelle lingue ufficiali, garantendo così la parità linguistica.

L'importanza del multilinguismo viene ulteriormente sottolineata dal rapporto Galle, secondo cui ogni parlamentare rappresenta non se stesso ma il proprio elettorato e per questo deve essere pienamente compreso dai propri cittadini (in verità gli anni di funzionamento dell'UE hanno mostrato che tecnicamente è meglio che gli europarlamentari si esprimano nella propria lingua madre piuttosto che in lingua inglese, di cui raramente hanno una sufficiente padronanza).

Inoltre Cosmai (2011: 4) menziona l'art. 1 e l'art. 2 della risoluzione del PE (1995) in cui il plurilinguismo è ritenuto una risorsa e una ricchezza, viste le caratteristiche della cultura e della civiltà europea e pertanto le istituzioni si assumono la responsabilità di prevenire qualsiasi discriminazione sul piano linguistico.

Il Trattato di Maastricht ha ridefinito la parità linguistica e le procedure legislative, dato che gli Stati membri si impegnano a rispettare la sovranità politica di ogni stato, propagare l'integrazione e tutelare le diversità culturali riconoscendole come delle fonti di risorse. Il trattato di Amsterdam sancisce il diritto di ogni cittadino di rivolgersi per iscritto alle istituzioni europee nella propria lingua madre e ricevere da loro una risposta nella stessa lingua. Il trattato di Lisbona tutela la diversità linguistica e riafferma la lingua nazionale come parte del patrimonio giuridico di ogni cittadino. In più sanziona la vincolatività della Carta dei diritti fondamentali per la tutela della diversità culturale, religiosa e linguistica, vietando qualsiasi forma di discriminazione (art. 21).

Nel 2008 la Commissione europea ha pubblicato una comunicazione del titolo "Multilinguismo: una risorsa per l'Europa e un impegno comune" in cui il multilinguismo viene visto come argomento trasversale che riguarda tutti gli altri ambiti comunitari, fra cui lavoro, istruzione e business. Prima di tutto tra gli obiettivi troviamo la sensibilizzazione e la tolleranza reciproca grazie all'eliminazione del dialogo interculturale (Ibidem: 5). Inoltre, si cerca di fare in modo che i cittadini europei apprendano almeno due lingue straniere fin dall'infanzia (obiettivo di Barcellona) sostenendo le scuole. Questo perché i poliglotti sono visti non solo come risorsa economica sul campo del lavoro, ma anche come "collante" tra le diverse culture.

3.2. Il multilinguismo come base del funzionamento della legislazione comunitaria

La traduzione dei documenti giuridici permette di applicare il principio di certezza del diritto grazie alla loro piena comprensione. I cittadini hanno accesso al diritto pur rimanendo monolingui (Ufficio delle pubblicazioni europee 2014: 3).

Le leggi dovrebbero essere intelligibili nella chiarezza, precise, coese e comprensibili ai destinatari. Secondo la Corte, se un regolamento che deve essere direttamente applicabile dagli Stati membri, non è pubblicato nella lingua nazionale di uno degli Stati membri, i cittadini non hanno l'obbligo di rispettarlo.

Nel caso del *drafting multilingue* troviamo presso la corte uno staff di linguisti giuristi per ogni unità linguistica i quali devono rispettare la coesione e il contenuto fra le versioni linguistiche. Un altro elemento importante è il procedimento di aggiudicazione ed è fondamentale come il principio di multilinguismo e di valore giuridico vengano compresi delle corti (Doczekalska: 9). Secondo Doczekalska, più lingue adottano la tecnica di comune redazione degli atti giuridici, maggiore diventa la sfida.

Il primo trattato fondatore, il Trattato di Parigi fu redatto in francese e, anche se da esso comincia la politica del multilinguismo, passeranno molti anni prima di arrivare alla pratica plurilingue. Lo stesso vale per i Trattati di Roma del 1957 e che solo in seguito vennero tradotti in italiano, olandese e tedesco. Inoltre, i Trattati garantivano la competenza dello sviluppo della politica linguistica al Consiglio, grazie a cui l'olandese, il francese, l'italiano e il tedesco vennero riconosciuti come lingue ufficiali e lingue di lavoro delle istituzioni comunitarie (Doczekalska 2014: 10) e l'art. 4 del Regolamento 1/1958 introdusse il principio del multilinguismo giuridico (*legal multilingualism*).

Per anni si è cercato di pensare a una soluzione più economica che rimpiazzasse il multilinguismo come ad es. l'utilizzo dell'inglese, dell'esperanto o del latino, ma tale passo andrebbe contro il plurilinguismo, basato sul motto "l'unità nella diversità". Prima di tutto, i regolamenti avendo applicazione diretta devono essere per forza tradotti nella lingua dello Stato membro.

Il principio di equa autenticità è sancito in parte dal Regolamento 1/1958 secondo il quale i documenti normativi devono essere elaborati in tutte le lingue ufficiali ma in realtà il regolamento non tratta della loro parità, regolata invece nel 1982 dalla Corte di giustizia. Visto che tutte le versioni linguistiche sono paritarie, esse devono per forza avere gli stessi effetti legali.

Questo può essere confutato dagli esperti, dato che, vista la natura del linguaggio giuridico, è molto difficile ottenere l'assoluta equivalenza fra due versioni linguistiche, possiamo immaginare fra 24. Nel caso del diritto comunitario, le divergenze fra le rispettive versioni linguistiche sembrano inevitabili e solitamente sono dovute alla diversa natura delle lingue oppure a errori.

Romano Arrigo (2014: 3) menziona il famoso "obiettivo di Barcellona" del Consiglio europeo che tratta dell'insegnamento di tutti i cittadini di due lingue straniere dall'infanzia. Questa iniziativa viene sostenuta da Barroso (ex presidente della Commissione europea), il quale vede nel multilinguismo l'obiettivo di nuove possibilità economiche.

Il multilinguismo concerne anche la tutela giuridica delle lingue minoritarie e promuove diverse iniziative culturali, il cui fine è preservare le lingue e le identità locali. Una di queste iniziative è senz'altro la Giornata Europea delle Lingue, celebrata ogni anno il 26 settembre grazie all'iniziativa del Consiglio e alla collaborazione di università e istituti linguistici e culturali. In questa giornata si organizzano vari eventi tra cui conferenze, convegni riguardanti il multilinguismo e anche attività dedicate ad adulti e bambini (Ibidem: 23). Occorre precisare che il primo ambito in cui è evidenziata l'influenza del multilinguismo europeo è sicuramente l'insegnamento. Bisogna citare il Quadro Comune di Riferimento per la conoscenza delle Lingue, il quale concerne la valutazione dell'apprendimento di una lingua straniera ma anche l'insegnamento di essa con la divisione in sei livelli di competenza. Questi parametri sono utilizzati in tutto il mondo e sono un ausiliare e un modello di riferimento per gli insegnanti di lingue straniere, i discenti e anche per i datori di lavoro.

Un'altra importante iniziativa è l'Indagine Europea sulle Competenze Linguistiche che serve a fornire un feedback ai Paesi che vi partecipano riguardo la padronanza delle lingue straniere. L'indicatore europeo si basa sui risultati di test di traduzione e psicometria per valutare il livello di inglese, tedesco, italiano e spagnolo dei discenti che frequentavano la scuola secondaria inferiore.

Vale la pena menzionare l'*European Language Label*, premio attribuito a Stati, o persone o progetti per l'attività di promozione nell'ambito dell'insegnamento linguistico in tutti i sensi, comprese le lingue minoritarie, regionali o le lingue dei segni (Ibidem:33). Il premio viene conferito a livello locale, regionale oppure nazionale in tre principali categorie: al miglior insegnante di lingue, al metodo di apprendimento linguistico ritenuto più moderno e al discente che ha raggiunto i maggiori progressi nello studio delle lingue straniere.

Anche lo studio sugli Effetti sull'Economia Europea della scarsa Conoscenza delle Lingue Straniere nelle Imprese del 2005, iniziativa della Commissione europea e del Centro Nazionale per le Lingue si concentra sull'importanza delle competenze linguistico-culturali nell'ambito economico. L'indagine riguardava gli eventuali danni economici dovuti all'incomprensione e anche le potenziali differenze nelle competenze linguistiche in varie multinazionali e piccole e medie imprese. Dai risultati è emerso che le PMI sono penalizzate dalle basse competenze linguistiche del personale, il che ha causato loro perdite di contratti e danni finanziari. Inoltre, è stato dimostrato che le aziende non investono abbastanza nell'apprendimento di lingue straniere dei dipendenti.

3.3. Multilinguismo e interpretazione del diritto comunitario

Malgrado oggigiorno il meccanismo linguistico susciti grande interesse e ammirazione, occorre precisare che l'UE non è solo un insieme di Stati che si impegnano a collaborare, ma è una co-federazione di Stati, un'istituzione che ha un proprio ordinamento giuridico e un proprio linguaggio settoriale.

Il multilinguismo presuppone la parità di tutte le versioni linguistiche degli atti normativi. Tuttavia, vi sono sempre casi di problemi dell'interpretazione del diritto che devono essere risolti dalla Corte di giustizia. In tal caso, l'interpretazione della versione nella lingua ufficiale di un dato Stato membro viene paragonata alla versione di una delle lingue di lavoro (inglese, tedesco o francese). Nel caso di discrepanze, la Corte di giustizia ha il compito di risolvere le divergenze interpretative. Nell'interpretazione del diritto la Corte non presuppone che tutte le versioni debbano essere per forza considerate, ma che nessuna di loro possa essere rigettata. Nessuno dei testi viene considerato in maniera isolata rispetto agli altri. Al contrario, un cittadino può basare la propria conoscenza della versione linguistica di sua conoscenza dato che nessuna versione linguistica è esclusa, il che di conseguenza assicura un'interpretazione uniforme (Doczekalska 2014: 15). Pertanto l'equivalente autenticità, il multilinguismo e l'interpretazione omogenea del diritto, garantiscono e adempiono alla certezza del diritto.

La parità linguistica non è visibile solo nella redazione e interpretazione degli atti normativi, ma dovrebbe essere presente anche nella gestione quotidiana della UE. Tuttavia, bisogna affermare che il multilinguismo può essere alcune volte problematico, come ad es. nel caso dei bandi di concorso. Qualche anno fa da alcuni Stati membri sono state presentate denunce di discriminazione linguistica da parte delle stesse istituzioni europee.

Nel 2015 sono stati annullati tre bandi di concorso europei della EPSO perché ritenuti discriminatori dal punto di vista linguistico. Come specifica Romano Arrigo (online: 12), i concorsi riguardavano tre ambiti e tre tipologie ben diverse: il primo era sull'assunzione di assistenti nel settore della contabilità, dell'audit e della finanza (EPSO/AST/125/12), il secondo era indirizzato a laureati in biologia, chimica, fisica e ingegneria (EPSO/AST/126/12) e l'ultimo riguardava l'assunzione di amministratori AD6 nella sicurezza degli edifici e dell'ingegneria edile. La sentenza del Tribunale dell'Unione europea si è pronunciata a favore del multilinguismo e dei ricorsi presentati dagli Stati membri (fra cui l'Italia) perché ha ritenuto discriminatorio il bando dato che non era stata giustificata l'esigenza della padronanza di una delle lingue in questione (inglese, francese e tedesco). Secondo il tribunale la mancata giustificazione dei requisiti espressi mostrava la diversità di trattamento dei candidati.

Come si è avuto modo di appurare in precedenza, il multilinguismo dell'UE è un concetto complesso e trasversale. Questo perché esso tocca tutti gli ambiti comunitari, dall'insegnamento alla convivenza di più lingue in un'area geografica, alla promozione dell'apprendimento linguistico e della diversità linguistica come risorsa sociale ed economica, al diritto nel senso di prevenzione alla discriminazione (linguistica e culturale) fino ad arrivare al funzionamento della legislazione grazie al lavoro di traduzione. Inoltre, l'approccio multilingue ha come fine anche la protezione delle lingue minoritarie grazie a diverse iniziative culturali.

3.4. Lingue ufficiali, lingue di lavoro e lingue procedurali. Lotta di potere fra il francese e l'inglese.

Come lingua ufficiale si ritiene la lingua nazionale di ogni Stato membro, mentre le *lingue di lavoro* sono semplicemente le lingue utilizzate in una data istituzione (ogni istituzione ha il proprio regime linguistico). Il termine *lingue procedurali* si riferisce all'inglese, al francese e al tedesco (Tosi 2012: 80). Il presente trilinguismo deriva da diversi fattori, ovvero dalla storia, dalla praticità e del potere economico.

Inizialmente, il francese possedeva il primato come lingua di lavoro, per un motivo geografico e organizzativo, ovvero i principali uffici si trovavano in paesi francofoni e ciò ha portato ad accogliere i loro modelli amministrativi. Inoltre, è ben noto che storicamente il francese era sempre stato la principale lingua dei trattati, degli accordi, dell'aristocrazia e della classe intellettuale. Nel 1973 avvenne l'adesione di nuovi paesi e anche questo portò a una massiva diffusione dell'inglese rendendolo la principale lingua L2 in tutta Europa fino ad oggi (Tosi 2012: 86–89),

A rendere il tedesco la terza lingua procedurale e di lavoro è il fattore economico dato che la Germania da anni continua ad essere la maggiore potenza economica europea. Le lingue che mantengono il primato continuano ad essere l'inglese e il francese anche se la scelta di una di esse dipende dalle singole presidenze.

Per anni molti ci si è chiesti se non sarebbe stato più semplice introdurre l'inglese come unica lingua di lavoro, ma ciò prima di tutto violerebbe il principio di parità delle lingue ufficiali, causerebbe casi di "discriminazione linguistica" e porterebbe i Paesi anglofoni ad avere una posizione di vantaggio politico ed economico (facilitando maggiormente i parlanti madrelingua inglese nell'ambito lavorativo) sugli altri Stati membri, fatto che sarebbe controproducente e direi incompatibile con i principi della UE.

Oggigiorno alla luce della Brexit ci si chiede sempre più spesso quale sarà la posizione dell'inglese. A sollecitare discussioni, o curiosità, è stata l'affermazione dell'onorevole Danuta Hübner (allora presidente della Commissione per gli affari istituzionali del Parlamento europeo) in cui ha affermato che l'inglese non sarebbe stato più una lingua ufficiale dell'UE dopo l'uscita della Gran Bretagna.

Dal punto di vista logistico-organizzativo eliminare l'inglese sarebbe una mossa insensata dato che è la lingua più insegnata in Europa come L2. Secondo Ziller (2016: 36), la Brexit potrebbe per assurdo portare a una maggior diffusione dell'inglese spingendolo alla posizione di lingua franca proprio per il fatto di NON essere una lingua ufficiale, confutando l'argomento secondo cui la scelta di una lingua ufficiale come unica lingua franca porterebbe alla discriminazione delle altre, dando maggior potere allo Stato in cui è la lingua nazionale, cosa impossibile dato che comunque l'inglese ha lo statuto di lingua nazionale in Irlanda e a Malta. Tuttavia, la scelta dell'inglese come lingua franca porterebbe di sicuro a un netto vantaggio dei suoi madrelingua, discriminando lavorativamente le altre nazioni.

4. Il regime linguistico delle principali istituzioni europee

Per favorire la crescita e tutelare il multilinguismo e l'integrazione, è stato necessario creare un sistema efficiente di traduzione e interpretariato che rispettasse il principio di trasparenza, permettendo ai cittadini di trovare facilmente i testi normativi comunitari anche online. Come viene descritto di seguito, il ruolo dei traduttori e degli interpreti non è marginale, bensì fondamentale nello sviluppo della collaborazione comunitaria. Tuttavia, ogni istituzione svolge ruoli diversi e a seconda dell'istituzione, varia il lavoro dei traduttori e degli interpreti, i quali però sono sempre l'elemento chiave per l'attività dell'UE. La presente parte è dedicata al lavoro di traduzione presso le principali istituzioni dell'UE, alle loro competenze e al regime linguistico di ciascuna di loro.

4.1. La Commissione europea

La Commissione è indubbiamente l'istituzione più importante dell'UE, definibile come il "motore della politica comunitaria" in quanto ha il diritto di iniziativa (Dieter-Brochardt 1990:20). Inoltre, è il principale organo esecutivo e ricopre anche altre quattro funzioni, ovvero: la funzione di iniziativa legislativa, la gestione finanziaria, il controllo e la rappresentanza. A differenza degli altri organi, essa agisce esclusivamente nell'interesse dell'UE e non degli Stati membri di provenienza e proprio per questo motivo i funzionari della Commissione devono adempiere a specifici requisiti fra cui l'indipendenza e la professionalità (art. 17, par. 3, TUE).

La funzione esecutiva è intesa in 2 compiti: nell'esercizio delle competenze di esecuzione (art. 291, par. 2, TFUE) e nell'adozione di atti delegati dal Consiglio (tramite la delega di attuazione), i quali non hanno carattere legislativo ma sono di portata generale e "integrano o modificano determinati elementi non essenziali dell'atto legislativo" (art. 290 TFUE). È la custode dei trattati, vigila sulla loro applicazione e in caso di inadempienza richiede l'intervento della Corte di giustizia.

La funzione di gestione finanziaria consiste nell'effettiva esecuzione del bilancio annuale approvato dal Parlamento europeo e dal Consiglio conformemente alla procedura descritta all'art. 314 TFUE[1]. Come viene descritto nei

1 *Trattato sul funzionamento dell'Unione europea*

seguenti articoli del TFUE, la Commissione collabora con il Consiglio e il Parlamento nella gestione del bilancio, ha il dovere di presentare loro l'esercizio finanziario e gestisce i fondi per le politiche dell'UE.

La funzione di controllo consiste principalmente nella verifica della corretta osservanza delle norme comunitarie, in particolare delle norme del diritto primario e secondario. Questo incarico viene eseguito non solo in confronto agli altri Stati membri o agli altri enti (comunitari e non solo) ma anche nei confronti di privati esercenti un'attività di impresa. Oltre a ciò, dispone di poteri sanzionatori descritti dal Regolamento n. 1, art. 23–24.

La funzione di rappresentanza si riferisce all'attività giuridica e alle relazioni internazionali, salvo però l'ambito della politica estera e di sicurezza comune, in cui tale funzione viene ricoperta dall'Alto rappresentante per l'Unione ma sempre in collaborazione con la Commissione europea (art. 220 TFUE). Nelle riunioni del Consiglio ha il dovere di agire nell'interesse comunitario e durante le trattative, di arrivare a soluzioni soddisfacenti. Proprio per la sua struttura indipendente, è ritenuta l'istituzione più appropriata per il ruolo di intermediario (Brochardt 1990: 20).

Per diventare funzionario alla Commissione, occorre avere un'ottima padronanza del francese (data la collocazione a Bruxelles e Lussemburgo) e dell'inglese (Tosi 2012: 86–89). Il sistema di traduzione è gestito dalla Direzione Generale della traduzione (DGT), la quale è divisa in sei grandi direzioni: ABC e DRS (Cosmai 2011: 78–85). Le prime tre (A,B,C) sono a loro volta divise in dipartimenti linguistici corrispondenti al numero delle lingue ufficiali, mentre le restanti tre (D,R,S) si occupano della qualità linguistica, delle risorse umane e finanziarie, dell'informatica e della traduzione esterna. Ogni dipartimento è diviso in unità, specializzate in un preciso settore tecnico, ad esempio: finanze, economia, agricoltura, istruzione e cultura, energia, trasporti, ambiente e altre. Le competenze della DGT sono state specificate nel capitolo *La Direzione Generale della Traduzione della Commissione europea (DGI)* della presente ricerca (vedi: p. 90).

Per quanto riguarda la gestione dei documenti, essi vengono suddivisi in cinque categorie (*translation quality types*): A,B,C,D,E, in base alle esigenze traduttive (Bertaccini, Di Nisio 2011:6). Il primo gruppo riguarda i testi che devono essere pubblicati, ovvero: decisioni, direttive, regolamenti, comunicazioni, bilancio. Essi sono prevalentemente testi normativi, di massima importanza con effetti giuridici, politici e finanziari. Per la loro importanza non possono contenere errori o causare ambiguità e nella traduzione e nella revisione vengono applicati i massimi standard di qualità sul piano della completezza, terminologia, chiarezza e adempienza alle esigenze linguistiche della normativa europea. La tipologia B riguarda sempre documenti di importanza e priorità destinati alla pubblicazione, i quali tuttavia non hanno valore giuridico ma sono piuttosto legati all'immagine della Commissione come ad es. comunicati stampa, traduzioni web, newsletter, ecc. Le loro traduzioni devono essere prima di tutto scorrevoli e perfette stilisticamente, dato che hanno una funzione diversa da quella normativa, ma i criteri di revisione rimangono comunque gli stessi. Il tipo C include informazioni, documenti di lavoro, moduli, regolamenti interni e ai traduttori è richiesta una massima precisione nel contenuto e nel significato, mentre ai revisori è richiesta una revisione parziale o una semplice rilettura. La categoria D riguarda i documenti informativi a uso interno come verbali di riunioni, diverse richieste di Stati membri, relazioni, ecc. Anche se non si tratta di documenti normativi, richiedono accuratezza e una revisione parziale o la rilettura. I documenti E hanno rilevanza secondaria e sono tradotti principalmente per uso interno, spesso sono indirizzati a una sola persona e richiedono la revisione di un supervisore (Bertaccini, di Nisio 2011: 6).

Nella procedura legislativa è visibile il ruolo chiave dei traduttori, i quali sono il punto di incontro delle varie culture (anche giuridiche) e il motore nella formulazione delle nuove leggi. Cosmai divide il processo traduttivo in tre fasi: f. preparatoria, f. legislativa e f. attuativa (2011: 78–85). La prima fase viene avviata con la stesura di una bozza a cui è possibile allegare documenti ausiliari (verbali, documenti interni di discussione, ecc.).

La fase legislativa comincia con l'approvazione della versione della proposta di legge per dare l'avvio alla procedura legislativa ordinaria. Seguono i pareri dei parlamenti nazionali e in alcuni casi è richiesto il parere del Comitato economico e sociale europeo o del Comitato delle regioni (Guida del cittadino alle istituzioni dell'UE 2014: 6). I documenti vengono tradotti nelle tre lingue procedurali della Commissione a meno che non si tratti di documenti destinati al pubblico o di Libri bianchi e verdi, proposte di direttiva, i quali vengono regolarmente tradotti in tutte le lingue ufficiali (Cosmai 2011: 78–85). Dopo che i comitati hanno espresso il loro parere, ha inizio la prima lettura da parte del Parlamento, il quale a sua volta deve esprimere la propria posizione. La Commissione può apportare le modifiche suggerite, ma non ne ha l'obbligo (Guida del cittadino alle istituzioni dell'UE 2014: 6). Di seguito avviene la proposta di legge che passa al Consiglio il quale può approvare il parere positivo del Parlamento adottando in tal caso l'atto, oppure qualora il Consiglio e il Parlamento non raggiungessero un accordo sulle modifiche, il Parlamento avvia la seconda lettura, durante la quale può approvare la posizione del Consiglio espressa durante la prima lettura, oppure proporre ulteriori modifiche richiedendo il parere della Commissione. Se durante la seconda lettura il Consiglio non approva gli emendamenti proposti, viene convocato un comitato di conciliazione, il quale presenta loro un testo comune e svolge il ruolo di mediatore. In tal caso, se la proposta del comitato di conciliazione viene approvata, l'atto è ritenuto adottato, altrimenti è rifiutato.

Occorre precisare che prima di entrare in vigore, le leggi comunitarie devono essere tradotte e pubblicate in tutte le lingue ufficiali (Commissione europea online 2017:11). Presso la DGT vi sono circa 1.600 traduttori e 700 assistenti i quali traducono all'anno approssimativamente 1.500.000 di pagine, mentre le restanti 500.000 sono affidate a traduttori esterni (Ibidem).

4.2. Il Consiglio dell'UE

La seconda istituzione europea di maggior rilievo è il Consiglio dell'UE, con sede a Bruxelles e con un efficiente servizio di traduzioni. È composto dai capi di Stato e di governo degli Stati membri e ricopre la funzione rappresentativa degli stessi. Il Trattato di Lisbona ha allargato le sue competenze definendone la collaborazione con l'Alto rappresentante dell'Unione per gli affari esteri e la politica di sicurezza. La funzione primaria del Consiglio è di indirizzo politico dell'UE (art. 22 TUE) ma non esercita funzioni legislative (art. 15 TUE). Svolge un ruolo determinante se non esclusivo nella nomina di organi unipersonali (come il Presidente della Commissione, l'Alto rappresentante e il Presidente del Consiglio europeo), ha potere decisionale solo in casi eccezionali riguardanti l'adozione di singole disposizioni nelle procedure di revisione dei trattati (art. 14, par.2 TUE e art. 48, par. 6 e 7, TUE). Stabilisce e indica gli orientamenti politici generali e fornisce gli impulsi necessari alle altre istituzioni comunitarie per il loro continuo sviluppo.

Il servizio di traduzione fa parte del segretariato generale del Consiglio e collabora sia con il Consiglio europeo che con il Consiglio dell'Unione europea. È diviso in 24 unità con il totale di 688 traduttori e circa 200 assistenti (European Union 2017: 13).

Al contrario della Commissione, i funzionari che svolgono la funzione di traduttori non devono essere per forza specializzati in un campo preciso della traduzione, salvo i traduttori delle associazioni funzionali (*associations fonctionnelles*), ovvero gruppi di traduttori specializzati nella traduzione di documenti tecnici. I testi da tradurre consistono normalmente in proposte normative adottate dalla Commissione e sono sottoposti a discussioni ed emendamenti prima di essere approvati. Ogni progetto legge è soggetto a passaggi di analisi, modifiche ed emendamenti e viene regolarmente tradotto nelle lingue ufficiali.

Ovviamente, oltre ai documenti legislativi troviamo anche testi amministrativi, verbali delle riunioni, note di sintesi delle riunioni.

Oltre ai traduttori, vale la pena menzionare la figura dei giuristi linguisti, i quali hanno il compito di verificare la correttezza linguistico-giuridica di ogni versione linguistica di ciascun testo normativo prima che esso venga pubblicato sulla Gazzetta Ufficiale. Questo perché gli atti normativi, essendo testi vincolanti e performativi, devono essere il più possibile chiari e precisi. Visto il ruolo politico-amministrativo, la riservatezza necessaria e date le competenze del Consiglio, esso non si avvale di traduttori esterni.

Per quanto riguarda il regime linguistico, le principali lingue di lavoro sono l'inglese e il francese. Come rileva Palermo (2011: 8), nel Consiglio la documentazione viene spesso redatta in inglese e francese, a volte in tedesco, come del resto i verbali, solitamente scritti in diverse lingue. Dopo gli allargamenti del 2004–2007, per facilitare l'organizzazione e la logistica, si è deciso di tradurre principalmente da e verso le lingue procedurali, ovvero inglese, francese e tedesco, e in seguito passare alla traduzione verso le altre lingue di lavoro. A differenza della Commissione però, il Consiglio pubblica i propri documenti orientativi dopo che vengono approvati.

4.3. Il Parlamento europeo

Il Parlamento europeo è il terzo organo principale dell'UE. Esercita apparentemente le funzioni di un vero parlamento dato che in primo luogo non nomina nessun governo (la Commissione ha potere esecutivo, ma non la si può definire un governo). Inoltre, il potere esecutivo è diviso tra la Commissione e il Consiglio, ma il Parlamento ha il potere di controllo dell'attività totale solo nei confronti della Commissione, mentre per quanto riguarda il Consiglio, ogni suo membro viene giudicato dal proprio parlamento nazionale (Brochardt 1990: 14).

Come istituzione il Parlamento europeo ha il potere legislativo mediante la *procedura di codecisione* e mediante la procedura del parere conforme (Fontaine 2014: 13). La prima concerne la procedura legislativa ordinaria, mentre la responsabilità di promulgare nuove leggi è condivisa con il Consiglio. Una legge può essere approvata alla prima lettura, ma nel caso in cui le istituzioni non riuscissero a trovare un accordo dopo due letture, la proposta di legge viene passata a un comitato di conciliazione. La procedura del parere conforme invece, consiste nella ratificazione degli accordi internazionali o di qualunque trattato di allargamento dell'UE.

Inoltre svolge una carica di controllo verso la Commissione europea e può con un voto a maggioranza semplice confermare o bocciare il candidato del Consiglio europeo al presidente della Commissione. Il Parlamento esegue colloqui con ciascun candidato proposto alla carica di membro prima di approvare l'insieme dell'équipe della Commissione. Allo stesso tempo ha la possibilità di sciogliere la Commissione con una mozione di sfiducia a maggioranza di due terzi (Fontaine 2014: 14).

Come è stato precedentemente menzionato, in Parlamento è consentito a ogni membro di esprimersi nella propria lingua madre in qualsiasi dibattito o riunione. Gli interventi orali vengono interpretati simultaneamente e agli oratori è solitamente chiesto di parlare nella propria lingua madre dato per evitare fraintendimenti e agevolare gli interpreti. Questo perché generalmente gli eurodeputati non hanno una padronanza della L2 tale da garantire la massima comprensione di un loro discorso in lingua straniera dagli interpreti o dal pubblico. A gestire il lavoro e le combinazioni linguistiche è la DG Interpretazione (una volta SCIC). Le caratteristiche del lavoro di interpretazione al Parlamento europeo, sono state descritte nel capitolo *La Direzione Generale Interpreti (DGI)*, p. 92.

Malgrado nel caso del Parlamento lavorino principalmente gli interpreti di conferenza a gestire la comunicazione, vi sono anche testi da tradurre (tuttavia bisogna tener presente che nelle traduzioni scritte cala il numero di combinazioni linguistiche). Si traduce da tutte e in tutte le lingue ufficiali (*regime integrale*). Le traduzioni riguardano di solito risoluzioni, interrogazioni parlamentari, emendamenti o argomenti di dibattito. Inoltre, i traduttori del Parlamento collaborano alla traduzione dei documenti per il Mediatore europeo.

4.4. La Corte di giustizia e il Tribunale

Un altro ramo, in cui la traduzione svolge un ruolo chiave, è la giurisdizione, ovvero la Corte di giustizia dell'Unione. Prima di tutto occorre precisare che anche se solitamente viene menzionata come un'istituzione unica, essa è suddivisa in tre rami (art. 19 TUE), quali: la Corte di giustizia, il Tribunale e i tribunali specializzati. Nella presente parte, mi soffermerò a descrivere il regime linguistico della Corte di giustizia e del Tribunale.

La Corte di giustizia svolge due principali funzioni, ovvero le funzioni giurisdizionali e le funzioni consultive. Per quanto riguarda la funzione giurisdizionale, essa ha prima di tutto il compito di giudicare i ricorsi (per infrazione, di annullamento, in carenza, per risarcimento). Inoltre ha la competenza di rilasciare un parere in via pregiudiziale riguardo all'interpretazione dei trattati e sulla regolarità e correttezza dell'interpretazione degli atti compiuti dalle istituzioni e dagli altri enti della UE (258-168 TFUE).

Per quanto concerne la funzione consultiva, in casi particolari la Corte, su richiesta di uno Stato membro, del Parlamento, del Consiglio o della Commissione, esprime un parere parzialmente vincolante su un atto normativo, come ad es. la compatibilità di un accordo internazionale con i trattati. In caso di parere negativo, l'entrata in vigore dell'accordo non viene ostacolata, ma si passa alla revisione dei trattati o alla modifica dell'accordo.

Dal punto di vista organizzativo e strutturale, la Corte di Giustizia è composta da un giudice per ogni Stato, vale a dire che il numero di giudici equivale al numero degli stati membri e di avvocati generali. I membri della Corte sono nominati di comune accordo tra gli Stati dopo una consultazione del comitato disciplinato (art. 255 TFUE). La nomina dei giudici dura sei anni, ma viene parzialmente rinnovata ogni tre anni (art. 253, co. 2, TFUE) mentre il Presidente, eletto tra i giudici, riceve un mandato di tre anni con mandato rinnovabile (art. 253, co.3, TFUE).

Per quanto riguarda gli avvocati generali (attualmente 9), oramai quattro di loro devono essere di nazionalità degli stati ritenuti "forti", ossia Francia, Germania, Italia, Inghilterra mentre la nazionalità degli altri membri viene scelta a rotazione. La loro funzione si potrebbe definire ausiliaria, dato che essi hanno il compito di rilasciare un parere che aiuti la Corte ad emettere una decisione, qualora i giudici lo ritengano necessario. La Corte esamina prima di tutto ricorsi della Commissione contro uno Stato membro sulla violazione di un trattato, ricorsi di uno Stato membro contro un altro, ricorsi per omissione contro il Consiglio o la Commissione, ricorsi in via pregiudiziale presentati da tribunali nazionali concernenti l'interpretazione e la validità del diritto dell'UE, ricorsi contro la UE per risarcimento danni (Brochardt 1990: 22).

La procedura dinanzi alla Corte comporta la fase scritta e la fase orale. Durante la prima, viene presentata una relazione preliminare del giudice relatore all'udienza generale, di seguito vengono richiesti eventuali documenti (perizie, ecc.).

Alla Corte di Giustizia della Comunità europea e al Tribunale di primo grado il francese è la principale lingua di lavoro con la maggior divisione linguistica. All'avvio di un procedimento si decide la lingua processuale che può essere qualunque lingua ufficiale, mentre per quanto riguarda i procedimenti giudiziali si può scegliere la lingua del giudice nazionale che presiede la Corte anche se essa delibera sempre in francese e gli atti sono tradotti in francese. Le traduzioni alla Corte sono gestite dai giuristi linguisti, ovvero laureati in giurisprudenza che verificano la correttezza linguistica e giuridica delle versioni linguistiche degli atti normativi.

I traduttori lavorano su documenti interni ed esterni. I primi sono destinati alla pubblicazione online o nella Raccolta della giurisprudenza e sono opinioni, sentenze, ordinanze, mentre i testi esterni vengono dagli Stati membri o dalle altre istituzioni e non sono destinati alla pubblicazione dato che concernono problemi sull'interpretazione del diritto o sulla correttezza di atti giuridici.

Viste le competenze della Corte e la produzione di testi principalmente di natura normativa, a gestire le traduzioni troviamo il servizio di traduzione giuridica con giuristi linguisti, ovvero persone con una formazione giuridica completa ma che svolgono le mansioni di traduttori e hanno il compito di facilitare la comunicazione fra le parti e i giudici (European Union 2017: 15). Le competenze dei giuristi linguisti saranno descritte nel capitolo intitolato *Giuristi linguisti* (vedi: p. 94).

A svolgere un ruolo chiave nel funzionamento della Corte di giustizia sono senz'altro gli interpreti senza i quali la procedura orale non sarebbe possibile. La DG Interpretazione della Corte garantisce l'interpretazione simultanea durante le udienze dinanzi alla Corte e al Tribunale (Ibidem: 10). Agli interpreti non solo è ovviamente chiesta un'ottima preparazione linguistica e giuridica, ma essi devono avere la facoltà di saper analizzare e capire al volo l'argomento dell'oratore, il quale è un giurista. Per garantire il massimo della precisione e al tempo stesso facilitare il lavoro degli interpreti, la Corte lascia a loro disposizione un'intera giornata allo studio del fascicolo e dei materiali riguardanti il caso dell'udienza. La documentazione in questione è sempre in francese, la principale lingua processuale, ed è la lingua in cui la Corte delibera e redige le sentenze (European Union 2017: 10). Per questo tutti gli interpreti interni ed esterni della Corte devono avere un'ottima padronanza del francese, indipendentemente dalla loro combinazione linguistica e dalla scelta della lingua processuale (Curia online). A differenza dei traduttori, agli interpreti non è richiesta una formazione giuridica, ma essi devono comunque saper affrontare i dialoghi fra giuristi o giuristi e non giuristi e i loro discorsi.

Possiamo decisamente ritenere ammirevole la serietà della Corte, la quale incoraggia espressamente i relatori a lasciare i testi approssimativi dei propri discorsi argomentativi agli interpreti (cosa che viene chiesta anche ai parlamentari ma non sempre con successo). La DG Interpreti della Corte ha inoltre stilato delle brevi raccomandazioni ai rappresentanti legali su come pronunciare i propri discorsi. Oltre alla parte tecnica come lo spegnimento di cuffie, cellulari e qualsiasi ulteriore dispositivo, prima di tutto, si raccomanda loro di non leggere, ma parlare in maniera coesa e a una velocità che ne renda possibile l'interpretazione. Nel caso i legali decidano comunque di leggere, sono pregati di inviare in anticipo i testi dei discorsi, gli appunti e le citazioni agli interpreti (i quali garantiscono la massima discrezione). Questo serve a facilitare il lavoro degli interpreti ma anche a garantire un buon risultato e la massima professionalità alle Parti e ai giudici della Corte.

Il Tribunale, istituito dall'Atto Unico europeo e dal Trattato di Maastricht, svolge funzioni esclusivamente giurisdizionali di diversa natura solitamente come giudice di primo grado oppure come giudice di secondo grado rispetto ai tribunali specializzati. Inoltre, al Tribunale sono riservate competenze pregiudiziali, riguardanti l'interpretazione dei trattati, la validità degli atti delle istituzioni e dagli altri enti dell' UE (art. 267 TFUE). Nel caso di controversie, può rivolgersi alla Corte di giustizia. In tal caso la Corte riesamina il caso e la decisione del Tribunale. Il Tribunale esamina ricorsi dei funzionari, ricorsi sul diritto della concorrenza, ricorsi di antidumping, ricorsi concernenti il settore carbosiderurgico (Brochardt 1990: 22).

4.5. La Banca centrale europea (BCE)

È un organo specializzato, le cui competenze si limitano al settore dell'unione economica e monetaria, chiamata UEM (art. 13 TUE). La sede si trova a Francoforte; le principali funzioni da essa ricoperte sono l'emissione dell'euro e la partecipazione alla politica monetaria dell'UE nel Sistema europeo di banche centrali (SEBC), composto dalla BCE e dalle banche centrali nazionali degli Stati membri in procinto di introdurre l'euro, per garantire la stabilità dei prezzi (art. 282, par. 2–3 TFUE). Inoltre ha competenze di tipo consultivo che consistono prima di tutto nel formulare pareri e nelle consultazioni su ogni progetto di atto dell'UE o di atto normativo nazionale (art. 282, par. 5, TFUE).

Le principali lingue di lavoro sono l'inglese, per praticità, e il tedesco, per un fattore economico-politico (Tosi 2012: 86–89). I traduttori si occupano della comunicazione esterna e provvedono alla revisione linguistica degli atti giuridici stesi dai giuristi linguisti. A differenza delle altre istituzioni, la BCE si rivolge frequentemente a traduttori freelance.

4.6. La Banca europea per gli investimenti (BEI)

La Banca europea per gli investimenti ha un carattere particolare dato che è sia un'istituzione che una banca e ha il principale scopo di provvedere allo sviluppo del mercato interno. Concede, o rifiuta, prestiti e garanzie destinati a progetti (art. 309 TFUE) che riguardano progetti di valorizzazione di aree meno sviluppate, modernizzazione o avvio delle imprese. Collabora con gli Stati membri e il Consiglio nella politica economica.

Nella sua struttura interna è composto dal Consiglio dei governatori, di cui fanno parte i ministri delle finanze degli Stati membri, i quali stabiliscono la politica creditizia e i controlli dell'applicazione delle procedure. L'altro organo principale è il Consiglio di amministrazione che gestisce i prestiti e le garanzie.

I Servizi Linguistici, che contano 30 traduttori interni, appartengono agli uffici del Segretariato Generale della Banca europea per gli investimenti e si occupano prevalentemente di traduzioni in tutte le lingue ufficiali, in arabo, russo e giapponese (per un fattore economico), assistenza alla redazione, revisione e consulenza terminologica (European Union: 19).

4.7. La Corte dei Conti

La Corte dei Conti è un organo di rappresentanza delle istituzioni governative composto da funzionari che in precedenza avevano fatto parte dei rispettivi Stati di organi di controllo esterno. Devono garantire professionalità nell'interesse dell'UE ed essere indipendenti. Le loro competenze concernono prima di tutto il controllo della contabilità, ossia la legittimità e regolarità delle entrate e delle spese, la gestione finanziaria e la documentazione.

La Direzione Traduzione e servizi linguistici della Corte dei conti è composta da 23 gruppi di traduttori, assistenti che li aiutano e il loro lavoro è guidato da una direzione che si occupa del coordinamento e della logistica. I documenti da tradurre possono essere sia di tipo interno (corrispondenza con Stati membri) che esterno, ovvero testi destinati alla pubblicazione. Le principali lingue richieste sono le tre lingue di lavoro e data le specificità delle competenze di questa istituzione, i traduttori operano prima di tutto il linguaggio dell'economia e della finanza (Ibidem: 20).

4.8. Il Mediatore europeo e l'Alto rappresentante

Il Mediatore europeo è una figura indipendente ed autorevole, la quale ha il compito di esaminare le denunce dei casi di cattiva amministrazione o pessima attività delle istituzioni dell'UE, promuovendo il dialogo fra cittadini e amministrazione. Inoltre, svolge il ruolo di intermediatore fra i cittadini e il Parlamento europeo, da cui viene nominato, ma esercita le proprie funzioni in piena indipendenza. I candidati devono prima di tutto essere dei giuristi e, in più, è richiesta loro la padronanza di una lingua ufficiale e una buona conoscenza di un'altra lingua. Questo perché ai funzionari è richiesto l'esame delle denunce, la stesura di note e decisioni, l'impulso a una cultura di servizio nell'amministrazione pubblica dell'UE e la traduzione di testi, fra cui le denunce dei cittadini (EPSO online).

Simile è il lavoro presso l'Alto rappresentante assistito dal Servizio europeo per l'azione esterna nella gestione della politica estera e nella collaborazione con i servizi diplomatici dei Paesi comunitari e dell'ONU. Entrambi si occupano in primo luogo dei diritti umani, della sicurezza nazionale, affrontano crisi umanitarie e ambientali. I funzionari dei gabinetti dell'Alto rappresentante e dei commissari hanno il compito di tradurre informazioni sulle riunioni e dichiarazioni ufficiali destinate alla pubblicazione online in tutte le lingue ufficiali.

Il Servizio europeo per l'azione esterna (SEAE) è responsabile per gli affari esteri ed equivale al Ministero degli Esteri dell'UE dal 2010. Il Servizio per l'azione esterna sostiene l'attività dell'Alto rappresentante dell'Unione per gli affari esteri e la politica di sicurezza e risponde a lui. Di fatto il Servizio costituisce il ministero degli esteri dell'Unione europea e ne gestisce la politica estera e l'attività diplomatica. Ha natura burocratica e diplomatica, ma non ha autonomia politica: le decisioni sulla politica estera e di sicurezza vengono prese dal Consiglio dei ministri degli esteri dell'Unione, presieduto dall'Alto rappresentante. A causa della sua collocazione intermedia tra Commissione e Consiglio, il Servizio costituisce un organismo unico, dotato di particolare autonomia e di importanza per l'attività di Commissione e Consiglio ed è anche il primo servizio diplomatico multinazionale (SEAE online).

4.9. Comitato delle regioni, Comitato economico e sociale

Sono organi di individui che agiscono in maniera autonoma nell'interesse dell'UE senza essere politicamente vincolati dagli Stati di provenienza e dai loro interessi (art. 300, par. 4 TFUE). Svolgono funzioni di tipo consultivo nell'assistenza al Parlamento, alla Commissione e al Consiglio anche se il loro parere non è vincolante e consiste in semplici indicazioni di carattere prima di tutto politico.

Il Comitato delle regioni è costituito da rappresentati di enti regionali e locali e ha la funzione di far rispettare le identità e i loro diritti tramite l'integrazione. Proprio per questo, rappresentano il livello istituzionale più prossimo ai cittadini. Il Comitato economico e sociale europeo è un punto di incontro tra le istituzioni comunitarie e i cittadini, esprime prima di tutto pareri in ambito di legittimità democratica e dell'efficienza dell'attività comunitaria.

Anche se come istituzione è poco conosciuta, bisogna dire che il servizio di traduzione svolge un ruolo chiave viste le competenze dei Comitati, i quali a loro volta hanno un servizio di traduzione comune composto da 270 traduttori (European Union online: 18) e i funzionari redigono e ottengono i documenti nella loro lingua. Si tratta prima di tutto di testi legislativi ma di vario genere e ai traduttori sono richieste conoscenze generali, la conoscenza di lingue possibilmente meno diffuse e abilità comunicative nella produzione di testi coesi e chiari indirizzati ai legislatori e ai cittadini.

4.10. Le Agenzie

Oltre alle principali istituzioni, troviamo anche le agenzie europee, ovvero enti con competenze tecniche. Le loro funzioni dipendono dalle disposizioni dei regolamenti costitutivi, ma tutte hanno personalità giuridica e sono autonome sul piano organizzativo e finanziario. Le cosiddette "agenzie esecutive" sono create per svolgere determinati compiti, hanno una durata determinata e la loro sede si trova presso la Commissione europea.. L'Eurojust opera nell'ambito della cooperazione giudiziaria in materia penale e ha il dovere di sostenere e rafforzare la collaborazione e la logistica delle autorità nazionali nelle indagini e nell'azione penale che riguarda due o più Stati e esige un'azione penale comune (art. 85 TFUE). L'agenzia Europol, invece, si occupa di sostenere l'azione della polizia e degli altri enti al fine dell'applicazione delle norme e della prevenzione dei crimini. L'Agenzia europea per la difesa (art. 45 TUE) si occupa della sicurezza e della difesa comune nell'ambito della politica estera, valuta le potenzialità militari degli Stati membri, sostiene la ricerca nella tecnologia della difesa e adotta misure per rafforzare il settore della difesa.

5. Aspetti linguistici dell'Unione europea

5.1. Il linguaggio comunitario

L'istituzione dell'UE come co-federazione istituzionale di carattere politico, economico, giuridico, culturale e linguistico ha portato alla formazione di un linguaggio specialistico tipico delle attività comunitarie. Il linguaggio comunitario è anche chiamato *euroletto* oppure *comunitarese* o *eurocratese* (con accezione negativa), dai termini *Eurojargon* o *Eurospeak* (Cosmai 2011: 23–46).

La situazione del linguaggio comunitario è a dir poco particolare dato che racchiude in sé le caratteristiche di una lingua speciale siccome esso è strettamente legato al linguaggio giuridico e concerne principalmente una determinata realtà giuridica. Tuttavia, la sua principale caratteristica, è il fatto di essere il risultato di un lavoro di traduzione (nel caso dell'italiano) e di un compromesso tra i diversi dipartimenti linguistici, come nel caso dell'inglese e del francese comunitari, nettamente diversi dalle varietà nazionali.

L'euroletto italiano viene spesso criticato dai linguisti per non essere abbastanza chiaro, oppure per non rispecchiare completamente le norme dell'italiano, in particolar modo dell'italiano giuridico anche se questo fenomeno è visibile in tutte le rispettive lingue ufficiali. A criticare la qualità delle norme UE, sono prima di tutto i giuristi e in secondo piano i linguisti. Come precisa Ferreri (2011: 247–248), tali critiche derivano dal fatto che il linguaggio comunitario tende a mantenere una certa neutralità, il che porta ad avere testi ibridi, corretti grammaticalmente, ma distanti. All'euroletto si aggiunge la povertà lessicale dovuta a numerose ripetizioni e alla mancanza di formule superflue (a differenza del linguaggio giuridico italiano), d'altra parte, i giuristi nazionali si trovano a dover far fronte a divergenze lessicali dovute a calchi, risemantizzazioni e neologismi che potrebbero facilmente creare confusione. Questa questione è in parte causata dal fatto che il linguaggio comunitario non è basato su un modello concreto, ma è in continua fase di crescita e produzione semantica.

In questa sede mi concentro solo dell'euroletto italiano, ricco di calchi linguistici, forestierismi e neologismi dalle principali lingue di redazione, ovvero l'inglese e il francese. Come è stato precedentemente precisato, il linguaggio comunitario è il risultato di un lavoro di traduzione, basti pensare che nel 1958 ai tempi della Comunità economica europea, le traduzioni venivano fatte in 4 combinazioni linguistiche: italiano, tedesco, francese e nederlandese (Brom 2014: 1), mentre adesso siamo arrivati a 24 lingue ufficiali con più di 300 combinazioni.

Rossolillo (2016: 180) sottolinea che il concetto di un linguaggio settoriale proprio per le istituzioni comunitarie compare già nei trattati modificativi del Trattato di Roma. Si menziona un linguaggio con termini che nella lingua nazionale avrebbero una nozione diversa e che indicano fenomeni propri di un'istituzione internazionale, trattando la UE non solo come comunità ma come "particolare" forma di stato (o meglio co-federazione).

Cosmai (2011: 25) cita la *Guida per il servizio di traduzione di lingua italiana della Commissione europea*, in cui il linguaggio comunitario sarebbe un linguaggio settoriale particolare, in cui nel caso della legislazione dell'UE, le difficoltà di comprensione derivano dal gergo comprensibile solo agli specialisti, i quali potrebbero effettuare una traduzione endolinguistica tramite forme semplificate e facilmente comprensibili ai non esperti. Stando a Nystedt (Cosmai 2011: 26), l'eurocratese è un linguaggio di carattere triplo-specialistico, perché include il settore comunitario, normativo e specifico.

Il problema delle interferenze nel gergo comunitario non è noto soltanto all'italiano, ma anche ad altre lingue come ad es. l'inglese. In questo caso il fenomeno è dovuto a due possibili fattori (Wagner, Bech, Martínez 2001:76–78):

1) problema di interferenza, frequente per coloro che vivono in un contesto multilingue (ritenuto un'attenuante inaccettabile per i traduttori);
2) il testo non è stato redatto da un madrelingua, il che spiegherebbe l'uso scorretto di elementi lessicali e l'incidenza nelle traduzioni dei cosiddetti "falsi amici".

Wagner, Bech e Martínez elencano casi in cui gli autori ricadono nei "falsi amici" nella traduzione dal francese all'inglese (Ibidem):

Tab. 11: Termini in lingua fracese, lessemi errati in lingua inglese, lessemi corretti in lingua inglese:

Francese	Lessema errato (inglese)	Lessema corretto (inglese)
actuel	*actuel*	*current, topical*
adéquat	*adequate*	*suitable*
assister à	*assist at*	*attend, participate*
capacité	*capacity*	*ability, capability*
compléter	*complete*	*supplement*
disposer de	*dispose of*	*have, keep*
éventuel	*eventual*	*any*
important	*important*	*large*
opportunité	*opportunity*	*provided for*

Un altro motivo è l'uso inappropriato dei termini da politici e giornalisti (non madrelingua) nei dibattiti, ma anche nella stampa.

Anche Brom (2014: 341), ritiene che la cosiddetta "ibridità'" dei testi consiste nel fatto che esse contengono in sé elementi della cultura di partenza e della cultura di arrivo. Proprio per questo motivo vengono recepiti come non conformi alla cultura di arrivo, il che non deriva da un errore ma semplicemente dalla consapevole strategia traduttiva definita dalle norme comunitarie. Oltre alla chiarezza linguistica del testo trasposto, lo scopo è creare un testo accettabile nella cultura di arrivo, ma che sia l'effetto di un compromesso fra la cultura A e la B, includendo gli elementi di entrambe. Nel suo lavoro, il traduttore si deve attenere a una standardizzazione o normalizzazione comunitaria richiesta dalle istituzioni e visibile su vari piani linguistici, in primis nella scelta del lessico tramite l'adozione di calchi linguistici, ma anche sul livello sintattico dato che nei testi comunitari si cerca di mantenere la sintassi della principale lingua originale (inglese). Tutto questo avviene però a discapito della versione tradotta, la quale è percepita come lontana dalla lingua d'arrivo. Il risultato finale dipende dalla libertà ristretta del traduttore comunitario che deve soddisfare le esigenze del testo di partenza e di arrivo, rispettando le indicazioni stabilite dalle istituzioni comunitarie (Ost 2013: 28).

Un'altra caratteristica del linguaggio comunitario è senz'altro l'innovatività della lingua delle istituzioni europee che deriva dalla natura politica e giuridica dell'UE. Il sistema giuridico dell'UE è un sistema nuovo, in un certo senso "giovane", perciò in continua evoluzione e in costante sviluppo organizzativo, legislativo e perciò semantico. Più volte le istituzioni e le procedure legate ad esse non posseggono un termine corrispondente in tutte le lingue degli stati membri e per esprimere le realtà dell'UE bisogna semplicemente formare, creare nuovi termini.

Proprio per questo ogni trattato ha arricchito questo linguaggio settoriale introducendo nuovi concetti e vocaboli come nel caso del Trattato di Roma, il quale diffonde le espressioni *prelievi agricoli, tariffa doganale comune, mercato interno, principio di sussidiarietà,* mentre dopo il Trattato di Maastricht entrano in uso *procedura di coesione, sviluppo sostenibile* o *zona euro* (Trattato di Amsterdam).

Inoltre troviamo diverse *collocazioni*, come ad es. *libera circolazione delle merci, sviluppo sostenibile, fondi strutturali, contabilità verde* o parole derivate con il prefissoide "-euro" come ad es. *eurobarometro, euroscettico, eurotruffe, eurobond, eurocity, eurosportello, europartenariato* (Cosmai 2011: 30–32).

Nei seguenti capitoli sono state descritte le principali problematiche legate al linguaggio comunitario, ovvero la traduzione comunitaria (giuridica) e il rapporto tra le diverse lingue ufficiali e la realtà comunitaria.

5.2. I principali atti dell'UE

5.2.1. Regolamenti

La nozione è descritta nell'art 288 TFUE in cui si spiega che il regolamento è un atto di portata generale, totalmente obbligatorio e direttamente applicabile. È rivolto a categorie di destinatari definibili come astratti e generali e contiene norme di comportamento. La totale obbligatorietà significa che gli Stati membri non possono rifiutarsi di applicare singole disposizioni o applicarle in modo limitato.

I regolamenti vengono applicati in maniera diretta, vale a dire senza nessun atto nazionale di recepimento ovvero avviene automaticamente. Ovviamente gli Stati membri possono applicare provvedimenti integrativi ai sensi del principio di leale collaborazione (art. 4, par.3, TUE) secondo il quale non solo gli Stati membri hanno il divieto di produrre atti normativi non conformi con le norme comunitarie, ma hanno anche l'obbligo di adottarle e, in caso di controversie derivanti da essi, devono collaborare con gli altri Stati e le istituzioni europee. Inoltre, l'art. 288 TFUE vieta ai Paesi membri di emettere norme che abbiano lo stesso contenuto di un regolamento dell'UE perché ne modificherebbe la natura comunitaria e non ne permetterebbe l'interpretazione della Corte di giustizia.

Il regolamento è un atto giuridico di portata generale ed è totalmente obbligatorio, vale a dire che deve essere applicato in modo completo senza omettere nessuna disposizione e senza poterne limitare o condizionare l'ambito adottivo con ulteriori disposizioni. Inoltre, dal punto di vista giuridico, il regolamento non è un tipico atto "esterno" perché esso può diventare fonte di diritto nella giurisprudenza nazionale dei Paesi membri.

5.2.2. Direttive

Le direttive europee sono atti normativi che fanno parte del diritto secondario e sono dirette a destinatari specifici. Nel caso in cui essa è rivolta a tutti gli Stati membri ha portata generale e viene pubblicata sulla Gazzetta Ufficiale (art. 287, par.2, TFUE) o può essere di portata individuale se indirizzata a un singolo Stato.

La direttiva è obbligatoria e vincola gli Stati ad ottenere un risultato, senza specificarne i mezzi e gli Stati hanno l'obbligo di attuarla entro un termine preciso. Lo Stato membro non può applicare misure che non siano compatibili con le finalità della direttiva. Ovviamente la scelta delle forme e dei mezzi di attuazione non è assolutamente irrilevante, perché essi devono essere conformi alla prescrizione della direttiva, al diritto interno e comunitario.

Anche se non applicabile direttamente come il regolamento, la direttiva può essere ritenuta un documento normativo di efficacia diretta, perché ha effetti giuridici negli ordinamenti interni anche se non vi sono misure di attuazione, soprattutto in favore di singoli e privati, i quali sono sotto la tutela delle corti nazionali per quanto riguarda i rapporti tra Stato e privati.

La direttiva serve a ravvicinare le disposizioni legislative, amministrative e regolamentari dei Paesi membri in precisi ambiti, come nel caso dell'art. 53 TFUE in cui la direttiva è prevista come mezzo per il riconoscimento di diplomi, certificati e titoli di studio per facilitare la collaborazione internazionale e la libera circolazione dei lavoratori all'interno dell'UE. Per quanto riguarda le legislazioni di carattere tecnico, i giuristi comunitari adottano direttive precise e complesse, chiamate *direttive dettagliate.*

5.2.3. Decisioni

Sono documenti di varia natura che possono essere interamente o parzialmente vincolanti e possono essere di portata individuale o generale e sono interamente obbligatori (art. 288, co. 4, TFUE). La direttiva può essere rivolta solo agli Stati membri, mentre le decisioni possono essere indirizzate anche a persone fisiche o giuridiche. Quando le decisioni si rivolgono agli Stati membri, esse hanno contenuti che le rendono piuttosto come uno strumento della direttiva e in tal caso possono avere carattere performativo imponendo un obbligo o un divieto verso uno Stato.

Possono essere indirizzate a singole persone fisiche o giuridiche ma anche agli Stati membri o a uno Stato membro in funzione dell'applicazione degli obblighi o dei divieti di una direttiva. Quando la direttiva ha portata generale, si tratta di una decisione generale.

5.4. La redazione dei testi comunitari

Viste le aspre critiche dei linguisti sul linguaggio comunitario, negli anni le istituzioni europee hanno creato delle norme per la redazione dei testi legislativi comunitari che servono come ausilio ai giuristi ma anche ai traduttori.

A differenza di come spesso accade nel linguaggio giuridico, nel caso della redazione della legislazione le istituzioni pongono l'accento sulla chiarezza e sul destinatario.

La chiarezza dovrebbe essere il criterio base nella redazione della legislazione. Un testo non chiaro non è compreso e perciò può portare a una erronea applicazione del diritto. L'UE ha sempre puntato sul *principio di trasparenza*, il quale prevede l'accessibilità, compresa in maniera tecnica ovvero online, e l'accessibilità nel senso di comprensibilità linguistica. Per chiarezza si intende anche il modo e la logica di esposizione degli argomenti che dovrebbero rendere un testo coeso.

Un altro fattore importante per la corretta redazione dei testi normativi riguarda l'adeguata attenzione al destinatario, tema da sempre ritenuto una spina nel fianco dei giuristi, almeno nel caso dei giuristi italiani. Il destinatario è di solito il cittadino medio e anche se nel caso delle direttive il destinatario ufficiale è lo Stato, i testi sono formulati in maniera da essere comprensibili al cittadino medio, non esperto della materia.

Il problema della qualità redazionale dei testi legislativi è stato più volte toccato durante le riunioni e i vertici. Questo perché lo si ritiene una condizione fondamentale per il corretto sviluppo della UE dato che vi sono casi in cui dagli Stati è richiesta un'attuazione del diritto comunitario che avvenga in maniera rapida e, ovviamente, corretta. La dichiarazione n. 39 del Trattato di Amsterdam sottolinea l'importanza redazionale della legislazione comunitaria, ribadisce le decisioni prese in merito durante il Consiglio europeo a Edimburgo nel 1992 e invita la Commissione, il Consiglio e il Parlamento europeo a collaborare per stabilire delle disposizioni che migliorino la qualità delle leggi usando i mezzi necessari per velocizzare la codificazione delle normative.

Nel 2015 l'UE ha pubblicato la *Guida pratica comune del Parlamento europeo, del Consiglio e della Commissione per la redazione dei testi legislativi dell'Unione europea*, la quale contiene indicazioni linguistico-strutturali volte a una corretta interpretazione. Anche essa dona il giusto peso al destinatario, precisando che ogni articolo non solo deve essere formulato in maniera chiara, ma anche motivato.

Nel 2016 la Commissione europea ha pubblicato nelle rispettive versioni linguistiche una guida intitolata *Scrivere Chiaro*, la quale doveva servire come riferimento al personale della Commissione addetto alla redazione e alla traduzione di atti legislativi, verbali, comunicati stampa, discorsi, ecc. Già nelle prime pagine troviamo degli argomenti che spesso sono sottovalutati: il destinatario, l'obiettivo del documento e i suoi punti salienti.

Il destinatario dei documenti della Commissione è diviso in tre gruppi (Ibidem: 3): personale delle istituzioni comunitarie, specialisti esterni o il grande pubblico, ovvero i cittadini europei. Nel paragrafo dedicato agli obiettivi del documento è chiesto di riflettere "sull'impatto" che esso dovrebbe avere sul destinatario, ossia prendere una decisione, risolvere un problema particolare, cambiare atteggiamento riguardo una data materia. Non c'è dubbio che per ottenere un buon testo, e quindi aver maggior probabilità di ottenere una traduzione di qualità, occorre che l'autore abbia le idee chiare. Si suggerisce il metodo delle sette domande, ovvero "cosa?" (il messaggio), "chi" (gli interessati), "quando", "dove", "come" (circostanze, chiarimenti), "perché" (causa, fine), "quanto" (dati concreti). Inoltre viene esplicitamente chiesto di mantenere vivo l'interesse del potenziale lettore, omettendo informazioni superflue. In poche parole: semplicità, brevità portano alla massima chiarezza ma senza dimenticare la precisione.

Si raccomanda di includere nel titolo le seguenti informazioni: natura dell'atto (regolamento, direttiva, decisione, ecc.), sigla o acronimo, anno, numero progressivo dell'atto, istituzione dell'atto, data della firma o di adozione, titolo che ne e indichi il contenuto (Guida pratica comune del Parlamento europeo, del Consiglio e della Commissione per la redazione dei testi legislativi dell'Unione europea 2015: 26).

Per quanto riguarda la struttura, si raccomanda di mantenere la logica del discorso e trovare il metodo più leggibile per illustrare dati e informazioni, possibilmente aumentando il numero di frasi (a discapito della loro lunghezza) e utilizzando i connettivi. Per facilitare il lavoro e mantenere la coesione intertestuale si raccomanda di fare copia-incolla per evitare possibili ambiguità nei casi in cui si riscontrano parti di testi normativi precedentemente tradotti.

Dal punto di vista lessicale si raccomanda di utilizzare parole semplici, come nella seguente tabella (Commissione europea 2016: 6):

Tab. 12: Espressioni complesse e la loro rispettiva versione preferibile

Espressione complessa	Versione preferibile
in considerazione del fatto che	*poiché*
un certo numero di	*alcuni, qualche*
entro e non oltre	*entro*
lo scopo è quello di ottenere	*lo scopo è ottenere*
successivamente alla data del	*dopo il*
al fine di	*per*
nell'eventualità che	*se*
in caso contrario	*altrimenti*
nell'ipotesi che ciò si verifichi	*in tal caso*

Come si vede, "meno" significa "meglio" e la semplicità non è sinonimo di povertà lessicale, ma semplicemente di chiarezza. Nella scelta del lessico è richiesta anche concretezza come nel caso di (Commissione europea 2016: 9):

Tab. 13: Espressioni frequenti e espressioni preferibili

Espressione frequente	Espressione preferibile
liquidità	*contante*
opportunità occupazionali	*posti di lavoro*
evoluzione negativa	*flessione*
esuberi	*licenziamenti*
confrontarsi su	*discutere di*

Inoltre, la "Guida pratica comune del Parlamento europeo, del Consiglio e della Commissione per la redazione dei testi legislativi dell'Unione europea" (2015: 20) distingue fra la coerenza formale e coerenza sostanziale. La prima riguarda la coerenza terminologica e richiede che determinati concetti siano espressi con gli stessi lessemi in modo da ottenere testi conformi. Pertanto, un termine dovrebbe essere utilizzato in modo uniforme, tranne per i casi particolari in cui la scelta terminologica dipende dalla legislazione in vigore. La coerenza sostanziale si riferisce al contenuto dell'atto, il quale deve essere privo di contraddizioni e i termini devono comparire in modo uniforme.

Inoltre (Ibidem: 18), si chiede di evitare tecnicismi giuridici troppo radicati negli ordinamenti giuridici nazionali e qualora necessario si raccomanda di introdurre la definizione del termine tecnico. Per rendere il discorso maggiormente scorrevole si raccomanda all'uso di verbi invece dei sostantivi (Commissione europea 2016: 8), come si può vedere dalla seguente tabella:

Tab. 14: Espressioni complesse e espressioni semplificate

Espressione complessa	Espressione semplificata
con l'eliminazione di	*eliminando*
per la massimizzazione di	*per massimizzare*
procedere ad una/alla valutazione di	*valutare*
effettuare il riesame di	*riesaminare*
realizzare un'analisi di	*analizzare*
provvedere al rinnovo di	*rinnovare*

I verbi sono preferibili in quanto risultano maggiormente diretti e meno astrati rispetto ai sostantivi. Inoltre favoriscono un'economia del testo. Si raccomanda di evitare i falsi amici, fenomeno assai frequente in un ambiente multilingue come la Commissione, in cui non tutti i funzionari (e questo va detto chiaramente) hanno conseguito studi linguistici e hanno la sensibilità e l'occhio attento dei traduttori esperti. Nei testi comunitari i falsi amici provengono soprattutto dall'inglese e dal francese, principali lingue di redazione o lingue da cui si forma il gergo comunitario. In *Scrivere chiaro* (Commissione europea 2016: 11) sono presenti i seguenti esempi:

Tab. 15: Falsi amici, termini che influenzano le forme dei falsi amici, espressioni corrette, spiegazione degli errori.

Falso amico	Influenzato da	Espressione corretta	Spiegazione dell'errore
abusivo	*abusif (FR)*	*ingannevole, vessatorio*	*sinonimo di "illegale"*
anticipare	*anticipate (EN)*	*giocare d'anticipo, ad es. anticipate redundancies non significa "anticipare i licenziamenti" ma prevenirli*	*la parola italiana ha una connotazione temporale e significherebbe "affrettare i licenziamenti"*
attuale	*actual (EN)*	*reale*	*sinonimo di "corrente"*
comando	*command (EN)*	*padronanza*	*sinonimo di "ordine"*
effettivo	*effective (EN)*	*efficace*	*sinonimo di "reale"*

(*fortgeführt*)

Tab. 15: Fortsetzung

Falso amico	Influenzato da	Espressione corretta	Spiegazione dell'errore
manutenzione	*manutention (FR)*	*movimentazione*	*sinonimo di "cura", "osservazione"*
pertanto	*pourtant (FR)*	*tuttavia, peraltro*	*sinonimo di "quindi"*
terminare	*terminate (EN)*	*porre fine, interrompere*	*sinonimo di "finire"*

Nel caso dei falsi amici il problema può avere tre motivi:

1) chi redige i testi non è un linguista;
2) chi redige i testi non è madrelingua (situazione abbastanza frequente per quanto riguarda l'inglese) della lingua di partenza;
3) chi traduce i testi non sempre riesce a captare le differenze di significato, a volte non molto nette, come nel caso di *terminare* e *to terminate.*

Si raccomanda di evitare le espressioni gergali o di allegarne una definizione nel caso di termini ancora lontani dalla lingua comune (Commissione europea 2016:12):

Tab. 16: Termini gergali e definizione raccomandata

Termine gergale	Definizione raccomandata
acquis (comunitario)	*insieme della normativa UE, normativa UE*
coesione	*provvedimenti volti a ridurre le disparità socioeconomiche nell'UE*
comitatologia	*procedura in base alla quale la Commissione è assistita da comitati di esperti.*
mainstreaming	*inserimento di una determinata tematica nelle politiche dell'UE*
proporzionalità	*principio in base al quale l'azione delle istituzioni deve limitarsi a quanto è necessario per raggiungere gli obiettivi fissati dai trattati*
sussidiarietà	*principio in base al quale l'Unione interviene, nei settori che non sono di sua esclusiva competenza, solo se la sua azione è più efficace di quella che può essere svolta a livello nazionale, regionale o locale*

La "Guida pratica comune del Parlamento europeo, del Consiglio e della Commissione per la redazione dei testi legislativi dell'Unione europea" (2016:18) raccomanda di evitare espressioni gergali tipiche per la lingua della redazione dato che esse potrebbero non avere equivalenti nella rispettive lingue ufficiali, che potranno renderle solo con perifrasi o termini approssimativi portando così a divergenze tra le versioni linguistiche. Idem per le abbreviazioni e sigle, le quali dovrebbero essere sempre spiegate.

Inoltre, vi è una breve parte dedicata alla situazione linguistica delle normative, ovvero al fatto che esse sono destinate alla traduzione (Ibidem). Si precisa che gli atti comunitari hanno il fine di essere percepiti non come una traduzione ma come un testo redatto in stile normativo, evitando calchi e espressioni gergali. Il punto 5.5. è infatti indirizzato ai giuristi e include due osservazioni sul rapporto tra testo originale e le sue versioni linguistiche. Innanzi tutto, bisogna fare in modo che il traduttore possa facilmente individuare le fonti che compaiono nel testo e trovarle con i mezzi informatici per evitare traduzioni libere che potrebbero essere lontane dall'intenzione del giurista. La seconda osservazione invece, tratta dell'utilità delle eventuali considerazioni dei traduttori sul piano linguistico e incita il giurista a collaborare con i traduttori. Questo punto è molto importante dal punto di vista giuridico e linguistico, giacché rivede il ruolo del traduttore, il cui lavoro non si limita alla trasposizione linguistica ma anche alla critica e alla valutazione dei testi normativi destinati alla traduzione.

Non è difficile trovare delle somiglianze tra le raccomandazioni rivolte ai giuristi comunitari e le critiche dei linguisti, non tanto verso il linguaggio delle norme europee, quanto verso il linguaggio giuridico, in particolar modo nel caso del linguaggio normativo italiano. La premura della qualità dei testi normativi comunitari ha un aspetto giuridico, il che salvaguardi il cittadino medio da errori di comprensione, cosa che non si può certamente dire dei giuristi italiani, i quali non hanno mai avuto a cuore il problema del destinatario e della (mancata) comprensione delle leggi.

Questo può essere dovuto al ruolo chiave dei traduttori, senza i quali le leggi non possono essere recepite in maniera corretta dagli Stati membri e perciò possiamo ritenerli linguisti che hanno voce in capitolo e a cui viene dato ascolto.

5.5. Traduzione, redazione e revisione

Nei capitoli concernenti le competenze delle singole istituzioni è stata descritta la procedura legislativa degli atti comunitari dal punto di vista della prassi giuridica. Nella presente parte, mi soffermo sul ruolo centrale della collaborazione dei traduttori e dei giuristi nella legislazione europea.

Prima di tutto bisogna precisare che nella fase preparatoria il multilinguismo è un'utopia e solitamente i testi normativi vengono redatti in lingua inglese (per risparmiare tempo) e molto spesso da un tecnico non madrelingua, il quale non deve per forza essere un giurista ma è un esperto della materia di cui tratta il progetto di legge. Successivamente il testo può essere esaminato da un revisore, ossia un giurista madrelingua inglese, ma non sempre accade dato che non vi è molto personale con queste qualifiche. Di seguito, la bozza viene verificata da un gruppo nominato dalla DG di cui fanno parte esperti nazionali o esperti tecnici, ma di solito da funzionari scelti dai rispettivi governi degli Stati membri e della Commissione (Ioratti Ferrari 2013: 27). Spesso accade che i delegati facciano parte dell'equipe del Consiglio a cui si chiede di discutere la proposta di legge. Questa sarebbe la fase più semplice dato che non sono ancora previste consultazioni in materia. A capo di ogni gruppo di lavoro vi è un delegato della Commissione, il quale lavora su un documento di lavoro, detto *working document*, cioè la bozza del testo della proposta di legge, la quale ovviamente viene cambiata a ogni discussione. È raro che questo testo venga pubblicato, ma solitamente viene solo trasmesso alle altre istituzioni con allegati studi e documenti. In questa fase il testo è principalmente in lingua inglese, o francese, e viene sottoposto in esame dai giuristi-revisori della Commissione, i quali hanno il compito di verificare la qualità del *drafting* (Ibidem: 28), a cui seguono consultazioni, pareri e modifiche sul piano linguistico, giuridico e negoziativo, o forse meglio politico. Di seguito viene allegato il parere del Servizio Giuridico, il quale verifica la conformità del progetto di legge con le politiche europee, la forma e lo stile dell'originale, dato che in questa fase non si ricorre ancora alla traduzione (Ibidem: 29). Tuttavia la correzione redazionale serve a rendere il testo più facile da tradurre. Di seguito, il testo viene tradotto dal servizio traduzione e riesaminato dai giuristi revisori con il fine di verificare che le versioni linguistiche siano conformi (Dragone 2006: 145).

La Commissione è l'istituzione che dà vita alla procedura legislativa e coordina la collaborazione interistituzionale, ma il ruolo decisivo è del Consiglio. Dopo la fase preparatoria ha inizio la fase co-decisiva, in cui la proposta della Commissione è sottoposta all'analisi di un'équipe del Consiglio e da dei rappresentanti del Parlamento europeo allo stesso tempo e difatti è talvolta difficile individuare il testo originale date le continue modifiche a cui viene sottoposto. I gruppi di lavoro del Consiglio lavora sul testo in inglese o in francese, gli esperti nazionali lavorano sulla versione nella propria lingua madre. Questo porta ad ottenere testi con emendamenti in diverse lingue, il che causa spesso problemi di interpretazione. Proprio per questo viene richiesta la collaborazione dei giuristi-linguisti del Consiglio, i quali sono esclusi dal gruppo di lavoro del Consiglio, fattore che talvolta può portare a divergenze terminologiche e ambiguità durante le negoziazioni. Infatti interviene un gruppo di esperti di qualità della redazione legislativa per riordinare gli emendamenti e rendere il testo abbastanza chiaro da poter esser tradotto. Di seguito, il Servizio di traduzione del Consiglio passa alla traduzione in tutte le lingue ufficiali della proposta con gli emendamenti aggiunti e trasmessa al Coreper.

Per quanto riguarda il Parlamento, la proposta viene esaminata da una commissione parlamentare e la procedura è garantita da un relatore ufficiale e a volte da un "relatore ombra". Questo serve per mantenere un certo controllo sulla trasparenza e correttezza della fase dei negoziati, i quali avvengono in una lingua scelta dai relatori (Ioratti Ferrari 2013: 35), dopodiché viene preparato un documento contenente gli emendamenti e sottoposto all'analisi dei giuristi linguisti del Segretario Generale del Parlamento per rendere tale testo conforme e traducibile, anche se durante la sede plenaria è possibile aggiungere ulteriori emendamenti. Tuttavia, bisogna precisare che prima della consegna della proposta al Consiglio (definito come *prima lettura*), il testo deve essere tradotto in tutte le lingue ufficiali. Cruciali sono i cosiddetti "triloghi", ossia incontri a porte chiuse tra politici e burocrati durante i quali si stabilisce il testo finale della normativa trasmesso al Consiglio e solitamente approvato alla prima lettura. Il trilogo non serve soltanto a favorire l'ordine e l'organizzazione della traduzione, ma anche a raggiungere un compromesso, evitando di perdere ulteriore tempo.

Tuttavia, può accadere che il testo venga respinto e in tal caso il Parlamento deve decidere entro un preciso arco di tempo se respingere definitivamente la proposta oppure apportare ulteriori emendamenti. Il testo viene esaminato dal Consiglio e dai giuristi linguisti del Parlamento e del Consiglio. Ioratti Ferrari (Ibidem: 39) precisa che molto spesso si invita i parlamentari ad apportare emendamenti accettabili dal Consiglio. Qualora il testo (tradotto in tutte le lingue ufficiali), non venga approvato dal Consiglio, si passa alla terza fase, in cui viene convocato un comitato di conciliazione che serve a trovare un accordo, ma anche invita i parlamentari ad aggiungere solo gli emendamenti accettati dal Consiglio.

Come si può osservare, il problema della redazione è assai complesso nel caso dei testi comunitari, dato che richiede l'impegno e l'attenzione di molte persone. I testi comunitari richiedono la massima accuratezza redazionale e traduttiva, vale a dire la collaborazione di giuristi e traduttori talvolta di diverse istituzioni comunitarie.

6. La traduzione presso le istituzioni europee

6.1. Tecnologia e traduzione

6.1.1. La traduzione automatica

La traduzione automatica è un sistema di traduzione che si avvale dell'intelligenza artificiale e può essere basato su regole, esempi o statistiche (IDABC 2005: 1). Il primo unisce molteplici regole linguistiche a dizionari che servono ad analizzare il testo di partenza e crearne la traduzione mentre le altre due si avvalgono di corpora bilingui, archivi di testi redatti nella lingua del testo di partenza con disposte accanto le rispettive traduzioni ufficiali eseguite da traduttori esperti. Inoltre, i sistemi di TA (traduzione automatica) possono essere divisi in "automatici", vale a dire effettuati pienamente dal computer, o "interattivi", cioè servono come ausilio all'utente il quale partecipa attivamente ad es. nella scelta terminologica (IDABC 2005:1). Alcuni sistemi richiedono una "redazione controllata" in cui i testi vengono scritti secondo precise categorie e con un lessico ristretto.

La Commissione si avvale della traduzione automatica tramite un apposito servizio di TA che può tradurre circa due mila pagine in un'ora. Il sistema si basa su EC Systran, una versione del sistema SYSTRAN creata dal World Translation Center di seguito adattata e migliorata dalla UE (Ibidem: 2). Con l'aumento delle lingue ufficiali e della mole di lavoro, si è dovuto perfezionare il funzionamento del sistema di traduzione ed è stata creata la rete TESTA (IDABC 2005: 1), la quale non solo offre una piattaforma per lo scambio di informazioni, ma contiene varie opzioni che incidono sul prodotto finale. La prima è l'ausilio di *Dominii,* ovvero l'opzione che contiene dizionari specialistici che facilitano la scelta dell'equivalente appropriato in base al contesto d'uso (testo specialistico) evitando i calchi. Inoltre è possibile selezionare il tipo di testo che comanda al sistema di trasporre il testo secondo istruzioni specifiche. Infine, un'altra opzione molto importante è *Riservato* che permette di mantenere la traduzione sul server solo per il tempo necessario al suo trattamento, senza archiviarlo in modo da non essere visibile ai gestori del sistema. Questa funzione è molto utile dato che in molti casi la Commissione si occupa di ambiti delicati, quali la sicurezza, e questa funzione serve a mantenere il riserbo e prevenire la fuga di informazioni strettamente riservate.

Ovviamente, per i traduttori chiamare l'esito della TA una traduzione sembrerebbe azzardato e infatti viene denominata "traduzione grezza". Il sistema di

TA viene utilizzato dai funzionari di tutti gli organi comunitari e dalle amministrazioni degli Stati membri ma solo per documenti interni. La traduzione grezza viene di seguito corretta dalla DGT e le combinazioni più frequenti sono inglese-spagnolo, francese-spagnolo e inglese-francese o inglese-francese-tedesco (nel caso dei funzionari non traduttori degli altri organi della UE). La traduzione automatica serve per la consultazione linguistico-terminologica degli amministratori, che usufruiscono di un servizio di post-edizione rapida o nel caso di traduzioni a brevissima scadenza, la quale deve essere comunque corretta.

La DGT ha da qualche anno sviluppato un servizio di traduzione automatica come supporto a traduttori, funzionari dell'amministrazione pubblica dell'UE chiamato MT@EC, il quale utilizza un approccio statistico capace di integrare "componenti ibride" con il risultato di una traduzione grezza di migliore qualità (Publications Office of the European Union online, 2016: 12) in solamente pochi minuti (ovviamente dipende anche dalla lunghezza del testo di partenza). Questo sistema è basato sui dati, vale a dire che non è necessario che qualcuno elabori dei dizionari perché il sistema utilizza corpora e dizionari già esistenti, risolve algoritmi statistici per creare un sistema di traduzione automatica (Ufficio delle pubblicazioni dell'Unione europea 2014: 12).

La traduzione automatica è utile perché permette di risparmiare tempo ma nel caso di testi destinati alla pubblicazione online, ci si avvale sempre di una traduzione eseguita dall'inizio alla fine da uno o più traduttori e mai dal sistema di TA (Commissione europea: 14). È molto utile quando è necessaria la comprensione generale di un testo da parte di un funzionario che non ne conosce abbastanza bene la lingua di partenza e deve valutare il testo rapidamente o in situazioni di emergenza.

6.1.2. Strumenti di ausilio della traduzione

Poetry, ManDesk[2], *TraDesk*[3] *e DGT Vista*

Sono strumenti di gestione e di archivio della documentazione da tradurre (Publications Office of the European Union online 2016: 6–10). *Poetry* è un sistema che gestisce le richieste di traduzione e che garantisce il loro raggruppamento, la trasmissione rapida e il corretto inserimento nel sistema *TraDesk.*

2 Manager's Deskop
3 Translator's Deskop

Inoltre, *Poetry* permette l'accesso elettronico al documento originale e ai documenti di riferimento, facilitando il lavoro di traduzione.

Il software si chiama *ManDesk* e funziona come una posta elettronica solamente che oltre a ricevere le richieste di traduzione, le gestisce e permette di accogliere o rifiutare una domanda. In aggiunta, è collegato a *Trèfle*, un sistema di archiviazione a disposizione dei traduttori esterni.

TraDesk è il sistema di archivio elettronico che sistema i file e costituisce l'interfaccia utilizzato dai traduttori per visualizzare gli incarichi e i documenti relativi. Inoltre, serve anche a visualizzare, valutare e commentare le traduzioni esterne grazie alla possibilità di accesso immediato ai documenti di riferimento, documenti precedentemente elaborati e permette di paragonare le varie versioni, le traduzioni in corso e quelle già terminate.

DGTVista è un archivio che contiene intorno ai due milioni di documenti in tutte le lingue nazionali degli Stati membri (Ufficio della pubblicazione dell'Unione europea 2014: 14).

Translator's Workbench (TWB)

È una app che contiene una "memoria di traduzione" (Commissione europea online: 13), in cui vengono memorizzati i documenti in tutte le lingue ufficiali e con funzioni adattate alle esigenze dei traduttori comunitari per facilitare e velocizzare il loro lavoro. In pratica serve a ricercare nelle versioni tradotte passaggi corrispondenti o simili a quelli non ancora tradotti proprio per risparmiare tempo e mantenere la coesione stilistica e terminologica dei documenti precedenti e attuali, fondamentale quando si tratta di testi normativi.

Euramis[4]

È un sistema di memoria centrale per il lavoro interno della Commissione che consente di collegare con la posta elettronica applicazioni web elaborate che consentono l'accesso a servizi di elaborazione linguistica. Grazie a una piattaforma comune, Euramis collega tutti i sistemi di ausilio della DGT. L'elemento principale è la memoria centrale di traduzione chiamata *retrieval* (Commissione europea online 2017: 13). Quando si accetta una richiesta di traduzione, la versione originale viene inviata ad Euramis e si risale alle traduzioni precedenti tramite la memoria centrale, mentre quando la traduzione è terminata, essa

4 en. *European advanced multilingual information system;*
it. *Sistema avanzato europeo di informazione multilingue.*

viene inserita nella memoria centrale dal traduttore tramite la memoria locale. In pratica la memoria centrale di *Euramis* viene consultata automaticamente (Publications Office of the European Union 2016: 11) quando una richiesta di traduzione viene accettata.

Euramis serve a ricercare termini, espressioni, ottenere una traduzione, visualizzare il contesto ed eventualmente aggiungere e condividere note sulle traduzioni effettuate. Euramis è collegato alle memorie locali grazie alle quali è possibile introdurre il testo originale e i passaggi simili o identici che compaiono in traduzioni precedenti appaiono come proposte di traduzione, il che è molto utile per mantenere la coesione testuale e terminologica dei testi legislativi.

Euramis è unico come sistema dato che oltre ad essere veramente multilingue, è l'unico strumento di ausilio al mondo capace di gestire in maniera così rapida ed efficace testi elaborati e proprio per questo è la colonna portante degli strumenti di ausilio della traduzione di tutte le istituzioni comunitarie.

6.1.3. Strumenti di ricerca terminologica

IATE

IATE (Interactive Terminology for Europe) è la base terminologica dell'UE creata nel 2004 al fine di "creare un'infrastruttura web per tutte le risorse terminologiche dell'UE", standardizzando le informazioni e rendendole maggiormente disponibili. È stata creata grazie alla collaborazione del Parlamento europeo, del Consiglio, della Commissione, della Corte di giustizia, della BCE e di altri centri quali la Banca europea per gli investimenti (EIB una volta IATE), dal Comitato europeo delle Regioni, ecc. La base terminologica viene aggiornata da *Eurodicautom, TIS, Euterpe, Euroterms* (Centro di traduzione degli organismi dell'Unione europea) e da CDCTERM (Corte dei Conti).

La gestione tecnica è riservata a un'équipe interistituzionale ma la banca terminologica è gestita da ogni dipartimento linguistico di ciascuna istituzione comunitaria. Contiene quasi nove milioni di termini e mezzo milione di abbreviazioni in tutte le lingue ufficiali e anche in latino (Publications Office of the European Union online 2016: 9). Funziona in maniera molto semplice ed è accessibile a tutti sul sito *iate.europa.eu*. Basta scrivere il termine sul motore di ricerca, selezionare la lingua di partenza e la lingua d'arrivo. I termini trovati sono divisi in categorie in base all'ambito (diritto, economia, ecc.) ed è precisato il contesto d'uso (ovvero in quale documento ufficiale nazionale o internazionale compare). Accanto alle proposte traduttive è visibile una cifra da 1 a 4 in cui 4 significa la massima affidabilità.

Inoltre, molto utile è il thesauro multilingue *Eurovoc*, il quale non solo traduce in modo automatico i termini selezionati, ma mostra anche i provvedimenti di un dato Stato membro scelto che li contengono.

Eur-Lex, N-Lex, Quest, DocFinder

Il sistema più noto è Eur-Lex, il quale permette l'accesso al diritto europeo grazie all'accesso alla Gazzetta ufficiale dell'UE in cui è possibile consultare trattati, accordi, legislazione, giurisprudenza, documenti preparatori e interrogazioni parlamentari (Peruginelli 2011: 5).

N-Lex è il portale delle legislazioni nazionali degli Stati membri della UE. Inoltre è possibile consultare N-Lex tramite le piattaforme Quest e DocFinder (Publications Office of the European Union online: 10). Doc Finder serve a consultare i documenti di riferimento per estrarne le informazioni contestuali e facilitare i traduttori a risolvere dubbi anche riguardanti il contenuto del testo. Questo è uno strumento di ricerca creato allo scopo di far risparmiare tempo ai traduttori della DGT quando devono risolvere un problema terminologico, permettendo loro di consultare risorse terminologiche in pochi minuti.

6.2. La traduzione comunitaria

6.2.1. La traduzione comunitaria: prassi e sfide

Il sistema giuridico-strutturale dell'UE ha portato non solo alla formazione dell'euroletto, ma anche a un nuovo tipo di traduzione, detta *traduzione comunitaria*. Questo termine racchiude in sé i diversi aspetti della traduzione presso le istituzioni europee, quali il contesto multilingue, il linguaggio comunitario proprio del sistema giuridico dell'UE, l'approccio traduttivo e il ruolo dei traduttori.

Vista la natura giuridica della traduzione comunitaria, essa richiede un lavoro di comparatistica la quale esige a sua volta l'approccio di un giurista ma anche di un linguista. Come sostiene Guggeis (2016: 49), la qualità degli atti normativi risulta dall'aumento del numero di essi stessi, dalla complessità delle norme, dalla mancata chiarezza redazionale e della problematicità nell' applicarle. Nel caso del linguaggio comunitario, queste difficoltà risultano maggiori a causa di tre fattori (Ibidem: 50):

a) molteplicità ed eterogeneità dei partecipati alla produzione degli atti normativi,
b) complessità delle procedure decisionali,
c) plurilinguismo.

Come è già stato menzionato, la traduzione comunitaria richiede l'impegno e la collaborazione di diversi traduttori, compresi i revisori, i quali collaborano sistematicamente durante tutte le procedure decisionali e i dibattiti. Inoltre, il contesto multilingue del *drafting* della legislatura non semplifica la traduzione, ma tutt'altro.

Nella traduzione giuridica l'ideale sarebbe l'approccio comparatista, in cui si dovrebbero unire le capacità linguistiche di un traduttore e la conoscenza del diritto di un giurista (Palermo 2011: 2). Queste due abilità devono essere ritenute complementari nella comparatistica e nella traduzione giuridica. Il lavoro di traduzione e comparatistica varia in base alle coppie di lingue e alle differenze dei loro ordinamenti giuridici. Come rileva Palermo (Ibidem), il comparatista spesso deve assumere il ruolo di traduttore e il traduttore giuridico deve essere esperto degli argomenti giuridici di cui si occupa. Nella gran parte dei casi, l'effetto della traduzione non è soddisfacente dato che si nota una insufficiente formazione sia dei traduttori che dei giuristi, il che porta molte volte a scelte casuali.

Inoltre, è interessante il diverso approccio alla lingua come strumento: il linguista esperto di linguaggio giuridico è incline a creare "certezza", spiegando concetti e cercandone la migliore soluzione traduttiva, mentre il giurista è propenso ad adattare la lingua alle esigenze dell'argomentazione, fenomeno visibile nella giurisprudenza e soprattutto nella dottrina, le quali si basano sull'interpretazione delle parole (Ibidem).

L'osservazione di Palermo giustificherebbe gran parte delle caratteristiche del linguaggio del diritto. Innanzi tutto è la chiave dei motivi per cui il linguaggio giuridico, indipendentemente dalla lingua di studio, ha in comune alcune caratteristiche come: tecnicismi giuridici, sintassi complessa e soprattutto è noto per le sue difficoltà di percezione da parte dei cittadini comuni. Proprio per questo motivo, il linguaggio giuridico è sempre oggetto di critica dei linguisti e dei cittadini, non solo italiani. La differenza è che queste critiche hanno portato nei paesi anglosassoni al cosiddetto *legal drafting* e ad una cultura di redazione dei testi normativi. Questa questione è stata approfondita nel precedente capitolo del presente libro concernente il linguaggio giuridico.

I giuristi tendevano sempre ad ignorare la questione linguistica, soprattutto nella redazione delle leggi, proprio perché la lingua era, e talvolta continua ad essere, uno strumento non solo di comunicazione ma anche di manipolazione. Come osserva Palermo (Ibidem: 3) "il giurista inventava, la lingua si adeguava" erroneamente perché di fatto la lingua precede l'atto giuridico che la incorpora e pertanto è il linguaggio che influenza il giurista e non il contrario. Proprio questo approccio è stato per anni il motivo di incomunicabilità tra la linguistica e il diritto. Queste osservazioni vanno inoltre rielaborate in seno alla funzione del giurista europeo, in cui lo strumento non è più la lingua ma le lingue (e i loro ordinamenti giuridici) e il pluralismo esige un approccio comparativo del diritto, ritenuto come scienza della cultura.

Un approccio e un effetto diverso è riscontrabile nel linguaggio comunitario, grazie al lavoro di traduzione e al *drafting* multilingue in cui vi è uno standard comunitario (Palermo 2011: 6), il quale richiede un approccio linguistico e giuridico consapevole delle differenze tra gli ordinamenti giuridici dei vari Paesi membri, pur essendone indipendente. L'approccio ai testi normativi è diverso dall'approccio di un giurista, perché non riguarda solo la materia di traduzione ma nelle versioni linguistiche si mira prima di tutto alla qualità del "prodotto" misurabile in primis in base alla sua chiarezza. Nei testi comunitari, il "potere" principale non è dei giuristi, ma dei traduttori. Proprio per questo motivo le peculiarità di un testo giuridico nazionale saranno certamente diverse da quelle di un testo giuridico dell'UE. Oltre alla diversa realtà extralinguistica e giuridica, cambia l'autore, o meglio gli autori, dei medesimi testi. Nel caso dei testi giuridici nazionali si tratta principalmente di un equipe di giuristi, mentre nel caso dei testi comunitari di traduttori e giuristi linguisti.

Per ottenere una traduzione valida, occorre anche che il testo di partenza sia redatto in maniera accurata. Da anni la principale lingua di redazione non è il francese ma l'inglese e questo significa che spesso gli autori dei testi non sono madrelingua. Proprio per questo la DGT ha creato un servizio e di redazione e consultazione per gli autori in modo da ottenere testi chiari e facilitarne la traduzione (Ufficio delle pubblicazioni dell'Unione europea 2014: 6). Infatti, la traduzione degli atti legislativi comunitari è divisa in diverse fasi (Wagner, Bech, Martínez 2002: 3):

a) la fase preparatoria che consiste nella preparazione della documentazione tecnica in materia,
b) esame delle versioni redatte che comporta un'ampia consultazione
c) preparazione del testo finale,
d) preparare un'informazione scritta che la commissione ha il dovere di far circolare dopo l'approvazione della proposta di legge,
e) discussione del progetto e aggiunta di eventuali modifiche.

Lo stesso Tosi (2012:108) evidenzia la responsabilità di tradurre in tutte le lingue ufficiali i documenti nella complessa fase legislativa, la quale prevede: la preparazione dei documenti di lavoro, l'esame delle versioni temporanee del progetto di legge, la stesura della versione finale, preparazione della documentazione definitiva, modifiche ed emendamenti del Parlamento e del Consiglio.

La principale difficoltà e al tempo stesso la principale caratteristica della traduzione comunitaria è la "lontananza" delle norme linguistiche delle traduzioni rispetto agli atti normativi redatti in lingua originale. L'approccio primario consisteva nell'uniformità, mentre, come menziona Palermo (2011: 1), oggigiorno si è passati alla compatibilità in campo di traduzione della normativa comunitaria. L'approccio dell'uniformità di soluzioni traduttive prestabilite sembrerebbe più semplice, mentre in realtà porterebbe ad esiti indesiderati. La traduzione comunitaria vede prima di tutto la questione di intersezione tra lingua e diritto in un ordinamento che avrebbe almeno 28 profili giuridici, almeno uno per ogni Stato membro.

Tuttavia, vale la pena notare che la traduzione comunitaria non è nota soltanto per i testi ibridi o per il *comunitarese*, ma anche per aver in un certo senso cambiato la visione e il modo di lavorare dei traduttori. Occorre sfatare il classico mito, secondo cui il traduttore lavorerebbe da solo in un luogo oscuro e circondato da libri. In realtà non esiste niente di più falso dato che i traduttori comunitari non traducono mai da soli (sia i traduttori assunti come funzionari che i traduttori freelance). Solitamente troviamo i traduttori, i revisori linguistici, i revisori- giuristi e in alcuni casi i politici, funzionari ufficiali dei singoli Stati membri (non traduttori) che discutono sullo stile dei documenti proposti (documenti legislativi).

Proprio per questo la traduzione comunitaria viene chiamata "traduzione a più mani" (Tosi 2012: 190–191) dato che un testo viene elaborato da diversi traduttori. Inoltre Tosi individua numerosi casi di proliferazione sinonimica nelle traduzioni dall'inglese all'italiano, come ad esempio:

Tab. 17: Gender quality, equality between, equal treatment.

Gender quality	*1. parità tra i sessi* *2. parità dei sessi* *3. parità tra donne e uomini* *4. parità tra uomini e donne*
Equality between	*1. parità tra donne e uomini* *2. parità tra i sessi* *3. uguaglianza tra donne e uomini*
Equal treatment	*1. parità tra i sessi* *2. pari opportunità* *3. parità di trattamento* *4. parità* *5. pari trattamento*

Come possiamo vedere, le diverse versioni esposte non incidono su eventuali problemi di comprensione e derivano dalle preferenze lessicali o stilistiche dei traduttori. Tuttavia, le soluzioni traduttive andrebbero standardizzate e unificate dal punto di vista formale, cosa che prima non era possibile per una questione tecnica.

La traduzione comunitaria non ha tuttavia compiuto una vera a propria operazione comparativa, che sarebbe impossibile dato il numero di lingue e culture giuridiche, ma negli anni ha elaborato un proprio percorso linguistico, traduttivo elaborando forme gergali proprie del linguaggio comunitario. La definirei volta verso la comparativa linguistica piuttosto che verso la comparatistica giuridica intesa come studio dei diversi ordinamenti giuridici.

Secondo Cortelazzo (2013: 64), il linguaggio giuridico italiano si caratterizza particolarmente per i termini di registro tecnico e aulico. Il linguistica menziona le ricerche di Conti (Ibidem: 64), il quale ha paragonato le versioni italiane e inglesi di 53 direttive degli anni 2003–2007 relative allo stesso argomento. Dall'indagine risulta in primo luogo che i termini presenti nelle versioni inglesi sono in gran parte anglolatinismi.

Inoltre, le scelte traduttive di termini e connettivi risultano essere molto rigorose, come ad es.: *altresì – also, analogamente – similar/ as, qualora – if, sempreché – if* e gli studi rilevano che nella traduzione degli avverbiali di tempo, è visibile lo stesso approccio: *nel contempo – while, a decorrere dal – from, senza indugio – immediatly, ogniqualvolta – where.* È interessante vedere come anche nella scelta dei termini si riscontri la stessa strategia di rigidità, ovvero:

Tab. 18: Termini italiani e i loro principilai equivalenti nella traduzione comunitaria.

Termine italiano	Termine inglese
accluso	*accompanied*
assegnato	*awarded*
attuazione	*application*
censire	*identify*
conferire	*give*
conversione	*shift*
corredato	*accompanied*
dinamizza	*generates*
erogato	*paid*

(*fortgeführt*)

Tab. 18: Fortsetzung

Termine italiano	Termine inglese
erogazione	*paying*
eventualità	*possibility*
filiere	*sectors*
gestione	*administration*
gestito	*managed*
giudiziario	*legal*
giuridico	*legal*
globale	*total*
immesso	*released*
immissione	*release*
incremento	*increase*
inserimento	*inclusion*
maggiorato	*increased*
notificare	*inform*
percepito	*received*
pertinente	*appropriate*
prescelto	*chosen*
prioritario	*important*
raffronto	*comparison*
rilevanza	*importance*
supplementare	*additional*
tutela	*protection*
versamento	*payment*
vigente	*existing*

Inoltre, il linguista osserva che nel caso dei termini italiani, la maggior parte appartiene a un registro aulico, mentre nel caso dell'inglese la tendenza è opposta. Tale osservazione risulta interessante non solo dal punto di vista prettamente linguistico, ma anche per quanto riguarda l'approccio del giurista italiano e del giurista britannico alla redazione degli atti giuridici. Nei capitoli seguenti del presente contributo il problema della redazione giuridica e dell'approccio al testo e al destinatario è stato rianalizzato nel contesto del corpus selezionato.

Tornando alla traduzione comunitaria, secondo Tosi (2012: 157), per evitare ambiguità, sono state sviluppate soluzioni traduttive fisse al fine di rendere le versioni linguistiche maggiormente omogenee e coese e semplificare il lavoro di traduttori, limitando le possibili scelte lessicali per quanto riguarda i verbi e i connettivi, spesso problematici.

Tab. 19: Termini in lingua italiana, inglese e francese.

italiano	**inglese**	**francese**
affrontare	*cover*	*analyser*
delineare	*sketch*	*présenter*
descritti	*laid down*	*soulevés*
discussione	*discussion*	*débat*
esaminare	*explorer*	*examiner*
essere compatibile	*fit in*	*s'intégrer*
si basa	*builds upon*	*part*
si concentrano	*are focused*	*sont axées*
sollecitata	*advocate*	*préconisé*

Inoltre, è particolarmente rilevante l'osservazione di Tosi (Ibidem), secondo cui nella redazione dei testi originali in lingua inglese, vi è una notevole preferenza per i vocaboli di origine latina. Questo per rendere le rispettive versioni linguistiche maggiormente coese e simili dal punto di vista formale:

Tab. 20: Termini in lingua italiana, inglese e francese.

Italiano	**Inglese**	**Francese**
fondamentale giuridicamente	*vital*	*essentiel*
giuridicamente vincolanti	*legally blinding*	*juridiquement contraignante*
obiettivi	*goals*	*objectifs*
problemi	*issues*	*thémes*
questioni	*issues*	*points*

Tuttavia, tale procedimento può inconsapevolmente facilitare l'uso di falsi amici e incide sulla recezione dei testi inglesi per il semplice motivo che l'uso di una forma latina, sebbene corretta, potrebbe risultare non conforme alle norme della lingua d'arrivo e rendere tale testo "lontano" dai testi nazionali oppure dare l'idea di essere a sua volta una traduzione.

Per diminuire le difficoltà e soprattutto il rischio di ambiguità o fraintendimenti, è stata definita la traduzione di alcuni connettivi logici (Ibidem):

Tab. 21: Termini in italiano, inglese e francese.

Italiano	Inglese	Francese
ai fini di	*for*	*aux fins de*
attinenti al	*of*	*du*
in considerazione di	*due to*	*étant donné*
in materia	*on*	*en matière*
in contesto	*in the context of*	*à*
nel quadro	*in the*	*dans un régime*
nell'ambito	*under*	*découlant du*

La traduzione comunitaria è alquanto complessa a causa del contesto multilingue, delle diverse culture giuridiche ma anche dell'approccio funzionale ai testi volto alla massima chiarezza di esposizione e precisione di trasposizione. Gli anni di pratica e di sviluppo hanno portato alla necessità di elaborare norme e regole per limitare la varietà di scelta e così facilitare e rendere più breve il lavoro di traduzione.

6.2.2. Fenomeni di interferenza nella traduzione giuridica verso l'italiano dalla lingua francese e dalla lingua inglese

La presente parte include e descrive alcuni principali problemi riscontrati nella traduzione giuridica, presenti anche nell'ambito comunitario data la particolare situazione multilingue. Il problema è stato in parte accennato nei precedenti capitoli, tuttavia abbiamo ritenuto opportuno dedicare maggior spazio alle interferenze delle due principali lingue di lavoro sull'italiano giuridico, includendovi anche alcune "trappole" di traduzione. Tuttavia, occorre tenere presente che le caratteristiche degli attriti linguistici riscontrati nell'euroletto italiano, non derivano solo dalla traduzione comunitaria ma anche dalle difficoltà della traduzione giuridica in sé.

Visconti (2016: 71) rileva che l'influsso dell'inglese sull'italiano giuridico è minore rispetto agli altri linguaggi settoriali (informatica, medicina, economia, ecc.). Inoltre Gambaro (2016: 72) ricorda che l'inglese giuridico entra nell'italiano normativo attraverso almeno tre categorie di fonti: la prima concerne l'inserimento dei termini legati al *common law*, la seconda deriva dall'internazionalizzazione della procedura contrattuale (diritto finanziario e bancario) e infine la terza, ovvero la traduzione comunitaria.

Gambaro definisce l'inglese comunitario "ibridato", di matrice tedesca e pertanto diverso dall'inglese riscontrato nel *common law*. Già questa affermazione può essere ritenuta un rilevante punto di partenza nell'analisi del linguaggio giuridico comunitario in maniera globale come linguaggio settoriale. I problemi riguardanti la terminologia di recepimento includono casi in cui le nozioni negli atti del diritto comunitario sono già esistenti nell'ordinamento nazionale ma con un valore diverso rispetto a quello inteso dal giurista italiano. Gambaro riprende l'esempio di Nazzini (Ibidem: 75) cita l'esempio del termine *estoppel*, dal fr. *estouper* (it. *bloccare*) entrato nell'italiano tramite l'inglese. Nel linguaggio comunitario, esso rimanda al principio di inopponibilità (IATE online). Nel diritto inglese riguarda una forma di tutela dell'affidamento, una norma processuale legata al giudicato materiale, quindi completamente diverso dal significato del linguaggio comunitario.

Nell'ambito giuridico, Visconti elenca principalmente casi di prestiti non adattati, calchi strutturali. Nella prima categoria troviamo termini stranieri, la cui forma non è stata adattata alle regole della lingua di arrivo come nel caso di *leasing*, *franchising*, *trust*, *discovery*, *corroboration* (Ibidem: 79). Nei calchi strutturali troviamo termini italiani creati sul modello di struttura di una lingua straniera, come *fuorilegge* ingl. *outlaw*.

Nel caso dell'inglese e dell'italiano il problema della traduzione giuridica riguarda non solo le differenze fra gli ordinamenti giuridici, ma anche il piano semantico in cui possiamo trovare casi di "falsi amici" nella trasposizione di tecnicismi. Palermo (2011: 4) ne elenca vari esempi, come il termine di *costitution*, che per un giurista e linguista italiano suole spontaneo pensare al termine costituzione, mentre la parola inglese richiede la distinzione fra il significato americano, cioè *mutatis mutandis*, che sarebbe più vicino al significato italiano riportando a un documento gerarchicamente superiore a tutte le leggi, mentre nell'inglese britannico esso riporta al concetto di "sistema di governo". Anche *government* nell'inglese britannico non riporta all'esecutivo (chiamato in Gran Bretagna *cabinet*) ma si riferisce all'alta amministrazione (Palermo 2011: 4). Un altro "tranello semantico" potrebbe essere il termine federalismo, il quale indica il percorso ideologico e politico in cui gli stati membri sono legati da un accordo di natura finanziaria e politica mantenendo tutti un rapporto di parità giuridica (come nel caso dell'UE). Questo porta all'aumento del potere degli enti substatali, mentre negli Stati Uniti e in Canada, questo termine riporta al significato contrario, ovvero di "centralismo". L'aggettivo repubblicano nel contesto francese e statunitense ha un significato semantico decisamente più ampio rispetto all'italiano perché non indica solo l'elettività delle cariche al potere, ma è in molti casi considerato come sinonimo dell'aggettivo "democratico". Inoltre, l'inglese *doctrine* indica non solo la "dottrina", ma la giurisprudenza, mentre la comune *dottrina* viene identificata negli Stati Uniti con il termine *jurisprudence*. Palermo (2011:4) spiega che questo fenomeno è dovuto alla giurisprudenza della dottrina giuridica presente negli ordinamenti di *common law*; questo si spiega dal fatto che secondo i sistemi che derivano dalla concezione della divisione dei poteri, le corti non possono avere una "dottrina".

Tosi (2012: 192–193) rileva casi di proliferazione sinonimica nel *Libro verde Sulla tutela dei consumatori nell'Unione europea*, i quali potrebbero rivelarsi problematici dal punto di vista giuridico:

Tab. 22: Termini inglesi e i rispettivi equivalenti in italiano

Termini inglesi	Equivalenti in italiano
protection	*tutela, protezione*
rule	*regola, disposizione, norma, normativa*
requirement	*disposizione, obblighi, prescrizioni*
regulation	*normative, regolamentazione, norme, elaborazione delle norme*
unfair	*sleali, abusive*
clause	*principio, clausola*
jurisprudence	*casistica, giurisprudenza*

Il problema consiste nel fatto che nello stesso documento questi termini sono stati tradotti con diversi corrispettivi, non mantenendo perciò la coerenza semantica. La traduzione di *protection* con *tutela* e *protezione* non crea divergenze o ambiguità ma sono termini semplicemente di differente registro (come *sleali* e *abusive*), mentre nel caso di *regulation*, *clause* o *jurisprudence* sarebbe stato necessario prima comprendere a quale nozione si riferissero e in seguito tradurli.

Un'altra lingua particolarmente presente nell'euroletto italiano è il francese giuridico per un fattore storico e per la collocazione delle principali istituzioni europee. Nel linguaggio comunitario, la posizione del francese è particolare perché, dato che più che essere una lingua di traduzione, è una lingua di redazione che viene anche definita lingua *pivot*[5] insieme all'inglese e al tedesco in quanto sono le tre lingue procedurali (Bracchi 2016: 87). Bracchi (Ibidem: 84), definisce la lingua francese come una lingua pluricentrica e asimmetrica, ossia una lingua naturale usata in più Paesi e spesso insieme ad altre lingue (come

5 In questo caso non bisogna fare confusione con il termine *pivot* presente nell'interpretazione simultanea

nel caso di Stati bilingui o trilingui), con la quale coincidono differenti ordinamenti giuridici.

Le differenze diatopiche sono presenti non solo in francese in quanto lingua comune, ma anche nel francese giuridico, come nel caso del termine *possession* e "possesso"(Ibidem: 86). Lo stesso, in maniera minore, riguarda le differenze tra l'italiano presente in Italia e in Svizzera. Queste differenze sono riscontrabili nel diritto svizzero con il significato di "potere di fatto sulla cosa scompagnato dall'intento di considerarsi proprietario", mentre il linguaggio giuridico di Francia (e il linguaggio giuridico italiano) utilizza per tale concetto *détention* (it. detenzione). Interessante dal punto di vista linguistico-concettuale è il termine *matrimonio*, la cui traduzione *mariage* è concepita nel diritto francese come contratto, mentre nel diritto italiano è un accordo giuridico bilaterale e consensuale.

Secondo De Pace (2000: 92), tra i falsi amici è presente *personne morale* erroneamente tradotto in italiano come persona morale, termine che ha una valenza nell'etica e nella religione ma non in campo giuridico e il cui equivalente italiano è *persona giuridica*. Problematici risultano essere anche i termini *proposition de loi* in italiano disegno di legge da non confondere però con *proposta di legge*; però *projet de loi* non corrisponde all'italiano progetto di legge ma alla *proposta di legge* (Bracchi 2016: 92–93). Altrettanto ingannevoli potrebbero essere i termini *decreto legge* – fr. *arrêté ministerielle* e *decreto legislativo* – fr. *ordonnance*. Curiosamente, nei testi francesi dell'UE sulle misure italiane, si vedono le traduzioni letterali, ovvero *décret-loi* per *decreto legge* e *décret législatif* per *decreto legislativo,* siccome questi termini erano usati nella Terza e Quarta Repubblica francese (Ibidem), ma nell'attuale sistema politico sono stati sostituiti con altri lessemi. La traduzione può essere problematica anche dall'italiano al francese nel caso di sentenza italiana *arrêt* per la sentenza emanata da un Tribunale di primo grado, *décision* se emanata da una Corte, tutti termini iponimi di *jugement* (Ibidem: 93).

Comeè stato illustrato sopra, è evidente che la traduzione giuridica in un contesto multilingue può risultare alquanto complessa. Il traduttore giuridico, oltre alla padronanza linguistica della lingua di partenza e della lingua di arrivo deve essere un esperto in materia e conoscere perfettamente i due sistemi giuridici e le loro culture giuridiche.

7. Il profilo dei traduttori e degli interpreti comunitari

7.1. La Direzione Generale della Traduzione della Commissione europea (DGT)

Come è già stato menzionato in precedenza, la DGT è il principale servizio di traduzione dell'UE e ha il compito di soddisfare le esigenze linguistiche della Commissione nell'ambito della traduzione, fornire consulenze linguistiche sulle comunicazioni scritte, tutelare il multilinguismo, riavvicinare le politiche dell'UE ai cittadini, facilitando la comprensione delle politiche comunitarie. Occorre sottolineare che non tutti i testi vengono tradotti in tutte le lingue ufficiali nonostante la parità di esse.

La DGT è divisa tra le sedi di Bruxelles e Lussemburgo e per quanto ne concerne la struttura, ciascuna lingua ufficiale ha il proprio dipartimento (Commissione europea online: 2). I dipartimenti formano tre direzioni della traduzione, oltre alle quali ne troviamo altre tre: la direzione dei Servizi linguistici trasversali (traduzione web, contatti con gli stati membri), la direzione delle Risorse (personale, tecnologie dell'informazione, delle finanze e dell'infrastruttura logistica) e la direzione della Strategia di traduzione (gestisce principalmente la politica della traduzione). In ciascun dipartimento di traduzione, i traduttori si specializzano nella traduzione di testi specialistici legati a varie materie come ad es. amministrazione, energia e trasporti, imprese e industria, ambiente, ricerca, statistiche, politica regionale, ecc. Ogni dipartimento è suddiviso in unità specializzate nella traduzione di testi di un dato campo. Dato che non tutti i testi vengono tradotti in tutte le lingue ufficiali ma nelle lingue di lavoro, il personale di maggior numero è quello che ricopre il dipartimento di lingua inglese, francese e tedesco.

Oltre ai traduttori, vi sono i revisori i quali sono responsabili dello standard delle traduzioni. Per adempiere alle esigenze richieste, sono stati elaborati meccanismi che prevedono la revisione, il controllo e la supervisione dei testi. Inoltre, ai traduttori vengono garantiti corsi di aggiornamento.

Per far fronte alla mole di lavoro, a volte la DGT si rivolge a traduzioni esterne. Le agenzie sono scelte in base a gare d'appalto e le traduzioni esterne sono comunque seguentemente revisionate da traduttori comunitari i quali inviano un feedback della traduzione. Prima di passare alla traduzione, ai traduttori esterni viene garantito l'accesso alle banche dati insieme alle guide e alle indicazioni concernenti la traduzione di quel testo specifico testo. Si seleziona una persona di contatto in caso di bisogno di assistenza. Ogni traduzione è giudicata da almeno due valutatori dell'unità richiedente e poi da un comitato interno di valutazione della qualità (Commissione europea online: 10). Nel caso in cui le traduzioni non siano soddisfacenti, la Commissione informa il collaboratore esterno tramite una lettera di avvertimento oppure in casi estremi passa allo scioglimento parziale o completo del contratto quadro. Tutti i collaboratori sono inseriti in una graduatoria continuamente aggiornata con tutte le valutazioni.

Per facilitare la collaborazione della DGT con le agenzie esterne è stato creato il software TRèFLe e il portale web eXtra, per le transazioni proprio per assicurare la massima trasparenza (Commissione europea online: 9). Secondo i dati del 2014, la percentuale delle traduzioni esterne corrisponderebbe al 25 % del totale delle traduzioni della Commissione (Ufficio delle pubblicazioni dell'Unione europea 2014: 10). Gli offerenti sono inseriti in una graduatoria secondo i criteri di qualità e prezzo e la Commissione propone contratti in cui non è precisata la durata della collaborazione. Tra i contraenti esterni non troviamo solo agenzie ma anche traduttori freelance.

Il lavoro della DGT concerne soprattutto la terminologia grazie al lavoro di terminologi i quali forniscono consulenza terminologica a traduttori e funzionari di tutte le istituzioni comunitarie, prepara glossari tecnici, coopera con tutti i servizi terminologici nazionali e comunitari, mantiene aggiornato il sistema IATE (Commissione: 15). La consulenza include: assistenza terminologica, elaborazione di schede terminologiche per traduzioni strettamente specialistiche e coordinazione interdipartimentale della terminologia (Ufficio delle pubblicazioni dell'Unione europea 2014: 13).

La DGT ha una propria biblioteca che contiene raccolte di dizionari generali e specialistici, documenti di riferimento, enciclopedie, pubblicazioni dell'UE nelle lingue ufficiali e in alcune non comunitarie. Nella raccolta troviamo la Gazzetta Ufficiale, la Raccolta della giurisprudenza della Corte di giustizia, le relazioni e il Bollettino dell'UE oltre ai numerosi dizionari elettronici e i materiali dell'*Intranet*. Vale la pena menzionare *MultiDoc*,

ovvero la biblioteca virtuale della DGT che comprende la documentazione in tutte le lingue ufficiali che consiste in molteplici link di siti web e data base di università, dipartimenti governativi e altre organizzazioni. Inoltre la DGT collabora con il Centro di Traduzione, il quale gestisce le traduzioni per le altre istituzioni, fra cui per il Mediatore europeo (online).

7.2. La Direzione Generale Interpreti (DGI)

La DGI si occupa del coordinamento del lavoro degli interpreti freelance presso le istituzioni europee e organizza varie iniziative che hanno come scopo una migliore formazione e l'acquisizione di esperienza.

Una di esse è il famoso premio Leopoldo Costa Price, aperto ai giovani interpreti che ha lo scopo di "individuare talenti" e supportarli nell'intraprendere la loro professione. Il concorso è aperto ai giovani che sono all'ultimo anno del corsi di laurea specialistica e sono cittadini di uno Stato membro o di uno Stato candidato all'adesione all'UE. Il concorso consiste nel preparare una scaletta e uno speech in inglese, francese o tedesco sul tema annuale del concorso: ad es. quest'anno è "The future belongs to those who prepare for it today". Il discorso proposto dovrebbe essere originale, innovativo e avere un approccio aperto per la professione di interprete. Gli autori dei tre discorsi migliori ricevono un invito a Bruxelles circa tre o quattro giorni (quest'anno 3–5 o 6 aprile del 2019) in cui hanno la possibilità di vedere da vicino il maggior servizio di interpretariato al mondo, esercitarsi in cabina durante le riunioni ufficiali (a microfoni spenti), frequentare lezioni e corsi realizzati apposta per loro e infine prendere parte alla conferenza annuale della DGI a cui partecipano interpreti, formatori, organizzazioni internazionali come oratori e presentare gli speech premiati. Inoltre la DGI collabora con le istituzioni di tutto il mondo per l'organizzazione di concorsi, gare d'appalto e stage per interpreti. I requisiti e il processo di selezione degli interpreti è stato descritto nel capitolo seguente.

7.3. Traduttori e selezione

7.3.1. Ufficio europeo per la selezione del personale (EPSO)

Acronimo di *European Communities Personnel Selection Office*, l'EPSO è l'ufficio che gestisce le assunzioni del personale per le istituzioni europee, freelance e tirocinanti compresi. Organizza i concorsi che di solito includono test di ragionamento verbale e numero per la preselezione dei candidati, prove di traduzione nella lingua principale, colloqui e test in un centro di valutazione (EPSO online).

Ogni concorso varia in base all'istituzione scelta e ai criteri da essa presentata. Per soddisfare meglio le esigenze dei singoli organi dell'UE e rendere i criteri dei concorsi chiari e trasparenti, la EPSO collabora con le rispettive agenzie di risorse umane. Vale la pena sottolineare che nei concorsi generali non vi è distinzione fra candidati esterni e interni, i quali non ricevono punti aggiuntivi proprio per mantenere la parità di trattamento (EPSO: online).

La procedura di reclutamento dura di solito 8–10 mesi e i candidati che superano i test vengono inseriti in lista d'attesa e possono venire convocati a un altro colloquio di selezione se vi sono posti vacanti. A quel punto la scelta è determinata da titoli, lingue e altre conoscenze di tipo specialistico (Ufficio delle pubblicazione dell'Unione europea 2014: 18).

7.3.2 Criteri formali

Passando ai criteri formali, prima di tutto i candidati devono avere la cittadinanza di uno Stato membro dell'UE e avere un diploma universitario in lingue o in qualsiasi altro settore. Tuttavia, le istituzioni hanno inoltre previsto concorsi per paesi che hanno intenzione di aderire alla comunità europea (Commissione europea online: 8). In questi casi i vincitori dei concorsi vengono certificati dopo l'ufficiale adesione dei loro paesi e prima di allora possono solo ottenere un contratto temporaneo o a tempo determinato. Per quanto riguarda il profilo di competenze del candidato, non è richiesta alcuna esperienza professionale, anche se ciò può essere utile e decidere su quale unità di traduzione verrà inserito il candidato. L'esperienza è richiesta solo per gli incarichi dirigenziali.

Il requisito principale è la perfetta conoscenza della lingua d'arrivo (solitamente la lingua madre) e un'ottima conoscenza di almeno altre due lingue ufficiali. Di solito si traduce verso la propria lingua principale, ma la capacità di tradurre a partire dalla lingua principale è comunque considerata un elemento a favore del candidato. I traduttori comunitari devono in primo luogo possedere la capacità di adattare il registro linguistico a seconda della traduzione. Oltre alla perfetta conoscenza della lingua d'arrivo, devono saper selezionare e trovare le scelte traduttive adeguate.

Nel 2003 la Commissione ha pubblicato un Libro verde sulla formazione dei traduttori, in particolare dei traduttori istituzionali. Secondo quest'opera, tutti gli Stati membri dovrebbero garantire: adeguata formazione, regolazione normativa, albo specifico dei traduttori istituzionali e norme precise sul processo di reclutamento.

Kierzkowska (2003: 81) ritiene che i principali requisiti dovrebbero essere i seguenti: prima di tutto negli Stati membri dovrebbe esistere un sistema di formazione dei traduttori specializzati in ambiti precisi che tratti anche della conoscenza del diritto e delle visite in carceri e tribunali. Inoltre, per ogni Stato membro dovrebbe esistere un elenco ufficiale di traduttori specializzati nella traduzione giuridica, come nel caso della Polonia e dei cosiddetti traduttori giurati, i quali per avere l'abilitazione per lavorare nelle istituzioni pubbliche devono sottoporsi a un esame di Stato diviso in due parti (scritta e orale) che richiede non solo un'ottima padronanza della L1 e della L2 ma anche capacità traduttive e conoscenza del diritto. Un altro modo per favorire la continua formazione dei traduttori, sarebbe rendere l'iscrizione all'albo rinnovabile dopo cinque anni. Un'altra iniziativa sarebbe creare e applicare un codice sull'etica che regolerebbe l'attività del traduttore istituzionale (cosa che in Polonia esiste da anni). Infine, per facilitare la collaborazione delle istituzioni e dei traduttori, stando a Kierzkowska (Ibidem) sarebbe opportuno creare corsi di formazione per giuristi (avvocati e giudici) che servirebbero ad aiutarli a comprendere il ruolo dei traduttori e degli interpreti istituzionali e le difficoltà a cui dovranno far fronte. I traduttori e gli interpreti assunti appartengono alla categoria di amministratori (AD) 5 che è il grado iniziale per coloro che hanno conseguito un diploma universitario ma non hanno esperienza.

7.3.3. Giuristi linguisti

Data la natura giuridica dei documenti emessi dalle istituzioni europee e considerata la loro vincolatività, è stata creata una figura intermedia tra il traduttore e il legislatore, chiamata giurista linguista, o giurista revisore (nel caso della Commissione europea). Sebbene le loro competenze siano di ambito traduttivo e giuridico, il loro ruolo è diverso da quello svolto dagli interpreti e traduttori, anche se non completamente distaccato da questi ultimi. Gli interpreti si occupano della comunicazione plurilingue durante le riunioni, i traduttori solitamente traducono i documenti, mentre i giuristi-linguisti valutano le versioni linguistiche di ogni atto normativo al fine di verificarne la conformità linguistica, performativa, ovvero se tutte le versioni linguistiche producono gli stessi effetti in tutti gli Stati membri, la qualità redazionale e la correttezza della terminologia giuridica applicata (Guggeis 2016: 57–58).

Al principio dell'UE, i giuristi linguisti si limitavano a valutare e correggere la conformità giuridica e testuale, oggigiorno partecipano fin dall'inizio alla procedura legislativa e agli eventuali negoziati. Al Consiglio vi è il Servizio giuridico, ovvero un gruppo composto da un consigliere giuridico e un consigliere qualità (Ibidem: 59), che sarebbe un giurista linguista. Il loro compito consiste nel verificare la qualità delle proposte di legge durante tutta la procedura legislativa. Ogni unità linguistica ha a disposizione quattro giuristi linguisti, ad eccezione dell'unità inglese che ne ha sei. Alla Commissione ogni unità linguistica ha due giuristi revisori, il cui compito è maggiormente concentrato sulla qualità della redazione, mentre al Parlamento i tre giuristi linguisti per lingua hanno il compito di aiutare i parlamentari nella redazione degli emendamenti e partecipano al procedimento di co-decisione (Ibidem 61).

La modalità di lavoro è rigorosamente legata all'attività delle istituzioni. Questo perché durante il negoziato svolgono principalmente consulenze, mentre la verifica delle versioni linguistiche deve avvenire fra la fine dei negoziati e l'adozione dell'atto normativo (circa sei settimane per esaminare tutte le traduzioni). La versione finale di un atto legislativo è analizzata dai giuristi linguisti del Parlamento e del Consiglio. Infine si passa alla discussione della versione inglese con i giuristi linguisti delle rispettive unità linguistiche e i responsabili della qualità. Anche se è la versione inglese ad essere in esame, tutte le versioni linguistiche sono ritenute equivalenti e possono a loro volta incidere sul testo in inglese.

Ovviamente le difficoltà del giurista linguista aumenteranno nel caso di differenze di ordinamenti giuridici come ad es. nel caso di Francia, Belgio e Lussemburgo per il francese. Inoltre, il giurista è tenuto a intervenire in caso di disaccordi tra le delegazioni per poi creare e successivamente uniformizzare la terminologia.

7.3.4. Interpreti

Il CEI (fr. *Comité executif de l'interpretation*) ha preparato sul sito del Comitato (fr. *Comité interinstitutionnel de la traduction et de l'interprétation*) una guida sui criteri per diventare interpreti, accessibile su internet. Anche se la Commissione europea, la Corte di giustizia dell'UE e il Parlamento europeo hanno ciascuna il proprio servizio di interpretazione, la valutazione e la selezione degli interpreti freelance è gestita unitamente.

Gli interpreti freelance collaborano continuamente con gli interpreti funzionari assunti a tempo pieno presso le istituzioni comunitarie. Ai candidati non è richiesta la cittadinanza di uno degli Stati membri, bensì una laurea quadriennale o magistrale in interpretazione di conferenza, oppure una laurea in un qualsiasi altro settore e un master in interpretazione del minimo di un anno accademico a tempo pieno o un anno di esperienza come interprete di conferenza presso le riunioni internazionali. In tal caso però, non vengono considerati il lavoro di interprete di tribunale, di trattativa, per enti e servizi pubblici o per privati (Unione europea: online).

I candidati devono superare un test di accreditamento e i termini variano a seconda della sezione linguistica. Se il comitato di selezione interistituzionale approva la candidatura, il candidato viene invitato a sostenere una prova di preselezione via online, la quale consiste nell'interpretazione simultanea di un discorso della durata di 10–12 minuti verso la lingua principale, mentre la lingua passiva viene scelta dal comitato fra tedesco, inglese, spagnolo, francese o italiano. Sul sito web si trova un'apposita guida che serve ad aiutare i candidati (Guida per candidati: online) nella parte tecnica. I risultati del test vengono comunicati via mail dal personale del Parlamento.

Se il candidato supera il test di preselezione, viene convocato a Bruxelles per il test di accreditamento che consiste nell'interpretazione consecutiva di un discorso, a cui segue l'interpretazione simultanea di un altro enunciato (di solito una videoregistrazione) dalle lingue B e C verso la lingua attiva e/o la lingua di *retour*. Per aiutare i candidati, è stata stilata una guida in cui vi sono indicazioni utili. Ai candidati si consiglia di prepararsi seriamente e leggere i testi delle tre istituzioni, viene anche descritta la parte formale del test (presenza della commissione, richiesta di autopresentazione, ecc.) ed è consigliato il dress code.

Prima di tutto, rispettare tutti i criteri non significa la certezza di ottenere l'invito dato. Nel caso in cui il numero di candidati superi il numero di posti a disposizione, la commissione fa una selezione in base a criteri aggiuntivi come ad es. titolo di studio, esperienza lavorativa e combinazione linguistica. Questo perché uno degli elementi base a determinare l'ammissione o il rigetto di una candidatura sono la lingua madre, le lingue straniere conosciute, a quale livello, e soprattutto se soddisfano il fabbisogno delle istituzioni europee. I candidati che superano i test vengono inseriti nell'AIC, ovvero la banca dati comune degli agenti interpreti di conferenza accreditati, tuttavia l'inserimento non accerta l'assunzione.

Nel caso degli interpreti di lingua italiana e polacca, in base al profilo di accreditamento 2018–2019 e 2019–2020 pubblicato dal CEI (CEI online), la situazione è la seguente:

Tab. 23: Admission, language specifications, other priority and comments.

	Admission	Language specifications	Other priority and comments
IT	A + CCC A + BC	C1 = EN/FR/DE B = EN C = FR/DE	Priority for C2 = DA/FI/NL/EL/SV/ EUR 13* For operational reasons the language profiles EN/FR/ES or EN/FR/PT are not a priority
	A + BC	B = EN + C = FR/DE/ IT/ES OR B = FR/DE + C = EN	
PL	A + CCC	C1 = EN C2= FR/DE/ IT/ES	

A prima vista, il fabbisogno per quanto riguarda gli interpreti di lingua polacca e italiana sembra completamente diverso. Nel caso dell'italiano, vi sono due combinazioni: italiano + tre lingue straniere (conoscenza passiva) o italiano + L2 attiva + lingua straniera (conoscenza passiva).

Nella prima combinazione vediamo come criterio la conoscenza al livello C1 di una delle lingue di lavoro, mentre nella seconda combinazione, abbiamo come criterio la conoscenza attiva dell'inglese e la conoscenza passiva del francese e del tedesco. Tuttavia, vediamo che i parlanti di lingue che oserei definire più rare rispetto all'inglese, il francese, il tedesco e l'italiano hanno la precedenza.

La tabella mostra che candidati con la conoscenza al livello C2 (madrelingua) di danese, finlandese, neerlandese, greco (anche se la Grecia non è più membro della UE), svedese e delle lingue dei paesi *EUR 13, acronimo che si riferisce alle lingue: bulgaro, ceco, estone, lituano, lettone, ungherese, maltese, polacco, rumeno, slovacco, sloveno, croato (anche se le lingue sono 12), mentre la combinazione di inglese, francese e spagnolo o inglese, francese e portoghese non è prioritaria.

Per quanto riguarda il polacco, la situazione è particolare rispetto alla sezione italiana. Prima di tutto abbiamo tre combinazioni ovvero: A+CCC, A+ BC, A+ CC. In tutti i casi è obbligatoria una buona conoscenza dell'inglese (attiva o passiva), mentre la seconda lingua di maggior importanza è il tedesco cui segue il francese, quindi tutte le tre lingue di lavoro.

7.3.5. L'interpretazione nell'ambito comunitario

La nascita dell'Unione europea ha dato una svolta non solo nel campo della traduzione giuridica, ma soprattutto nell'interpretariato grazie al regime linguistico del Parlamento europeo, in cui gli interpreti svolgono decisamente un ruolo chiave. Negli anni, sono state stabilite norme che regolano lo statuto e le competenze degli interpreti. La prassi e il continuo aumento delle combinazioni linguistiche hanno portato a trattare l'interpretariato come una disciplina indipendente con una terminologia propria. Nella presente parte mi concentrerò sulle caratteristiche dell'interpretazione comunitaria, sulle capacità e competenze degli interpreti dell'UE.

L'impressionante numero di combinazioni possibili (più di trecento) la specificità dell'ambiente lavorativo, hanno coniato i termini *relais, pivot, retour e cheval* riportati dal sito ufficiale del Parlamento europeo (online), i quali descrivono le diverse "strategie organizzative" scelte durante le riunioni in base alla lingua del relatore, lingue dei partecipanti, numero e conoscenze degli interpreti a disposizione. Il termine *relais* sarebbe l'interpretazione da una lingua all'altra tramite una terza. Avviene nelle situazioni in cui bisogna interpretare simultaneamente il discorso pronunciato in una lingua rara e se non vi sono a disposizione abbastanza interpreti da questa lingua, ci si avvale di una lingua – ponte (*lingua pivot*). In poche parole il discorso viene più volte interpretato.

Ogni dipartimento ha più di un pivot dato che gli interpreti lavorano sempre in coppia e si alternano e aiutano nella stessa cabina. Il *retour* consiste nell'interpretazione dalla propria lingua madre verso una lingua straniera. La traduzione e l'interpretazione dovrebbero essere passive, ovvero dalla lingua B alla lingua A, tuttavia vi sono alcuni interpreti con una padronanza della seconda lingua tale da poter interpretare verso la propria lingua madre, ovvero l'*interpretazione in retour* (fr. *ritorno*). Infine, il termine *cheval* si riferisce ad un interprete che lavora in due cabine nell'arco della stessa riunione a seconda della necessità.

Solo pochi interpreti conoscono la loro seconda lingua attiva così bene da poter interpretare in essa da una delle lingue della loro combinazione linguistica che potrebbe essere la lingua A (lingua madre) o la lingua C (seconda lingua straniera). Si dice che questi interpreti siano in grado di lavorare in due cabine. L'interpretazione in *retour* è particolarmente utile per fornire un *relais* tra le lingue meno conosciute e quelle più diffuse. Il regime di traduzione è un regime integrale, cioè si traduce da tutte in tutte le lingue ufficiali. I testi da tradurre possono avere varie tipologie: interrogazioni parlamentari, risoluzioni, relazioni o possono riguardare i prossimi argomenti di dibattito. Il lavoro dei traduttori esige indubbiamente un grande sforzo in termini di esattezza terminologica. Inoltre ogni argomento di dibattito deve essere presentato all'eurodeputato nella sua lingua madre nel modo più chiaro e preciso possibile, come rileva il sito ufficiale dello SCIC.

Parte terza: descrizione e analisi del corpus

8. Descrizione e selezione del corpus

8.1. Criteri generali

Le analisi e la metodologia degli studi menzionati sono state di grande aiuto per l'approccio al corpus selezionato per il presente libro. Per l'analisi sono state scelte 120 direttive e 115 atti di recepimento delle medesime direttive. Come precedentemente sottolineato, si tratta di un'analisi qualitativa e non quantitativa di natura contrastiva. Lo scopo principale è paragonare il linguaggio presente nelle versioni italiane delle direttive europee al linguaggio giuridico italiano rappresentati dagli atti normativi nazionali. Tale scelta ha portato a selezionare un corpus divisibile in due principali categorie, ossia la categoria delle direttive e la categoria degli atti normativi italiani che le recepiscono. Tuttavia, come vedremo entrambe le parti del corpus sono divisibili in altre subcategorie. Occorre precisare che la scelta degli atti di recepimento è prettamente legata alla scelta delle direttive, ossia la seconda categoria di testi dipende dalla prima.

Per quanto riguarda la selezione degli atti comunitari sono rispettati i seguenti criteri:

- nel corpus dei testi comunitari si trovano solo direttive, vale a dire che è stata esclusa qualsiasi altra categoria di atto ufficiale dell'UE,
- nel corpus sono presenti solamente direttive entrate in vigore con il rispettivo atto di recepimento,
- le direttive selezionate sono state emanate negli anni 2000–2018 per ottenere risultati attuali,
- varietà tematica.

Nelle seguenti parti sono specificati i tratti di entrambe le categorie nel corpus. Tuttavia, occorre fin da subito precisare che la minima diversità nella quantità dei testi dipende dal fattore tecnico-giuridico, ossia vi sono casi in cui due direttive vengono recepite da un unico atto normativo come ad es. nel caso del *Decreto legge del 7 dicembre 2018 che costituisce l'atto di recepimento delle direttive di esecuzione 2018/2027 e 2018/1028 della Commissione europea.*

Inoltre, vale la pena precisare che nella normativa italiana vi sono decreti che recepiscono diverse direttive. In tale situazione, nella maggior parte dei casi è stata selezionata solo una delle direttive recepite da un singolo atto legislativo, come ad es. il decreto legislativo n. 151 del 25 luglio attua le direttive 2002/95/CE, 2002/96/CE e 2003/108/CE, ma nel corpus è stata posta sotto analisi solo la prima delle tre direttive. Tale scelta ha il fine di rendere il corpus meno monotono e ripetitivo in modo da ottenere risultati imparziali. La selezione svolta ha portato a un corpus asimmetrico, costituito da 1.436.790 lemmi, 1.414 occorrenze nelle direttive e 799.486 lemmi e 512 occorrenze nei decreti. Nell'indagine linguistica, la presenza di un dato fenomeno è valutata secondo la frequenza d'uso, talvolta normalizzata a un milione per rendere l'analisi più precisa malgrado l'asimmetria del corpus.

8.2. Direttive

Le direttive costituiscono la prima categoria del corpus (denominata nella presente anche gruppo I) ed esse sono divisibili in base a diversi criteri: giuridico-redazionale, tematico e infine cronologico. Tale scelta ha l'obiettivo di rendere il corpus meno ripetitivo, a portare risultati possibilmente più variegati che esplorino le diverse facce del linguaggio comunitario.

In primo luogo, possiamo dividere il corpus delle direttive in base all'istituzione che la emana, ossia la Commissione europea, il Consiglio europeo e infine il Consiglio e il Parlamento europeo. Per quanto riguarda le direttive della Commissione anch'esse divisibili in direttive e direttive di esecuzione, le quali a differenza delle normali direttive vengono consultate approvate in collaborazione con un apposito comitato composto dai rappresentanti dei paesi dell'UE, i quali hanno il compito di vigilare sul lavoro della Commissione. Tale procedura viene chiamata nel gergo comunitario "comitatologia" (Commissione europea online) e nel corpus sono presenti 28 direttive della Commissione europea, fra cui 10 direttive di esecuzione e 18 direttive semplici.

Oltre ad esse sono presenti gli atti normativi del Consiglio, per l'esattezza 21, mentre le più numerose sono le direttive del Parlamento e del Consiglio, ossia 81. Non sono presenti le direttive del Parlamento europeo dato che esso è un'istituzione che ha il potere di approvare ma non può emanare atti normativi autonomamente.

Tale divisione risulta essere rilevante nonostante si tratti della stessa categoria di atto giuridico, perché le direttive di diversa provenienza contengono delle differenze sul piano redazionale, visibile nella qualità dei testi prodotti. Lo stesso vale se paragoniamo le direttive in base alla divisione tematica, ossia nelle direttive concernenti l'economia troviamo p.es. numerosi prestiti di origine anglosassone, mentre nelle direttive concernenti il diritto troveremo prestiti di provenienza dotta.

Per quanto riguarda la tematica, è possibile dividere il corpus in tre principali gruppi tematici, ossia: economia e finanze, diritto, scienze, medicina e ambiente. Nella prima categoria sono incluse 53 direttive concernenti l'ambito economico e finanziario, a cui appartengono atti giuridici legati al diritto bancario, finanziario, ma anche riguardanti la protezione dei dati commerciali, i diritti dei consumatori, lo scambio di informazioni, il mercato interno, il diritto fiscale, i contratti di credito, i diritti dei consumatori e la trasparenza delle operazioni finanziarie.

Il secondo gruppo concerne la legislazione e include 34 direttive. Tuttavia, occorre precisare che abbiamo scelto direttive concernenti non solo la legislazione comunitaria, ma anche i diritti umani, la sicurezza e la lotta al terrorismo, il diritto penale e le procedure medico-penali per la sicurezza dei pazienti. Come vediamo, a volte la distinzione tematica può risultare problematica e in parte soggettiva dato che alcune direttive potrebbero essere classificate sia come appartenenti alla giurisprudenza, che alla categoria di scienze e medicina. In questi casi l'assegnazione a un dato gruppo è soggettiva ed è una scelta dell'autore del presente libro.

Alla terza e ultima categoria appartengono le direttive di scienze e medicina e in questo gruppo vi sono 33 direttive che riguardano anche l'ambiente e l'ambito scientifico in generale, ossia: inquinanti gassosi, ecosistema, ecc. Tale selezione è volta ad ottenere una maggiore varietà nella scelta dei testi. Come precisato sopra, nel corpus sono presenti solamente direttive relativamente recenti, ossia degli anni 2000–2018 ed entrate in vigore.

8.3. Decreti

Il corpus della presente ricerca è divisibile in due parti abbastanza simmetriche, ossia il corpus delle direttive e il corpus dei decreti legislativi, o meglio degli atti di recepimento o di attuazione delle medesime direttive. Gli atti di recepimento concernono le direttive che devono entrare in vigore, mentre gli atti di attuazione riguardano molte volte, ma non sempre, le direttive che modificano una direttiva precedente. Questo significa che la selezione degli atti normativi italiani è condizionata dalla scelta delle direttive. Tale criterio ha l'obiettivo di ottenere un'analisi maggiormente precisa ed evitare discrepanze tematiche, incompatibilità dei testi ed ottenere un corpus più simmetrico possibile.

Per quanto riguarda gli atti normativi di recepimento delle direttive nel diritto italiano, esse possono entrare nella giurisdizione nazionale tramite i decreti legislativi approvati dal Governo ed emanati da un singolo Ministero, mentre gli atti di attuazione possono essere emanati anche dal Presidente della Repubblica. Occorre sottolineare che tale differenza non è particolarmente rilevante per i risultati della presente indagine comparativa. Tuttavia, riteniamo necessario precisare il motivo per cui nel corpus degli atti nazionali sono presenti decreti legislativi di recepimento emanati da singoli Ministeri e decreti di attuazione.

I decreti legislativi scelti sono solitamente emanati dal Presidente della Repubblica e sono volti all'attuazione del diritto comunitario nel diritto nazionale italiano. Tuttavia, occorre precisare che vi sono direttive recepite da altri enti nazionali. Di solito si tratta di direttive strettamente legate ad un preciso ambito tecnico. Nella seguente tabella sono elencati gli atti di recepimento emanati dai singoli ministeri:

Tab. 24: Ministeri e i rispettivi atti normativi selezionati per la presente indagine

Ministero	**Atto normativo**
Ministero delle Politiche Agricole Alimentari e Forestali	*Decreto del 7 dicembre 2018, decreto del 22 gennaio 2018, decreto del 22 dicembre 2017, decreto del 15 dicembre 2017, decreto del 9 marzo 2017, decreto del 6 dicembre 2016, decreto del 13 giugno 2014, decreto del 15 aprile 2010*
Ministero della salute	*decreto del 15 novembre 2016, decreto del 19 novembre 2015, decreto del 18 luglio 2012, decreto del 28 marzo 2007, decreto del 13 giugno 2007, decreto del 28 febbraio 2006,*
Ministero dell'Economia e delle Finanze	*decreto 28 dicembre 2015*
Ministero delle Infrastrutture e dei Trasporti:	*decreto dell'8 ottobre 2014, decreto del 29 dicembre 2014, decreto del 10 settembre 2010, decreto del 2 marzo 2006, decreto del 20 giugno 2002, decreto del 25 gennaio 2002, 26 maggio 2004*
Ministero della Attività Produttive:	*decreto del 2 gennaio 2003*

Anche in questo caso la distribuzione degli atti normativi emanati dal Presidente della Repubblica e dai singoli Ministeri è puramente casuale, dato che dipende dal sistema giuridico italiano e non è rilevante per i risultati della presente indagine. Oltre ad esse, occorre menzionare la legge del 30 ottobre 2014

n. 161 intitolata *Disposizioni per l'adempimento degli obblighi derivanti dall'appartenenza dell'Italia all'Unione europea - Legge europea 2013-bis*, presente nel corpus dato che attua la direttiva 2013/25 del Consiglio.

Vi sono decreti che recepiscono più direttive, come ad es. il decreto legislativo n. 151 del 25 luglio 2005 che attua le direttive 2002/95/CE, 2002/96/CE e 2003/108/CE. I questi casi, è stata scelta una delle direttive attuate per una maggior chiarezza e semplicità nell'analisi. Inoltre, per una maggiore chiarezza, all'elaborato è stato allegato una tabella in cui è illustrata la simmetria del corpus.

8.4. Linguaggio giuridico italiano ed euroletto a confronto: introduzione all'analisi

La presente parte ha la funzione di introdurre all'analisi comparativa del corpus. Innanzi tutto occorre partire dal fatto che finora vi sono pochi studi di linguistica comparativa riguardanti il linguaggio giuridico e l'euroletto non solo per l'italiano, ma anche per le altre lingue ufficiali. Tale "povertà scientifica" risulta dal fatto che il sistema dell'UE è abbastanza recente e ci sono voluti anni affinché la varietà comunitaria si delineasse grazie allo sviluppo della traduzione.

Uno dei primi linguisti italiani ad intraprendere questa strada è senz'altro Ondelli, che parte dall'ipotesi di Mauranen, Swales e House (Ondelli 2013a: 19), secondo cui l'inglese incide sulle lingue con cui viene a contatto, nell'ambito comunitario, sul piano lessicale, testuale e strutturale nella strutturazione retorica e argomentativa. Questo fenomeno è presente nelle varianti comunitarie delle lingue di lavoro e ha dato la spinta a diverse iniziative che hanno come scopo migliorare la qualità dei rispettivi linguaggi comunitari, come ad es. *Fight the Fog* per l'inglese comunitario, *puntoycoma* per i traduttori comunitari spagnoli e la già menzionata REI per l'italiano. Tuttavia McAuliffe in (Ondelli 2013a: 19) nota che i testi comunitari presentano caratteristiche ibride anche quando l'inglese non è la lingua veicolare.

Davide Mazzi (2013: 27–40) descrive come la situazione dell'inglese sia particolare dato che viene modificato sia dagli utenti madrelingua che non madrelingua, ma nel contesto comunitario anche utenti anglofoni sono costretti a modificare le proprie norme linguistiche. Questo mostra quanto rilevante sia il problema dell'interferenza interlinguistica ma anche nell'ambito dell'italiano stesso, o meglio come la varietà comunitaria incida sulla lingua nazionale.

Ondelli (2013b: 69) nei suoi numerosi studi ha più volte sottolineato di ritenere la sentenza come un genere oltre i confini. Tuttavia trova delle caratteristiche distintive dell'italiano della Corte di Giustizia dell'UE che lo rendono distante dall'italiano giuridico. Prima di tutto tali differenze nascono da uno scopo ben preciso delle istituzioni comunitarie, ossia: la massima chiarezza linguistica possibile grazie al frequente uso di date e indicatori di successione temporale, connettori enumerativi, connettori logici, ripetizione del soggetto, rimandi intertestuali, ripetizione di argomentazioni con il discorso indiretto. Inoltre vi sono scelte testuali che servono a facilitare la traduzione: ossia l'uso frequente della paratassi, concisione e concretezza discorsiva, ricerca di una terminologia omogenea a discapito dei sinonimi (per facilitare la traduzione automatica), mancanza di formule arcaiche tipiche del linguaggio giuridico di partenza, come nel caso dei latinismi dato che non sono riscontrati nei sistemi nordeuropei (Ibidem).

Queste scelte da una parte facilitano la produzione di testi accessibili in termini di chiarezza, ma dall'altra determinano un certo impoverimento stilistico rispetto alle fonti nazionali. Ondelli cita Gallo (Ondelli 2013b: 69), secondo cui l'impoverimento stilistico sarebbe causato dalle condizioni di produzioni delle sentenze della CGUE. Nella sua analisi del corpus contenente le sentenze della Corte di Cassazione Italiana, del Tribunale Federale Svizzero, del Tribunale d'Appello del Canton Ticino, e della Corte di Giustizia dell'UE, ha rilevato prima di tutto che i testi comunitari nella loro struttura contengono parti in cui si rileva una maggiore perché il lessico di base è meno frequente nelle sentenze europee. Inoltre, si riscontra l'uso di una terminologia coniata nel diritto europeo e non in quello nazionale che viene mantenuto per una maggiore coerenza terminologica mentre i giudici nazionali potrebbero utilizzare riformulazioni e sinonimi ad es. per evitare ripetizioni e in tal modo arricchire i testi. Per quanto riguarda la sintassi, nei documenti europei si trova una netta prevalenza del congiuntivo presente rispetto agli altri gruppi e, al contrario, l'uso rarissimo del congiuntivo imperfetto, per non parlare dell'uso del condizionale e del gerundio inferiore rispetto agli altri gruppi.

Ondelli in un altro suo contributo (Ondelli 2015), si chiede quale delle due varietà fra eurocratese e burocratese si potesse definire maggiormente comprensibile. Nella sua ricerca ha utilizzato le sentenze della Corte di Cassazione Civile (CASS) e della Corte di Giustizia dell'Unione Europea (CGUE). Nella sua indagine, Ondelli è arrivato alla conclusione che i traduttori sono più efficienti rispetto ai giudici in termini di chiarezza per la ripetitività lessicale dovuta alla standardizzazione e per l'uso di costrutti sintattici meno elaborati.

Inoltre, vale la pena menzionare il lavoro di Cortelazzo, il quale ha messo a confronto le leggi italiane e le direttive europee attraverso un'analisi quantitativa, i cui risultati sono da ritenere interessanti. Prima di tutto, i testi comunitari presentano un lessico più omogeneo, vista la ripetitività lessicale, la quale in parte deriva dalle caratteristiche testuali ma anche dagli standard della traduzione comunitaria (Cortelazzo 2013: 61). Un'altra osservazione emersa dall'analisi è che il lessico delle leggi nazionali contiene meno forme specifiche per via del contesto culturale-giuridico dell'UE. Inoltre, nelle direttive vi sono più connettivi ed elementi anaforici, ma sembrano anche avere una maggiore coesione testuale. Tuttavia, secondo Cortelazzo (2013: 62–63) la principale differenza sul piano lessicale concerne il registro, ossia nel linguaggio giuridico nazionale si tende a far uso di termini di registro alto, mentre nei testi comunitari la tendenza è opposta come nel caso di *finalità*, frequente nelle leggi nazionali ma sostituito in *fini* nelle direttive UE. Questo porta alla conclusione, assunta qui come ipotesi inziale, che l'euroletto italiano è più povero lessicalmente, ma le sue connessioni di parole risultano maggiormente specifiche e pertanto maggiormente rilevanti rispetto a quelle delle leggi italiane (Ibidem: 64).

Nell'approccio metodologico al corpus selezionato per la presente indagine, abbiamo cercato di unire i vari studi riguardanti l'ambito giuridico-comunitario, vale a dire la linguistica, compresi i problemi di trasposizione e le questioni prettamente giuridiche.

8.5. Finalità dell'indagine e metodologia

Lo scopo principale della presente ricerca consiste nel rilevare le differenze linguistiche, se presenti, tra il linguaggio giuridico comunitario italiano e il linguaggio giuridico nazionale al livello lessicale e sintattico. Uno dei principali punti di indagine riguarda il legame reciproco tra il linguaggio comunitario e il linguaggio giuridico italiano. Tale questione è stata sollevata nelle indagini di Michele Cortelazzo (2013: 58), il quale pone la questione in quale misura l'italiano comunitario riesca a entrare nell'italiano delle leggi nazionali e, viceversa, quanto l'italiano giuridico incida sulle versioni italiane delle leggi europee.

L'influenza rcciproca è dovuta a due motivi: il diritto nazionale recepisce gli atti comunitari e la rispettiva terminologia, mentre il linguaggio giuridico è una sorta di modello per le versioni italiane degli atti comunitari, anche se non in tutti i livelli come vedremo in seguito.

Oltre al problema della traduzione giuridica, si passa al rapporto tra lingua e diritto, linguaggio comunitario e linguaggio giuridico, la presente analisi si pone come obiettivo indagare sulla questione del rapporto tra legislatore europeo e legislatore nazionale in base alla comparazione dei testi scelti. L'ipotesi preliminare indicava l'italiano comunitario e l'italiano giuridico come due varietà di linguaggio specialistico che, pur avendo come caratteristica comune il diritto, mostrano peculiarità linguistiche differenti.

Uno degli obiettivi della presente indagine basata su questa ipotesi era scoprire quale delle due varietà dell'italiano giuridico fosse maggiormente comprensibile al cittadino medio, e l'ipotesi di partenza, formulata a partire da ricerche precedenti, era che gli atti comunitari fossero più facilmente comprensibili rispetto agli atti giuridici nazionali. Tale opinione era motivata dal fatto che gli atti comunitari sono il risultato di un lavoro di traduzione e redazione di gruppo "una traduzione a più mani" (Tosi B. 2013: 5–6). Inoltre, la maggiore comprensibilità deriva anche dall'attenzione alla redazione e alla varietà dei destinatari, compresi esperti e non esperti della materia, come del resto deriva anche dalla letteratura specialistica sull'argomento presentata nelle due parti teoriche.

L'ipotesi di partenza prevedeva che il linguaggio giuridico comunitario risultasse più semplice dal punto di vista lessicale e sintattico rispetto al linguaggio giuridico italiano. Tale posizione deriva dal fatto che i testi comunitari sono il risultato di una collaborazione se vogliamo dire "interdisciplinare" che coinvolge giuristi e traduttori, mentre le leggi italiane sono redatte solo da giuristi. Inoltre, il linguaggio comunitario come varietà linguistica formatasi negli ultimi anni è meno pervaso dalla presenza di tecnicismi collaterali e di complesse strutture sintattiche tipiche del linguaggio giuridico italiano.

Ogni parte tratta diverse problematiche in maniera contrastiva e la metodologia adottata prevede un'analisi qualitativa di natura comparativa consistente nell'analisi dei testi selezionati uno ad uno, ossia delle direttive e dei decreti legge che le recepiscono in modo tale da individuare in maniera più precisa possibile le eventuali differenze. Il corpus è descritto nel capitoletto *Descrizione del corpus* (vedi p. 99). Data l'asimmetria dei corpus, sono state talvolta utilizzate formule di normalizzazione per mostrare in quale delle due varietà fosse maggiormente presente un dato fenomeno.

Da un punto di vista tecnico, le direttive e i decreti legge sono stati convertiti in formato TXT e inseriti nel programma *AntConc* per facilitare la ricerca di termini e strutture e verificarne la frequenza nelle rispettive parti del corpus. Per quanto riguarda la metodologia, ci limitiamo ad analizzare entrambi i gruppi per trovare differenze dal punto di vista dell'organizzazione del testo, lessicale (tecnicismi, formule gergali, diversa presenza dei prestiti) e morfolessicale. Per quanto riguarda la dimensione formale, abbiamo cercato di trovare quale delle due scuole di redazione degli atti normativi avesse più a cura la chiarezza dell'ordine e della grafia degli atti normativi, aspetto assai importante nella lettura e talvolta sottovalutato.

Prima di passare all'analisi, occorre menzionare che i due rispettivi corpus presentano differenze già sul piano redazionale e organizzativo. Prima di tutto, le direttive contengono la parte motivazionale, mentre i decreti no. Inoltre, dal punto di vista grafico, le direttive sono impeccabili, mentre nei testi dei decreti non sono nemmeno segnalati gli accenti, il che prova una certa non curanza dell'aspetto grafico-testuale, almeno nei decreti presentati al pubblico online.

La seconda parte, decisamente più ampia è dedicata agli aspetti lessicali. Anche in questo caso sono state d'aiuto le precedenti indagini effettuate da altri linguisti, quali Cortelazzo e Ondelli. Nel corpus si riscontra la presenza di numerosi prestiti di natura anglosassone soprattutto nei testi riguardanti l'economia. In questa parte l'indagine era bidirezionale: la finalità era individuare la presenza di forestierismi in uso nell'ambito comunitario e verificare come la terminologia comunitaria venisse recepita, o rifiutata, dal legislatore italiano. Oltre ai prestiti anglosassoni, sono stati posti sotto analisi anche gli inserti latini sia per la loro frequenza, che per la loro funzione pragmatica nei testi.

L'indagine illustra come vengono trattati i tecnicismi specifici e collaterali, differenze terminologiche e come il legislatore italiano recepisce la terminologia comunitaria: la adatta a quella italiana, la rifiuta ostinandosi a usare la terminologia italiana, maggiore propensione del linguaggio comunitario alla formazione delle parole, il linguaggio comunitario arricchisce il linguaggio giuridico italiano, anche se però lo impoverisce dal punto stilistico, anche se così è probabilmente più comprensibile.

Inoltre, nell'analisi del corpus si cerca di verificare se e in quale misura vengono rispettate le raccomandazioni dei numerosi manuali di stile e delle guide alla redazione degli atti normativi. Nell'analisi lessicale la domanda era quale dei due legislatori fosse più preciso nella terminologia e ricorresse meno alle espressioni gergali e ai tecnicismi collaterali.

Nell'ultimo capitoletto della parte lessicale sono stati individuati casi di termini sinonimici ma con una valenza di registro diversa, presenti nelle parti del corpus. Tale indagine ha come fine rilevare, per quanto riguarda l'ambito lessicale, se il legislatore europeo sceglie termini di registro meno elevato, ma di uso comune e perciò maggiormente comprensibili al cittadino medio. Viene sottoposta alla verifica la prima impressione, in cui si riscontra nei testi comunitari una certa ripetitività lessicale nei testi comunitari che serve a rendere tali atti giuridici più espliciti e chiari. Solo marginalmente vengono registrati cambiamenti diacronici (minimi, a dire la verità) in quanto la varietà della lingua rappresentata sia attuale, con atti normativi ancora in vigore.

Tale analisi è volta a mostrare come vi sia una "contaminazione reciproca" tra il linguaggio giuridico comunitario e il linguaggio giuridico italiano, ossia come il gergo comunitario entri a far parte dell'italiano giuridico (nazionale). Da un lato vediamo come l'italiano giuridico adotta la terminologia comunitaria, dall'altro non possiamo non notare la tendenza dei legislatori europei a "emulare" lo stile dei giuristi italiani tramite alcune caratteristiche e scelte linguistiche.

Per quanto concerne l'analisi sintattica, anche in questo caso si parte dall'ipotesi secondo la quale la sintassi del linguaggio comunitario è più semplice rispetto al linguaggio giuridico italiano, il che è visibile nella scelta di participi presenti e passati, nella concordanza dei tempi semplificata, nella scelta dei connettivi e nelle differenze d'uso per quanto riguarda il congiuntivo. Tale ipotesi è regolarmente sottoposta a verifiche approfondite. In più, nel caso della sintassi, sono state fondamentali le analisi di Cortelazzo (2013: 58) che rilevano una maggior presenza di connettivi e elementi anaforici nelle direttive. Il linguista padovano, inoltre, rileva che la principale differenza dei connettivi tra le direttive e i decreti legge consiste nel registro, ossia i legislatori italiani prediligono forme di registro alto, mentre negli atti comunitari troviamo forme meno ricercate ma più vicine all'uso della lingua comune-standard, come del resto nel lessico. Tali affermazioni sono state trattate come punti di partenza per il corpus e verificate sul materiale linguistico in esso presente.

9. Analisi lessicale

9.1. Prestiti dalla lingua inglese

Nella parte teorica sul linguaggio comunitario è stato appurato che nei testi dell'UE è molto frequente l'uso di termini di provenienza anglosassone, soprattutto nell'economia. L'analisi svolta ha confermato questa tesi e vale la pena osservare che tale fenomeno è dovuto a due principali motivi: prima di tutto il linguaggio dell'economia e il linguaggio tecnico-scientifico sono i più soggetti a prestiti anglosassoni per un fattore pratico. La frequenza dei termini inglesi è anche dovuta alla prassi, la quale da sempre tende a utilizzare termini anglofoni (talvolta non sempre in maniera corretta), i quali in questo modo entrano a far parte del repertorio dell'italiano. Un altro motivo che facilita l'uso degli anglicismi è l'economia dei testi specialistici, in cui si cerca di evitare espressioni lunghe sostituendone con un termine straniero.

In primo luogo, si è deciso di verificare la presenza dei forestierismi di origine anglosassone, ma prima di passare agli esempi occorre soffermarsi sulla terminologia. Nella distinzione a seconda della forma, vi sono i *prestiti integrali,* o *non adattati*, e i *prestiti adattati* (Serianni, Antonelli 2017: 166–167). Nella presente ricerca, ci si richiama inoltre alle osservazioni di Dardano e Trifone (1990: 361), i quali riconoscono i *prestiti non integrati*, ovvero la cui forma rimane originale, e *prestiti integrati*, ovvero *prestiti adattati*.

Talvolta accade che i *prestiti non adattati* diventino anch'essi tecnicismi oppure che entrino a far parte del repertorio dell'italiano grazie al loro uso in una determinata lingua speciale. Tale fenomeno è riscontrabile nei testi comunitari, in cui sono presenti forestierismi che allo stesso tempo sono dei tecnicismi. Tali prestiti, ovvero quelli acquisiti per la necessità di descrivere nuove realtà linguistiche, vengono definiti *prestiti di necessità*, mentre i forestierismi utilizzati per una sola questione di prestigio o ad un fine stilistico, sono definiti *prestiti di lusso* (Ibidem).

Nella presente analisi lessicale vi sono esempi di *prestiti adattati* e *non adattati*, ma anche di prestiti che malgrado siano presenti nelle direttive italiane, non sono ancora entrati a far parte del repertorio lessicale della lingua italiana. Tale osservazione è rilevante per appurare la reciproca influenza del linguaggio giuridico italiano sulle direttive europee, ma anche della realtà comunitaria e dell'apporto della lingua inglese non solo sulle medesime direttive, ma anche di seguito sui decreti legge italiani.

Nelle direttive si riscontrano *prestiti non adattati* come ad esempio: *handicap, know-how e commercial paper, leasing, know-how, start-up, audit, outsourcing,* presenti nel corpus ed entrati nel repertorio della lingua italiana grazie alla stampa e al gergo economico delle aziende. Nella presente analisi non mi soffermerò sui prestiti acclimatati, ma mi concentrerò sui prestiti che sono allo stesso tempo tecnicismi e su come essi vengono inseriti nel testo italiano.

Talvolta classificare con precisione a quale categoria appartiene un prestito può rivelarsi difficile, dato che molto dipende dagli utenti di una determinata variante lessicale e a volte nel medesimo contesto sono in uso due termini, ossia il forestierismo e il termine italiano come vedremo di seguito. Spesso nei testi italiani, per mostrare il plurale dei prestiti anglosassoni, si ricorre all'aggiunta della "-s" come nel caso di *swap* e *swaps.*

Tuttavia, nelle direttive troviamo esempi di termini specialistici di origine anglosassone inseriti nel testo italiano con o senza la rispettiva traduzione. Dopo un'accurata ricerca, è risultato che alcuni di questi vocaboli non compaiono sul GRADIT, come se non fossero ancora ritenuti parte del repertorio linguistico italiano. Inoltre, essi spesso non vengono menzionati nei decreti legge che attuano tali direttive. Negli articoli delle direttive e dei decreti le parti rilevanti sono state evidenziate in grassetto per facilitarne la lettura.

Con la globalizzazione e la politica europea, si riscontra un vero e proprio arricchimento lessicale del linguaggio dell'economia sotto la forma di numerosi prestiti dalla lingua inglese. Spesso questi termini sono popolari nelle trattative internazionali ma entrano nell'italiano tramite la normativa europea, recepita dai decreti legge insieme ai concetti e alla terminologia. A volte si tratta di tecnicismi specifici che richiedono una definizione, perché difficilmente comprensibili da un non esperto, altri, invece, sono più semplici nella loro forma, come ad esempio: *market-timing* direttiva 2009/65, ossia *strategia di tempestività sul mercato* (Treccani online), *fair value* ovvero *valore di mercato* (Garzanti 2005:190), *risk-taker,* ossia colui che si assume dei rischi, da *risk-taking* ossia assunzione del rischio (Garzanti 2005: 445) e *market maker,* ossia operatore di borsa che quota in acquisto e in vendita (Garzanti 2005: 309). Inoltre, occorre menzionare il rapporto reciproco tra tecnicismi e lingua comune, dato che grazie ai mass media i termini tecnici entrano a far parte della lingua corrente, come ad es. nel caso del lessico della medicina, dell'informatica e dell'economia analista, da cui provengono i termini *bond, fluttuazione, holding* (Serianni, Antonelli 2017:131), ossia termini che oltre ad essere dei tecnicismi sono anche dei prestiti di lusso o prestiti di necessità.

Tra i tecnicismi di provenienza straniera diventati termini di uso comune grazie ai giornali, sono senz'altro i termini *rating e spread.* Da *rating* si riscontrano nel corpus i seguenti derivati: *rating del credito, rating creditizio sistemi di rating, rating standard, agenzie di rating* (direttive 2009/111/CE, 61/2011/UE, 2013/36/UE, 2014/59/UE), anche se il termine italiano è traducibile con *solidità* o *affidabilità creditizia, imposta locale, agenzia di rating, società di rating, quotazione* in base al contesto (Garzanti 2005: 417).

Innanzi tutto, occorre appurare la questione dei prestiti entrati a far parte della lingua comune in gran parte grazie all'influenza dei media. Nei decreti legge sono presenti gli esempi: *agenzie di rating* e *rating del credito emessi da agenzie*. Oggigiorno si ritiene che *rating* faccia parte del repertorio linguistico dell'italiano grazie ai giornali. Tuttavia, è alquanto rilevante come questo termine sia stato in un certo senso ufficialmente introdotto grazie al paragrafo b), comma 9, art. 1 del decreto legge n. 184 11.10.2012 in cui vengono apportate modifiche al decreto n. 58 del 2 febbraio del 1998 sulla terminologia:

> b) al comma 4 le parole: «primarie **agenzie internazionali di classamento creditizio (rating)**» sono sostituite dalle seguenti: «**agenzie di rating del credito**, registrate ai sensi del regolamento (CE) n. 1060/2009 o i cui rating sono avallati da **agenzie di rating** registrate ai sensi del regolamento anzidetto».

Dal paragrafo menzionato è possibile rilevare come il legislatore italiano tenda a stare al passo con la terminologia del gergo comunitario e la introduca nella terminologia nazionale allegandone la definizione e riportando la terminologia precedente.

Il termine *spread* indica la differenza fra costo e prezzo di vendita, margine di utile lordo (Garzanti 2005: 484). Nelle direttive scelte il termine compare solo nell'allegato II della direttiva17/2014 in tema di mutui per beni immobili residenziali:

> Tasso di interesse [valore in percentuale o, se applicabile, indicazione di un tasso di riferimento e valore percentuale dello **spread** a favore del creditore]

Nel corpus dei decreti legge, il termine non compare. Tuttavia, l'altra frequenza del termine nel giornalismo italiano lo ha reso negli anni parte del lessico italiano. Sia *rating* che *spread* sono entrati nell'italiano con una connotazione legata alla politica della UE.

Un altro prestito integrato, è *forfaiting* che indica un finanziamento pro-soluto alle esportazioni, ossia la cessione di crediti differiti da parte di un esportatore per liquidità. Da esso deriva *forfaiter*, ossia l'acquirente dei crediti (Garzanti 2005: 207), da cui provengono anche i termini *tasso forfettario, somma forfettaria, forfettariamente* (direttive 2001/51, 2004/18, 2008/48, 2013/

36, 2016/943). Nel punto 5 del medesimo allegato della direttiva, troviamo un forestierismo superfluo, ossia *traveller's cheque*:

> 4. Servizi di pagamento quali definiti all'articolo 4, punto 3, della direttiva 2007/64/CE.
> 5. Emissione e gestione di altri mezzi di pagamento (**travellers' cheque** e lettere di credito) nella misura in cui tale attività non rientra nel punto 4.

In questo caso è discutibile l'uso del termine inglese, dato che in italiano esiste l'equivalente, ossia *assegno turistico* (Garzanti 2005: 532).

Vale la pena osservare il caso del termine *trust,* il quale nel commercio significa "fare credito" o "dare a credito", ma anche "affidare" e "dare in custodia", "dare fiducia nel mercato finanziario" (Garzanti 2005:534). Nel GRADIT (2000: 847) vediamo che il termine ha diversi significati oltre quello di "fiducia", concentrazione industriale e gestione di un settore nell'ambito della finanza anche nel linguaggio comune è presente la locuzione *brain trust.* Nelle direttive il termine compare con diverse accezioni, visibili nella parte motivazionale della direttiva 2005/60/CE del Parlamento europeo e del Consiglio:

> (9) Pur imponendo un obbligo di identificazione del cliente, la direttiva 91/308/CEE conteneva relativamente poche indicazioni quanto alle procedure da applicare a tal fine. Considerando l'importanza determinante di questo aspetto della prevenzione del riciclaggio e del finanziamento del terrorismo, è opportuno introdurre disposizioni più specifiche e dettagliate sull'identificazione e la verifica dell'identità del cliente e dell'eventuale titolare effettivo, in conformità ai nuovi standard internazionali. Di conseguenza è indispensabile una definizione precisa di «titolare effettivo». Nei casi in cui i singoli beneficiari di un'entità giuridica quale una fondazione o di un istituto giuridico quale un trust debbano ancora essere determinati e sia pertanto impossibile identificare un singolo quale titolare effettivo, sarebbe sufficiente identificare la categoria di persone intese quali beneficiarie della fondazione o del **trust**. Questa prescrizione non comporterebbe l'identificazione dei singoli all'interno di tale categoria di persone.

Un altro esempio è presente nella direttiva 2009/65/CE del Parlamento europeo e del Consiglio:

> (27) Per quanto necessarie, le fusioni tra OICVM incontrano molte difficoltà legali e amministrative nella Comunità. Per migliorare il funzionamento del mercato interno, è pertanto necessario stabilire disposizioni comunitarie che agevolino le fusioni tra OICVM (e relativi comparti di investimento). Sebbene alcuni Stati membri possano autorizzare soltanto i fondi contrattuali, ciascuno Stato membro dovrebbe consentire e riconoscere le fusioni transfrontaliere tra tutti i tipi di OICVM (fondi aventi forma contrattuale, fondi aventi forma societaria e **unit trust**), senza necessità, per gli Stati membri, di introdurre nuove forme giuridiche di OICVM nel loro diritto nazionale.

Unit trust è un'unità, o meglio un ente di investimento (Cambridge online), fa parte della categoria dei tecnicismi collaterali. Inoltre, nell'indice della direttiva 2004/18/CE del Parlamento europeo e del Consiglio compare il titolo: "Autorità d'indirizzo sanitario e trust del Servizio sanitario nazionale". Anche in questi tre esempi si osserva come il legislatore europeo imponga nelle versioni italiane il gergo comunitario a sua volta ricco di tecnicismi collaterali tranquillamente sostituibili con i termini italiani. Inoltre, nel corpus compare anche il termine *trust*, dall'inglese "fiducia" o "credito" e nel contesto comunitario si riferisce ad un gruppo di persone che hanno il controllo di un settore tramite leggi e misure imposte. Il termine compare nelle direttive 46 volte, fra cui, però, sono presenti anche *unit trust*, ossia tipo di fondo comune di investimento (direttiva 2009/65/CE), *trustee*, ovvero "titolare dei beni per conto di qualcuno", *trustee* o *trustee savings banks*, mentre nei decreti compaiono solamente *trust*, oppure *i trust produttivi*. I termini presenti nelle direttive sono allegati di una definizione ossia, ad es. nella direttiva 2014/107/UE del Consiglio:

> 5. Per "Persone che Esercitano il Controllo" si intendono le persone fisiche che esercitano il controllo su un'Entità. Nel caso di un **trust** si intendono il disponente o i disponenti, **il trustee** o **i trustee**, l'eventuale protettore o gli eventuali protettori, il beneficiario o i beneficiari o la classe o le classi di beneficiari, e ogni altra persona fisica che, in ultima istanza, esercita il controllo effettivo sul **trust**; nel caso di un dispositivo giuridico diverso da un trust si intendono persone che sono in posizioni equivalenti o simili. I termini "Persone che esercitano il Controllo" vanno interpretati in conformità delle raccomandazioni del GAFI[6].

Nei testi comunitari viene allegata la definizione, mentre nei decreti il termine ha una frequenza simile, ma non ne viene mai spiegato il significato. Da un lato tale scelta deriva dall'usanza del termine nell'italiano corrente, ma anche dal fatto che in questo caso il legislatore europeo ha maggiore attenzione verso il destinatario.

Essendo in un contesto multilingue in cui per ovvi motivi la principale lingua di redazione, e quindi di riferimento, è senza indubbiamente l'inglese, si riscontrano articoli delle direttive sono talmente ricchi di tecnicismi-forestierismi da renderne difficile la comprensione, come ad esempio nel caso dell'art. 100 della direttiva 2014/59/UE del Parlamento europeo e del Consiglio in tema di risanamento e risoluzione degli enti creditizi:

---

6 Gruppo di azione finanziaria internazionale

c) **contratti standardizzati a termine (futures)** e **contratti differenziali a termine (forward)**, compresi i contratti (esclusi quelli su merci) per l'acquisto, la vendita o la cessione, a un dato prezzo a una data futura, di merci o beni di qualsiasi altro tipo, servizi, diritti o interessi;
d) **accordi di swap**, tra cui:
i) **swap** e opzioni su tassi d'interesse; accordi a pronti (spot) o altri accordi su cambi; valute; indici azionari o azioni; indici obbligazionari o titoli di debito; indici di merci o merci; variabili climatiche; quote di emissione o tassi di inflazione;
ii) **total return swap, credit default swap** o **credit swap**;

In primo luogo, partirei dal termine *swap*, termine tecnico che nel linguaggio della borsa indica un credito reciproco a breve termine della durata di tre o sei mesi rinnovabili, stipulato fra le banche centrali che fanno parte del Fondo Monetario Internazionale. Inoltre, sempre nel linguaggio della borsa, si può riferire a una transazione fra privati, secondo la quale una data somma di valuta estera viene venduta per contanti e allo stesso tempo acquistato a termine, oppure (sempre nel privato) si tratta di un'operazione finanziaria in cui due parti concordano di scambiarsi due serie di pagamenti (GRADIT 2000: 514).

Se si presta attenzione al termine *swap*, è possibile notare che nel corpus scelto l'unica volta in cui compare il corrispondente italiano è nella *Direttiva del 2003/6/CE del Parlamento e del Consiglio*, in cui si legge "i contratti di scambio (swap)". Inoltre, nella medesima direttiva è presente il termine italiano *indici azionari* seguito dal termine inglese fra parentesi e tra virgolette *equity swaps*, anche se nei decreti legge compare solo il termine italiano. Questo fatto ci mostra come l'uso gergale dei legislatori comunitari incida sulle scelte della traduzione, in cui i forestierismi sono superflui. Inoltre, le differenze fra le direttive e i decreti legge nell'adottare una certa terminologia mostrano che alcuni tecnicismi sono ricorrenti nell'ambito comunitario ma non nell'ambito della cultura giuridica o economico-giuridica italiana.

Infatti il termine *swap* significa "scambio", "baratto", "linea reciproca di credito" e nel linguaggio bancario e finanziario delinea transazioni, crediti reciproci a breve scadenza (Garzanti 2005: 507). Inoltre, il corpus rileva diverse espressioni tecniche che derivano da *swap*, come ad es.: *credit default swap*, *total return swap*, (gli) *swaps*, *basket credit*, *swap assignment*, *swap credit*, alcune delle quali hanno l'equivalente italiano come: *swap agreement – scambio interbancario*, *swap network – rete delle linee reciproche di credito* (Ibidem) oppure i *contratti naked credit default swap* (*naked CDS*), lett. *credit default swap nudi* (Treccani online). È possibile appurare come l'attività europea, e il servizio di traduzione che ne comporta il funzionamento, continui a portare negli anni ad un arricchimento lessicale di diversi settori specialistici.

Nell'articolo n. 100 della direttiva 2014/59/UE del Parlamento europeo e del Consiglio citato sopra, si possono notare altri due esempi interessanti, in cui il legislatore europeo inserisce il tecnicismo italiano affiancato dal termine in lingua inglese, ossia: "contratti standardizzati a termine (futures) e contratti differenziati a termine (forward)" e "accordi a pronti (spot)". Secondo il GRADIT (2000: 38), il termine *forward* è un prestito di uso specialistico, deriva dalla locuzione *forward contract*, ossia un contratto di compravendita di valute, beni o mezzi finanziari secondo il prezzo accordato il giorno dell'accordo ma da riscuotere in futuro, mentre i contratti *futures* (o *financial futures)* sono molto simili ai contratti *forward,* ma si caratterizzano da un maggior rischio di perdita (Treccani online). Infine, gli accordi a pronti, in inglese *spot,* indicano operazioni a tassi di rendimento (Treccani online).

In questo caso l'uso di tecnicismi di origine straniera non ostacola la comprensione dato che essi affiancano l'equivalente italiano e tale scelta potrebbe anzi servire a facilitare il rimando a concetti di economia internazionale. Tuttavia, bisogna precisare che l'uso dei forestierismi non è del tutto unificato e vi sono direttive in cui il legislatore europeo abusa di forestierismi rendendo i testi estranei al lettore medio, come nel caso della parte 5, paragrafo 5 della direttiva 2009/111/CE sempre sugli enti creditizi:

> «15. Per ciascun emittente di un titolo di debito di riferimento sottostante un credit default swap si definisce un solo paniere di copertura. I basket credit default swaps di tipo "**nth to default**" sono trattati (...) »

In questo articolo, si rileva la presenza due tecnicismi di origine straniera senza una definizione allegata. Il termine anglosassone rimanda certamente a un preciso concetto del mercato della borsa, ma serve anche come sinonimo di paniere di copertura per evitare ripetizioni. Un altro tecnicismo collaterale, per giunta di origine francese ma entrato tramite l'inglese, è *nth to default*, abbreviazione di *nothing to default.* Il termine *default* ha negli anni acquisito il significato di insolvibilità e fallimento nel contesto dell'instabilità della borsa e infatti *nth to default* significherebbe senza perdite. Infatti nel GRADIT (2000: 497) è ritenuto un forestierismo di uso tecnico-specialistico.

Sarebbe opportuno domandarsi se anche in questo caso l'uso degli anglicismi non sia esagerato dal punto di vista della "purezza" della lingua italiana e dal punto di vista della comprensione, dato che tali prestiti hanno la funzione di tecnicismi collaterali che ostacolano la comprensione dei testi.

Se da una parte, il legislatore europeo abusa dei tecnicismi anglosassoni, sorge spontanea la domanda su quale sia la metodologia del legislatore italiano, il quale da un lato ha il dovere di far recepire la direttiva e con essa la terminologia e i concetti, dall'altra occorre ricordare che il linguaggio giuridico è sempre stato restio nell'introdurre nuovi termini che non fossero di origine latina, per non parlare di eventuali neologismi.

Nel decreto legge n. 180 del 16 novembre 2015, ovvero l'atto giuridico che recepisce la direttiva 2014/59/UE (e modifica altre direttive) del Parlamento europeo e del Consiglio, si osserva che l'articolo 1, denominato "definizioni", è dedicato alla spiegazione di alcuni termini tecnici. Tuttavia, nel caso di *swap* il significato non viene spiegato perché si presuppone che il lettore e il destinatario siano già a conoscenza di questo termine. Per quanto riguarda *forward* e *futures*, il legislatore italiano è molto conservatore e mantiene l'approccio del legislatore europeo, probabilmente per agevolare il lettore a comprendere bene il concetto legato a questi tecnicismi siccome questi forestierismi evidentemente non si possono ancora ritenere veri e propri prestiti acclimatati nemmeno dagli esperti:

> 3) **contratti standardizzati a termine (futures)** e **contratti differenziali a termine (forward)**, compresi i contratti per l'acquisto, la vendita o la cessione, a un dato prezzo a una data futura, di merci o beni di qualsiasi altro tipo, servizi, diritti o interessi;
> 4) **accordi di swap,** tra cui:
> i) **swap** e opzioni su tassi d'interesse; accordi a pronti (spot) o altri accordi su cambi, valute, indici azionari o azioni, indici obbligazionari o titoli di debito, indici di merci o merci, variabili climatiche, quote di emissione o tassi di inflazione;
> ii) **total return swap, credit default swap o credit swap**;
> iii) accordi o transazioni analoghe agli accordi di cui ai punti i) o ii) negoziati abitualmente sui **mercati degli swap** o dei derivati;

Si può osservare che il legislatore italiano, è attento alla terminologia e cauto per quanto riguarda i tecnicismi inglesi, in un certo senso più attento al destinatario rispetto al legislatore/traduttore europeo.

Un altro esempio è il termine *joint venture* o *joint-venture* che nelle direttive compare in entrambe le grafie, come nella *Direttiva 2004/17/CE del Parlamento europeo e del Consiglio*:

> (32) È opportuno escludere taluni appalti di servizi, forniture e lavori attribuiti a un'impresa collegata la cui attività principale consista nel prestare tali servizi, forniture o lavori al gruppo cui appartiene, invece di offrirli sul mercato. È anche opportuno escludere taluni appalti di servizi, forniture e lavori attribuiti da un ente aggiudicatore a una joint-venture, costituita da più enti aggiudicatori per svolgere attività considerate dalla presente direttiva e di cui essa faccia parte. Tuttavia, è appropriato evitare che tale esclusione provochi distorsioni di concorrenza a beneficio di imprese o **joint-ventures** che sono collegate agli enti aggiudicatori; occorre prevedere

> un insieme appropriato di norme, segnatamente per quanto riguarda i limiti massimi entro cui le imprese possono ricavare parte della loro cifra d'affari dal mercato e oltre i quali perderebbero la possibilità di vedersi attribuiti appalti senza indizioni di gara, la composizione di tali **joint-ventures** e la stabilità delle relazioni tra queste ultime e gli enti aggiudicatori di cui sono composte.

La *Joint venture* sarebbe un'associazione in partecipazione, compartecipazione aziendale, società mista, e si riferisce a un contratto in cui due o più imprese si impegnano a collaborare in cui le responsabilità sono divise pro quota per ripartire i rischi (Garzanti 2005: 273). Secondo il GRADIT (2000: 821) è un prestito ritenuto di uso tecnico-specialistico presente nel linguaggio delle finanze, il che mostra che ancora una volta il legislatore europeo non ha prestato attenzione ai possibili problemi di comprensione dai non esperti in un certo senso non rispettando le raccomandazioni della Commissione europea.

Dal punto di vista formale, è interessante come vi siano contraddizioni nella grafia ad esempio joint venture o *joint-venture* ma anche come per indicarne il plurale si aggiunga la

"-s" finale anche se non sempre. Nella direttiva sopra menzionata è presente *joint-ventures* mentre nella direttiva ma nell'art 22 compare il plurale indicato dalla preposizione articolata e dalla forma dell'aggettivo ma senza l'aggiunta della "-s":

> 5. Gli enti aggiudicatori notificano alla Commissione, su sua richiesta, le seguenti informazioni relative all'applicazione delle disposizioni dei paragrafi 2, 3 e 4:
> a) i nomi delle imprese o delle **joint-venture** interessate;

Anche se tale discrepanza non è rilevante dal punto di vista del significato, può esserlo dal punto di vista formale, giacché suggerisce due cose: la prima, alcune scelte traduttive e redazionali non sono ancora del tutto unificate, la seconda, a mio avviso maggiormente rilevante, mostra come la traduzione comunitaria sia effettivamente una traduzione a più mani, il che è visibile nei dettagli, in cui si intravedono le possibili differenze nelle scelte traduttive.

Per quanto riguarda i decreti legge italiani, questo termine non compare nel decreto legge n. 163 del 12.04.2006 dato che è stato sostituito dal decreto legge n. 50 del 18.04.2016, in cui compare in diverse parti, ma la prima volta viene allegato dalla definizione:

> h) «**joint venture**», l'associazione tra due o più enti, finalizzata all'attuazione di un progetto o di una serie di progetti o di determinate intese di natura commerciale o finanziaria;

Questo mostra un fenomeno che si potrebbe ritenere assurdo, ossia che ancora una volta il legislatore italiano mostrerebbe più cura per il possibile destinatario.

Sicuramente tale premura non deriva solo da un eventuale scopo di adempiere ai diversi manuali di stile, ma anche da un'esigenza formale volta a facilitare l'applicazione del diritto europeo evitando ambiguità anche agli esperti che potrebbero risorgere con l'uso di prestiti frequenti nella varietà comunitaria.

Tra i tecnicismi collaterali di provenienza straniera che derivano da *venture*, si trova *venture capital funds* o *fondo europeo per il venture capital*, presenti anche con la sigla EuVECA.

> (34) Per i FIA che non prevedono la possibilità di esercitare il diritto di rimborso nel quinquennio successivo alla data degli investimenti iniziali e che, in base alla propria politica di investimento fondamentale, di norma non investono in attività che debbono essere tenute in custodia conformemente alla presente direttiva o investono generalmente in società emittenti o non quotate allo scopo potenzialmente di acquisire il controllo su tali società ai sensi della presente direttiva, quali ad esempio fondi di investimento in capitali privati, fondi di investimento in **capitali di rischio (venture capital funds)** e fondi immobiliari, gli Stati membri dovrebbero poter consentire la nomina di un notaio, di un avvocato, di un conservatore o di altro soggetto che eserciti le funzioni di depositario.

Venture capital termine che nell'ambito dell'economia si riferisce a fondi investiti a lungo termine in imprese che hanno un rischio elevato e gli investitori privati non sono i proprietari della start-up (Treccani online). Nell'italiano della borsa si usa il termine *investimento in capitali di rischio* o semplicemente *capitale di rischio*. Nell'articolo 5, comma 4 del decreto n. 129 del 3 agosto del 2017, il legislatore italiano si avvale del termine inglese senza spiegarne in significato, ma indicandone il contesto nella parte dedicata alle definizioni:

> 4. L'articolo 188 del decreto legislativo 24 febbraio 1998, n. 58, è sostituito dal seguente:
> Art. 188 (Abuso di denominazione). – 1. L'uso, nella denominazione o in qualsivoglia segno distintivo o comunicazione rivolta al pubblico, delle parole: "Sim" o "società di intermediazione mobiliare" o "impresa di investimento"; "Sgr" o "società di gestione del risparmio"; "Sicav" o "società di investimento a capitale variabile"; "Sicaf" o "società di investimento a capitale fisso"; "EuVECA" o "fondo europeo per il venture capital"; "EuSEF" o "fondo europeo per l'imprenditoria sociale"; "APA" o "dispositivo di pubblicazione autorizzato"; "CTP" o "fornitore di un sistema consolidato di pubblicazione"; "ARM" o "meccanismo di segnalazione autorizzato"; "mercato regolamentato"; "mercato di crescita per le PMI"; ovvero di altre parole o locuzioni, anche in lingua straniera, idonee a trarre in inganno sulla legittimazione allo svolgimento dei servizi o delle attività di investimento o del servizio di gestione collettiva del risparmio o dei servizi di comunicazione dati o dell'attività di gestione di mercati regolamentati è vietato a soggetti diversi, rispettivamente, dalle imprese di investimento, dalle società di gestione del risparmio, dalle Sicav, dalle

Sicaf, dai soggetti abilitati a tenore dei regolamenti (UE) n. 345/2013, relativo ai fondi europei per il **venture capital** (EuVECA).

In questa sede non commento lo stile in cui sono redatti gli articoli scelti ma mi limito a studiarne il lessico. Tuttavia, bisogna menzionare che il legislatore italiano è attento al lettore medio-esperto alla corretta recezione della direttiva con la rispettiva terminologia ad es. spiegando il significato della sigla EuVECA.

Non tutti i tecnicismi anglosassoni concernenti l'economia e la borsa fanno parte del repertorio dell'italiano, come nel caso della direttiva 2014/59/UE:

98) «**accordo di netting**» (**netting arrangement**): un accordo in virtù del quale determinati crediti o obbligazioni possono essere convertiti in un unico credito netto, compresi gli **accordi di netting per close-out** per cui, al verificarsi di un evento che determini l'escussione della garanzia (comunque e ovunque definito), le obbligazioni delle parti sono anticipate di modo che tali obbligazioni diventano immediatamente esigibili, oppure sono estinte, e in entrambi i casi sono convertite in un unico credito netto o da esso sostituite. La definizione comprende le «clausole di compensazione per **close-out**» quali definite all'articolo 2, paragrafo 1, lettera n), punto i), della direttiva 2002/47/CE e il «**netting**» quale definito all'articolo 2, lettera k), della direttiva 98/26/CE;
99) «accordo di compensazione» (**set-off arrangement**): un accordo in virtù del quale due o più crediti od obbligazioni esistenti fra l'ente soggetto a risoluzione e una controparte possono essere compensati reciprocamente;

Netting ossia accordo tra due controparti in base al quale i debiti e i crediti che maturano alla medesima data tra di loro sono regolati tramite un unico pagamento e in alcune banche, quando si calcolano le posizioni e si quantifica il rischio di credito, si possono compensare i contratti con valore negativo con i contratti con valore positivo se la controparte è la stessa (Garzanti 2005: 831).

Close-out, o *closeout* nella direttiva n. 57 del 2002, un altro forestierismo superfluo dato che nell'italiano bancario possiamo facilmente trovarne l'equivalente, ossia *bilanciare* (un conto), *ridurre i prezzi* o *liquidare*, ma senza il segno grafico del trattino (GRADIT 2012: 181). Nella direttiva sopramenzionata e nel decreto 12.05.2015 si legge *clausola di close-out netting.*

Nel decreto legislativo del 16 novembre del 2015 possiamo notare che la tecnica del legislatore italiano è inserire le stesse definizioni che compaiono nelle direttive:

1. Ai fini del presente decreto si intende per:
a) «**accordo di netting**»: un accordo in virtu' del quale determinati crediti o obbligazioni possono essere convertiti in un unico credito netto, compresi gli **accordi di netting** per **close-out** di cui all'articolo 1, comma 1, lettera f), del decreto legislativo 21 maggio 2004, n. 170; (…)

> g) «**bail-in**»: la riduzione o la conversione in capitale dei diritti degli azionisti e dei creditori, secondo quanto previsto dal Titolo IV, Capo IV, Sezione III; (...)
> n) «**clausola di close-out netting**»: una clausola come definita all'articolo 1, comma 1, lettera f), del decreto legislativo 21 maggio 2004, n. 170;

Nel caso dell'*accordo di netting*, la definizione è ricalcata dalla direttiva, per *bail-in* il legislatore italiano ha preparato una definizione sbrigativa, dato che nelle parti seguenti del medesimo decreto sono visibili i dettagli dell'applicazione della prassi *bail-in*, mentre per la clausola di *close-out-netting* rimanda al decreto del 21 maggio 2004 n.170:

> Art. 1
> (...)
> f) clausola di interruzione dei rapporti e pagamento del saldo netto, clausola di "**close-out netting**": la clausola di un contratto di garanzia finanziaria o di un contratto che comprende un contratto di garanzia finanziaria oppure, in mancanza di una previsione contrattuale, una norma di legge in base alla quale, in caso di evento determinante l'escussione della garanzia finanziaria (...).

Nel caso del termine *bail-in* vediamo come alcuni prestiti sono ritenuti acclimatati nell'italiano comunitario in tema di finanza, mentre in verità sembrano tecnicismi collaterali per un non esperto a data la loro provenienza straniera non rimandano a nessun concetto nel caso di un lettore non esperto di borsa. Il termine si riferisce a una procedura di salvataggio del sistema bancario di un Paese dall'interno e l'antonimo è *bail-out*, ossia procedura esterna di sostegno finanziario nel settore bancario (Treccani online). Come vediamo nel caso di *close-out netting*, se un termine viene ritenuto ancora un neologismo, il legislatore italiano ne allega la definizione, mentre se invece è un prestito acclimatato (o parzialmente) in un settore tecnico di solito rimanda alla definizione introdotta in un decreto precedente.

Si potrebbe dire che i testi tecnici sono indirizzati a esperti e non ai cittadini, tuttavia occorre ricordare che nel caso di tecnicismi concernenti la giurisprudenza, essi vengono solitamente allegati di una definizione. A mio avviso, tale scelta deriva dal fatto che i testi specialistici sono solitamente redatti e indirizzati ad esperti e solitamente non suscitano l'interesse dei cittadini, mentre il diritto prima di tutto abbraccia ogni settore della nostra vita, per questo è indirizzato non solo agli esperti e richiede maggiore precisione redazionale per una maggiore comprensione.

Un altro termine anglosassone riscontrato nelle direttive che affianca l'equivalente italiano è *insider trading* ossia *informazioni privilegiate*, come vediamo nella direttiva 6/2003/CE del Parlamento europeo e del Consiglio:

(13) Dati i cambiamenti intervenuti sui mercati finanziari e nella normativa comunitaria successivamente all'adozione della direttiva 89/592/CEE del Consiglio, del 13 novembre 1989, sul coordinamento delle normative concernenti le operazioni effettuate da persone in possesso di informazioni privilegiate (**insider trading**).

Insider trading (Garzanti 2005: 256) è una negoziazione di borsa basata su informazioni riservate, ossia una compravendita occulta di titoli effettuata da persone in possesso di informazioni riservate sulla situazione economico-finanziaria della società a cui i titoli si riferiscono. Nei mercati finanziari più sviluppati l'*insider trading* è punibile.

Il termine *insider trading* compare nelle direttive 2003/6/CE, 65/2009/CE, 2010/73/UE del corpus selezionato. Nella prima e nella terza si rileva il termine italiano affiancato dal termine inglese fra parentesi ossia: *informazioni privilegiate (insider trading)*, mentre nella seconda è presente il termine anglosassone con l'articolo determinativo " l'insider trading":

(74) Taluni comportamenti, quali ad esempio la frode o l'**insider trading**, sono tali da pregiudicare la stabilità nonché l'integrità del sistema finanziario anche quando riguardano imprese diverse dagli OICVM o dalle imprese che concorrono alla loro attività.

Anche se potrebbe a prima vista sembrare irrilevante, questa incongruenza ha tre significati: prima di tutto non tutte le direttive sono del tutto unificate dal punto di vista traduttivo e lessicale. In secondo luogo possiamo riscontrare incertezza nella trasposizione di tecnicismi, in cui il metodo più sicuro sarebbe di usare l'equivalente italiano con il termine originale fra parentesi, mentre come terza osservazione occorre notare che i testi delle direttive dipendono anche dalle scelte traduttive individuali e non sempre da una tendenza corrente.

Tale conclusione deriva dal fatto che il termine anglosassone fra parentesi affianca il termine italiano nella prima direttiva del 2003 e in quella più recente. Dal punto di vista linguistico azzarderei ad aggiungere un'altra osservazione, ossia: in base a come i termini sono trasposti nelle direttive italiane, si può valutare se un prestito è parte o meno del linguaggio di un settore specialistico.

Un altro tecnicismo di provenienza anglosassone, è *front running* o *front-running* che nel settore della borsa indica una pratica licenziosa di un intermediario finanziario in cui viene data la precedenza nelle compravendite ai propri ordini rispetto a quelli dei clienti. Per la UE può essere ritenuto un abuso di mercato (Garzanti 2005: 213) e compare nella direttiva 2003/6/CE recepita dal decreto legislativo n. 130 del 30 luglio 2012. Nell'atto comunitario il termine non viene spiegato in maniera diretta per il lettore non esperto non è difficile intendere che si tratta di un abuso di mercato, ossia:

"(19) Gli Stati membri dovrebbero porre rimedio alla prassi cosiddetta di «**front running**», compreso il «front running» riguardante gli strumenti derivati su merci, allorché ciò costituisce un abuso di mercato conformemente alle definizioni contenute nella presente direttiva".

Nell'atto di recezione il termine non viene menzionato, ma si invitano gli enti finanziari e crediti ad adempiere agli obblighi della direttiva. Questo in un certo senso mostra che gli atti comunitari vengono adattati in maniera sbrigativa e il legislatore nazionale rinvia il destinatario alla lettura della direttiva, presupponendo comunque che il destinatario sappia di cosa si tratti. Nel GRADIT il termine non compare e questo ci fa capire che esso non fa ancora parte del repertorio dell'italiano. Nel decreto legislativo n. 130 del 30 giugno 2012 il termine non compare, si menziona solo il recepimento della direttiva e si rimanda alla versione italiana dell'atto comunitario.

Fra i prestiti superflui di lusso inclusi nel corpus, occorre menzionare il termine *royalties* che nelle direttive appare nella forma plurale, il cui singolare è *royalty* e si riferisce prima di tutto a un diritto di autore, diritto patrimoniale o diritto di concessione di licenza (Garzanti 2005:447). Il termine appare solo nelle direttive (par. 14 della direttiva 2011/77/UE, par. 48 della direttiva 2013/34/UE, art. 8 ter lettera b) della direttiva 2015/2376):

(14) Una seconda misura di accompagnamento concepita per riequilibrare i contratti in virtù dei quali gli artisti, interpreti o esecutori, trasferiscono i propri diritti esclusivi, in cambio di royalties, a un produttore di fonogrammi, dovrebbe consistere in una «tabula rasa» per quegli artisti, interpreti o esecutori, che hanno ceduto i propri diritti esclusivi sopra menzionati ai produttori di fonogrammi in cambio di **royalties** o di una remunerazione. Affinché gli artisti, interpreti o esecutori, possano beneficiare pienamente della proroga della durata di protezione, è opportuno che gli Stati membri garantiscano che, in virtù di accordi tra produttori di fonogrammi ed artisti, interpreti o esecutori, a questi ultimi sia corrisposta durante il periodo di proroga una royalty o una remunerazione svincolata da pagamenti anticipati o da detrazioni stabilite contrattualmente.

(48) Un'impresa attiva nel settore estrattivo o che utilizza aree forestali primarie in genere non è tenuta a indicare i dividendi versati a un governo in quanto azionista comune o ordinario di tale impresa nella misura in cui tali dividendi sono versati alle stesse condizioni degli altri azionisti. L'impresa avrà tuttavia l'obbligo di indicare i dividendi versati al posto di diritti di produzione o **royalties**.

b) l'elenco delle categorie e degli elementi di cui all'articolo 8, paragrafi 1 e 3 bis, sia ampliato per includere altre categorie ed elementi, comprese le **royalties**.

Nel decreto legge n. 22 del 21 febbraio 2014 che attua la direttiva n. 2011/77/UE il termine *royalties* non compare, poiché sostituito da "diritti d'autore" o "diritti connessi":

> Attuazione della direttiva 2011/77/UE che modifica la direttiva 2006/116/CE concernente la durata di protezione del **diritto d'autore** e di alcuni **diritti connessi**.

Tale osservazione porta a due conclusioni assai rilevanti: la prima, la più ovvia, è che *royalties* non è un termine in uso nella cultura giuridica comunitaria, la seconda invece riguarda la precisione terminologica di entrambe le giurisprudenze. In poche parole, il legislatore europeo si avvale di tecnicismi anglofoni per descrivere un concetto vago (in questo caso un preciso diritto), mentre il legislatore italiano sembra mostrarsi più preciso dato che specifica più attentamente di quale diritto si tratta, ossia diritto d'autore, diritti connessi invece di usare solo *royalty* o *royalties*, che potrebbe risultare vago. Vediamo che il legislatore italiano è più attento alla qualità terminologica e alle eventuali conseguenze nell'applicazione delle direttive rispetto al legislatore europeo.

Un altro termine ambiguo può essere senz'altro essere *building society*, ovvero una società di credito edilizio creata per la costruzione, la ristrutturazione o l'acquisto di nuove abitazioni. Inoltre concede mutui ipotecari ai propri clienti e svolge attività bancarie (Garzanti 2005: 64) come vediamo nella *Direttiva 2001/108/CE del Parlamento e del Consiglio del 21 gennaio 2002 che modifica la direttiva 85/611/CEE del Consiglio concernente il coordinamento delle disposizioni legislative, regolamentari e amministrative in materia di taluni organismi d'investimento collettivo in valori mobiliari (OICVM), con riguardo agli investimenti OICVM:*

> (3) La definizione di valori mobiliari che figura nella presente direttiva è valida solo ai fini di quest'ultima e non influenza in alcun modo le varie definizioni utilizzate nelle legislazioni nazionali in altri contesti, ad esempio in materia fiscale. Di conseguenza, le azioni ed altri valori assimilabili ad azioni emessi da organismi costituiti nella forma di **«building society»** e **«industrial and provident society»**, la cui proprietà non è in pratica trasferibile (salvo riacquisto da parte dell'organismo emittente), non rientrano in tale definizione.

Nel decreto legislativo n. 274 del 1 agosto 2003, i termini *building society* e *industrial and provident society* non compaiono e non vengono spiegati, mentre sono presenti solo i termini italiani *società promotrice, società di gestione armonizzata, società di intermediazione mobiliare*. Secondo il Garzanti (2005: 251) l'equivalente italiano è associazione mutua industriale, anche se rimane comunque un tecnicismo appartenente alla cultura anglosassone.

Un altro prestito entrato nell'ambito tecnico è *medium term note(-s)*, anche se esiste l'equivalente italiano ossia *titolo a medio termine* (Garzanti 2005: 314), tuttavia nella direttiva 2009/65/CE è presente solo il termine inglese:

(36) Tra gli strumenti del mercato monetario rientrano quei valori mobiliari che di norma sono negoziati sul mercato monetario e non sui mercati regolamentati, ad esempio i buoni del Tesoro e degli enti locali, i certificati di deposito, **le cambiali finanziarie (commercial paper)**, i «medium term notes» e le accettazioni bancarie.

Nei decreti legge invece non compare né il termine italiano, né il termine inglese, il che mostra che in un certo senso il legislatore italiano preferisce in alcuni casi rimandare il lettore alla direttiva, invece di allegare la spiegazione di un termine. In questo caso il prestito non è da considerarsi ancora entrato (nel 2009) nell'uso dell'italiano dell'economia, viste le virgolette. Questo termine non compare nell'edizione del 2000 del GRADIT e nemmeno nel supplemento del 2004, il che significa che non è un termine frequente nel gergo dell'italiano comunitario.

Inoltre, nel paragrafo citato compare un altro anglicismo, ossia *commercial paper* che affianca fra parentesi il termine italiano *cambiali finanziarie*. Secondo il Garzanti *commercial paper* indica una carta commerciale, può significare "effetti commerciali a breve" o "titoli di credito negoziabili" (GRADIT 2005: 94). In questo caso la direttiva è stata redatta con precisione per evitare ambiguità e facilitare il rimando al termine usato nella terminologia comunitaria.

Un altro esempio di forestierismo usato come tecnicismo collaterale è il termine *trigger*, dato che in inglese funziona come elemento aggiunto al nome, ad es. *trigger event*, *trigger point* per "soglia di attivazione", o *trigger price* ossia "prezzo d'intervento" (Garzanti 2005: 533). Nella direttiva 2009/111/CE (sezione 7, art. 122 bis, comma 5) è presente *trigger del valore*, il che porta a supporre che si tratti proprio del prezzo secondo il valore di mercato:

Gli enti creditizi hanno una conoscenza approfondita di tutte le caratteristiche strutturali di un'operazione di cartolarizzazione che abbiano un impatto rilevante sulla prestazione delle loro esposizioni verso l'operazione, quali **sequenze (waterfall) contrattuali** e relativi **trigger**, supporti di credito, supporti di liquidità, trigger del valore di mercato e definizione di inadempimento specifica all'operazione.

L'uso del termine inglese *waterfall* sembrerebbe discutibile, dato che il termine italiano è decisamente comprensibile, mentre il prestito inglese non rimanda a concetti diversi dalla locuzione *sequenze contrattuali*. Nel decreto n.239 del 30 dicembre del 2010, non compaiono né il termine *waterfall*, né *trigger*, probabilmente per due motivi: il primo comporta che secondo un giurista italiano il significato di *trigger* è considerato come chiaro. Inoltre, nel corpus delle direttive è presente il calco *cascata di fondi* nella direttiva 2001/108/CE del Parlamento europeo e del Consiglio:

> (7) Occorre facilitare lo sviluppo delle opportunità di investimento di un OICVM in OICVM e in altri organismi di investimento collettivo. È quindi essenziale assicurare che tale attività di investimento non riduca la protezione degli investitori. A causa delle maggiori possibilità che si offrono ad un OICVM di investire in quote di altri OICVM e/o organismi di investimento collettivo, è necessario stabilire determinate norme in materia di limiti quantitativi, comunicazione di informazioni e prevenzione del **fenomeno della cascata di fondi.**

Nelle direttive al fenomeno della *cascata di fondi* non è allegata nessuna definizione del significato, mentre nella direttiva 2009/65/CE del Parlamento europeo e del Consiglio compare *la prevenzione del fenomeno della cascata* anche se, occorre precisarlo, non concerne i fenomeni naturali, ma economici in materia di fondi di investimento. In questo caso si tratta certamente di un calco traduzione dal termine inglese "waterfall" (Dardano, Trifone 1990: 361). Nella trasposizione la parola cascata non avrebbe reso il significato e pertanto è stato necessario aggiungere "di fondi" per rendere il termine maggiormente comprensibile. Infatti, nella direttiva 2009/111/CE del Parlamento europeo e del Consiglio compare il termine inglese *waterfall*, nel senso di "sequenze contrattuali", ossia *sequenze contrattuali*:

> (...) Gli enti creditizi hanno una conoscenza approfondita di tutte le caratteristiche strutturale di un'operazione di cartolarizzazione che abbiano un impatto rilevante sulla prestazione delle loro esposizioni verso l'operazione, quali **sequenze (waterfall) contrattuali** e relativi **trigger**, supporti di credito, supporti di liquidità, **trigger del valore di mercato** e definizione di inadempimento specifica all'operazione.

A differenza dell'esempio precedente, in questo passaggio il termine inglese non viene ricalcato in italiano, ma semplicemente tradotto in maniera funzionale e il termine inglese è allegato fra parentesi. Tale scelta nella redazione delle direttive obbliga in un certo senso ad assimilare la terminologia straniera presente nel gergo e nell'ambito comunitario da parte sia del lettore medio-esperto che dal lettore non esperto.

Nel corpus abbiamo trovato altri due prestiti assai rilevanti nel settore degli affari, ossia *hedge found* e *master-feeder. Hedge found*, si riferisce ad un'associazione volta a gestire i patrimoni dei partecipanti per garantirgli il massimo guadagno ed è rivolto a persone disposte a correre un alto rischio per un possibile notevole profitto (Garzanti 2005: 232).

Nel GRADIT (2000: 364) il termine *hedge found* è descritto come ad alto uso specialistico e significa "fondo di copertura" in riferimento ad un fondo di investimento autorizzato negli Stati Uniti e viene gestito da una società e si caratterizza da un maggiore rischio rispetto a qualsiasi altro fondo di investimento. L'esempio a seguire è stato ricavato dall'art. 53 bis, lettera 3 b) della direttiva 2001/108/CE del Parlamento europeo e del Consiglio:

> b) rivedere l'ambito di applicazione della direttiva in relazione alle modalità in cui si applica ai vari tipi di prodotti (ad esempio fondi istituzionali, fondi immobiliari, fondi «**master-feeder**» e «**hedge fund**»); lo studio dovrebbe concentrarsi in particolare sulle dimensioni del mercato di tali fondi, la regolamentazione, eventualmente, di tali fondi negli Stati membri e una valutazione della necessità di una loro ulteriore armonizzazione;

Vale la pena menzionare la direttiva 2009/65/CE del Parlamento e del Consiglio sul coordinamento delle disposizioni legislative, regolamentari e amministrative:

> (51) Per agevolare il funzionamento del mercato interno e per garantire lo stesso livello di tutela degli investitori in tutta la Comunità le **strutture master-feeder** dovrebbero essere ammesse sia se il **fondo master** e il **fondo feeder** sono stabiliti nello stesso Stato membro, sia se essi sono stabiliti in Stati membri diversi. Per consentire agli investitori di comprendere meglio le strutture **master-feeder** e agevolarne la vigilanza da parte delle autorità di regolamentazione, in particolare in un contesto transfrontaliero, nessun OICVM **feeder** dovrebbe avere la possibilità di investire in più di un fondo master. Per garantire lo stesso livello di tutela degli investitori in tutta la Comunità, il fondo master dovrebbe essere anch'esso un OICVM autorizzato. Per evitare oneri amministrativi indebiti, le disposizioni concernenti la notifica della commercializzazione transfrontaliera non dovrebbero applicarsi agli OICVM master che non raccolgono capitale presso i cittadini di uno Stato membro diverso da quello in cui sono stabiliti, ma che si limitano ad avere uno o più OICVM **feeder** nell'altro Stato membro
> (50) Diversi Stati membri hanno adottato disposizioni che consentono agli organismi di investimento collettivo non coordinati di aggregare il loro patrimonio in un unico fondo detto «**fondo master**».
> (87) Per quanto riguarda le strutture **master-feeder**, la Commissione dovrebbe avere il potere di adottare misure volte a specificare il contenuto dell'accordo tra OICVM master e OICVM **feeder** o delle regole interne di condotta, il contenuto dell'accordo di scambio di informazioni tra i loro depositari o i loro revisori, la definizione di misure appropriate per coordinare le scadenze del calcolo del loro valore patrimoniale netto e la sua pubblicazione al fine di evitare il timing di mercato, l'impatto della fusione dell'OICVM master sull'autorizzazione dell'OICVM **feeder**, il tipo di irregolarità provenienti dall'OICVM master da comunicare all'OICVM **feeder**, il formato e le modalità di presentazione delle informazioni ai detentori di quote in caso di conversione da un OICVM ad un OICVM **feeder** e la relativa procedura, nonché la procedura per

effettuare una valutazione e una revisione contabile del trasferimento del patrimonio da un OICVM **feeder** a un OICVM master e il ruolo del depositario dell'OICVM **feeder** in questo processo.

In un'altra direttiva è presente il termine italiano affiancato da quello inglese (direttiva 2011/61/UE del Parlamento europeo e del Consiglio):

(43) La presente direttiva tiene conto altresì del fatto che numerosi FIA, in particolare i **fondi speculativi (hedge funds)**, fanno attualmente ricorso a un **intermediario principale (prime broker)** e garantisce che i FIA continuino ad avvalersi dei servizi degli intermediari principali.

Nel decreto 274 del 1 agosto 2003, il termine viene parafrasato con *fondi di investimento* e il legislatore delinea le modalità di finanziamento in maniera generale conferendo alla Banca d'Italia le competenze che ha in base alla normativa europea, senza elencarne tutti gli obblighi come del resto nel caso di *intermediario principale* e *prime broker*. Sono termini entrati nell'italiano della borsa grazie all'attività economica e finanziaria della UE.

Il termine *master-feeder*, indica una società che ha fondi in diversi Stati gestiti dalle singole sedi ("feeder") che investono più dell'ottanta per cento nell'Oicvm Master, anch'essa attiva nel mercato degli investimenti.

Sezione IV – **Strutture master-feeder**
Art. 40 (Autorizzazione e regole di funzionamento delle **strutture master-feeder**).
- 1. La Banca d'Italia autorizza l'investimento dell'Oicr italiano feeder nell'Oicr master, quando ricorrono le seguenti condizioni:

Per avere un miglior quadro dell'assimilazione della terminologia comunitaria, è necessario osservare l'art. 50-bis, capo III-bis del decreto n. 47 del 16 aprile 2012:

e) gli obblighi di comunicazione e lo scambio di informazioni e documenti tra il gestore, il depositario, il revisore legale o la società di revisione legale, rispettivamente dell'OICR master e dell'OICR **feeder**, nonché tra tali soggetti e la Banca d'Italia, la Consob e le autorità competenti dell'OICR master e dell'OICR **feeder comunitari ed extracomunitari.**
3. Agli OICR master e agli OICR **feeder** si applicano, in quanto compatibili, le disposizioni dei Capi II, III e III-ter del presente
Titolo.
4. Agli OICR master comunitari armonizzati, che non commercializzano in Italia le proprie quote a soggetti diversi dagli **OICR feeder**, non si applica l'articolo 42, commi da 1 a 4. Agli OICR master comunitari non armonizzati o extracomunitari si applica l'articolo 42, commi da 5 a 8.

Vi sono casi in cui un determinato tecnicismo di origine straniera ha due equivalenti: uno presente nella direttiva e l'altro nei decreti legge come ad es. *carried interest.* Nel linguaggio della finanza significa "remunerazione variabile" ricavata dai gestori di fondi chiusi nel momento in cui vengono sperati i rendimenti minimi per gli azionisti, ossia gli *hurdle rate* (Garzanti 2005: 75), come si può appurare nell'articolo 4 (definizioni), lettera 1d della direttiva 2011/61:

> d) **«commissione di gestione» (carried interest)**, la quota degli utili del FIA spettanti al GEFIA a titolo di compenso per la gestione del FIA, ad esclusione di qualsiasi partecipazione agli utili del fondo spettanti al GEFIA come utile su un investimento da parte del GEFIA nel FIA;

Un altro esempio compare nel capo IV art 22 della medesima direttiva:

> e) gli importi retributivi totali per l'esercizio, suddivisi in retribuzione fissa e variabile, versati dal GEFIA al suo personale e il numero dei beneficiari nonché, se del caso, la **commissione di gestione** versata dal FIA;

Nel decreto n. 44 del 4 marzo 2014 non compaiono i termini ricorrenti nella direttiva, ma è presente "società di gestione o servizio di gestione". Tale differenza può significare che il legislatore italiano non è sempre propenso ad accettare le soluzioni date dal regime comunitario e le adatta alla cultura giuridica italiana.

Talvolta accade che un termine polisemantico abbia diversi equivalenti in un'altra lingua, come nel caso del termine *warrants*, da *warrant* ossia *opzione su azioni* oppure *garanzia* (Garzanti 2005: 559) che compare nella parte motivazionale della direttiva 2003/71/CE del Parlamento europeo e del Consiglio:

> (12) L'estensione dell'ambito d'applicazione della direttiva ai titoli di capitale e agli strumenti finanziari diversi dai titoli di capitale offerti al pubblico o ammessi alla negoziazione nei mercati regolamentati secondo la definizione della direttiva 93/22/CEE del Consiglio, del 10 maggio 1993, relativa ai servizi d'investimento nel settore dei valori mobiliari (1), e non solo agli strumenti finanziari ammessi alle quotazioni ufficiali di una borsa valori è inoltre necessaria per assicurare la tutela degli investitori. L'ampia definizione di strumenti finanziari contenuta nella presente direttiva, che include **warrant** e **covered warrant** e certificati, è valida solo ai fini della direttiva stessa e, di conseguenza, non influisce in alcun modo sulle varie definizioni di strumenti finanziari impiegate nelle legislazioni nazionali per altre finalità, ad esempio l'imposizione fiscale.

Nell'articolo 2 della medesima direttiva è possibile trovare un esempio analogo:

> k) «programma di offerta»: un programma che consentirebbe l'emissione di strumenti finanziari diversi dai titoli di capitale, incluso qualsiasi tipo di **warrant**, di

una categoria e/o classe simile, in modo continuo o ripetuto durante un determinato periodo di emissione;

Covered warrant si potrebbe tradurre come *copertura di garanzia*, mentre nel caso di *warrant* il termine inglese potrebbe sembrare vago al lettore italiano, dato che traducibile con due termini che non sono del tutto sinonimici. Inoltre, vale la pena osservare l'approccio del legislatore italiano nell'articolo n.100 del decreto n. 51 del 28 marzo 2007, ovvero nell'atto giuridico di recezione della medesima direttiva:

d) aventi a oggetto strumenti finanziari diversi dai titoli di capitale emessi da o che beneficiano della garanzia incondizionata e irrevocabile di uno Stato membro dell'Unione europea o emessi da organismi internazionali a carattere pubblico di cui
facciano parte uno o più Stati membri dell'Unione europea;
e) aventi a oggetto strumenti finanziari emessi dalla Banca Centrale Europea o dalle
banche centrali nazionali degli Stati membri dell'Unione europea;
f) aventi ad oggetto strumenti diversi dai titoli di capitale emessi in modo continuo o
ripetuto da banche a condizione che tali strumenti:
 1) non siano subordinati, convertibili o scambiabili;
 2) non conferiscano il diritto di sottoscrivere o acquisire altri tipi di strumenti finanziari e non siano collegati ad uno strumento derivato;
 3) diano veste materiale al ricevimento di depositi rimborsabili;
 4) siano **coperti da un sistema di garanzia** dei depositi a norma degli articoli da 96 a
 96 quater del decreto legislativo 1° settembre 1993, n. 385;

Come si può constatare, nel decreto legislativo che adotta la direttiva 2003/71/CE del Parlamento europeo e del Consiglio sono presenti solo i termini in italiano. Prima di tutto, in questo caso il lessico italiano è più ricco e quindi più preciso, pertanto lasciare il termine *warrant* avrebbe potuto comportare ambiguità e visto che il termine è usato solo nel gergo comunitario, nel testo italiano avrebbe avuto la funzione di tecnicismo collaterale. In questi casi si può appurare che le traduzioni comunitarie non sono sempre funzionali.

Un altro prestito ricorrente in entrambe le parti del corpus è *offshore* oppure *off-shore*, da cui abbiamo diverse espressioni, quali: *attività offshore* (direttiva 2006/46/CE del Parlamento europeo e del Consiglio), *centri finanziari offshore* (direttiva 2013/36/UE del Parlamento europeo e del Consiglio). Nei decreti questo termine non viene usato nell'economia ma nell'ambito tecnico, ossia: *installazioni offshore, piattaforme off-shore, gas naturale liquefatto off-shore piattaforme off-shore, installazioni offshore* (decreto legge n. 46 del

4.03.2014), *terminale off-shore* (decreto legge n.202 del 6.11.2002). Tuttavia, nel GRADIT (2000:561) viene descritto come aggettivo di uso specialistico con il significato di "società finanziaria" che conduce attività in Paesi con un vantaggioso sistema fiscale.

Tra i prestiti inseriti inutilmente nelle versioni italiane, abbiamo *hire-purchase*, ossia *opzione di acquisto*, *vendita* o *acquisto rateale* e il termine fra parentesi (Garzanti 2005: 234), come ad esempio nella *Direttiva 2011/83/UE del Parlamento europeo e del Consiglio sui diritti dei consumatori recante modifica della direttiva 93/13/CEE del Consiglio e della direttiva 1999/44/CE del Parlamento europeo e del Consiglio e che abroga la direttiva 85/577/CEE del Consiglio e la direttiva 97/7/CE del Parlamento europeo e del Consiglio:*

> (26) I contratti relativi al trasferimento di beni immobili o di diritti su beni immobili o alla creazione o all'acquisizione di tali beni immobili o di tali diritti, i contratti per la costruzione di nuovi edifici, per la trasformazione sostanziale di edifici esistenti nonché i contratti per la locazione di alloggi a scopo residenziale sono già soggetti a una serie di requisiti specifici nella legislazione nazionale. Tali contratti includono ad esempio la vendita di immobili ancora da progettare e la locazione finanziaria con **opzione di acquisto (hire-purchase)**.

Il termine non compare nel GRADIT e nel decreto legge n. 21 del 21 febbraio 2014, compaiono "modalità di vendita" oppure semplicemente il termine "acquisto" o "acquisizione dei beni" e per ulteriori informazioni si rimanda alla direttiva.

Un'altra espressione gergale comune del linguaggio comunitario nell'ambito economico e bancario, è *liquidity line*, ossia "disponibilità liquide degli investitori". Il termine inglese non compare sul GRADIT e non è entrato nel repertorio della lingua italiana, ma compare nella *Direttiva 2001/108/CE del Parlamento europeo e del Consiglio del 21 gennaio 2002 che modifica la direttiva 85/611/CEE del Consiglio concernente il coordinamento delle disposizioni legislative, regolamentari e amministrative in materia di taluni organismi d'investimento collettivo in valori mobiliari (OICVM), con riguardo agli investimenti OICVM*

> e)
> — emessi da altri istituti che appartengono alle categorie approvate dalle autorità competenti per gli OICVM nella misura in cui gli investimenti in tali strumenti godano di una protezione degli investitori equivalente a quella prevista al primo, secondo o terzo trattino e purché l'emittente sia una società con capitale e riserve pari ad almeno 10 milioni di EUR, presenti e pubblichi i conti annuali conformemente alla direttiva 78/660/CEE (*), oppure sia un soggetto che, all'interno di un gruppo di società comprendente una o più società quotate in borsa, sia dedicato al finanziamento del gruppo

> ovvero si tratti di un ente dedicato al finanziamento di veicoli di cartolarizzazione che **usufruiscono di una "liquidity line"** bancaria.

Per valutare al meglio la reciproca relazione presente tra la varietà comunitaria e la varietà nazionale del linguaggio giuridico, occorre prendere in esame l'art. 6 del decreto n. 274 del 1 agosto 2003:

> L'impresa di investimento, l'intermediario finanziario iscritto nell'elenco previsto dall'articolo 107 del T.U. bancario, la SGR e la società di gestione armonizzata non possono utilizzare, nell'interesse proprio o di terzi, le **disponibilità liquide** degli investitori, da esse detenute a qualsiasi titolo.

Nella direttiva 2001/108/CE del Parlamento e del Consiglio in materia di investimento, "usufruiscono di una liquidity line bancaria" mentre nel decreto n. 274 del 1 agosto 2003 troviamo "disponibilità liquide degli investitori" (sempre nell'ambito bancario). Anche in questo caso, il legislatore italiano rifiuta il forestierismo di uso gergale non inserendolo nemmeno fra parentesi. Inoltre è interessante il paragrafo 9 della direttiva 2006/46 sui conti annuali e i conti consolidati:

> (9) Per «disposizione fuori bilancio» si intende qualsiasi impegno o accordo tra una società e altre entità, anche quelle non registrate, che non è iscritto a bilancio. Le disposizioni fuori bilancio possono essere associate alla creazione o all'uso di una o più società veicolo (Special purpose entities — «SPE») e attività offshore destinate a perseguire tra l'altro obiettivi economici, legali, fiscali o contabili. Esempi di tali disposizioni fuori bilancio comprendono disposizioni per la ripartizione dei rischi e dei benefici od obblighi derivanti da un contratto quale il **debt factoring**, accordi combinati di vendita e riacquisto, disposizioni in merito al deposito di merci, **disposizioni «take or pay»**, titolarizzazione convenuta tramite società distinte ed entità non registrate, beni impegnati, disposizioni di leasing operativo, outsourcing ed altre operazioni analoghe.

Come si può nuovamente appurare, il termine italiano è seguito dall'equivalente inglese e dalla sua sigla, probabilmente per aiutare il lettore a capire ed applicare la terminologia anglosassone riscontrata nell'ambito comunitario. Tale scelta lascia indurre che sia un modo per aggiornare i possibili destinatari esperti o medio-esperti di economia, introducendo sia il termine italiano che quello straniero. Nel settore giuridico-economico *factoring* è un contratto che consiste nell'acquistare tutti o almeno una parte dei crediti dal *factor*, mentre l'imprenditore è il titolare in cambio di una data somma (Treccani online). In questo caso sarebbe stato opportuno allegare una breve definizione per il lettore non esperto o medio-esperto. Le *disposizioni take or pay* sono delle disposizioni che obbligano al pagamento indipendentemente se la merce è stata ritirata a o meno (Guida alla contabilità e bilancio 2011: 96).

Talvolta vi è la possibilità che nello stesso paragrafo siano presenti espressioni tecniche sia in italiano con la versione inglese fra parentesi, che tecnicismi in lingua inglese con l'equivalente italiano fra parentesi, come nel caso della *Direttiva 2014/17/UE del Parlamento europeo e del Consiglio del 4 febbraio 2014 in merito ai contratti di credito ai consumatori relativi a beni immobili residenziali e recante modifica delle direttive 2008/48/CE e 2013/36/UE e del regolamento (UE) n. 1093/2010*:

> (16) La presente direttiva non dovrebbe applicarsi a quei contratti di credito in cui il creditore versa una tantum o periodicamente una somma di denaro o effettua altre forme di erogazione creditizia in cambio di una somma derivante dalla vendita di un immobile residenziale e il cui obiettivo primario è quello di facilitare il consumo, ad esempio di prodotti basati su **prestito vitalizio ipotecario (equity release)** o di altri prodotti specializzati equivalenti. Tali contratti di credito hanno caratteristiche specifiche che esulano dall'ambito di applicazione della presente direttiva. La valutazione del merito di credito del debitore, ad esempio, non è pertinente, in quanto i pagamenti sono effettuati dal creditore al debitore piuttosto che al contrario. Tale operazione richiederebbe, tra l'altro, informazioni precontrattuali sostanzialmente diverse. Inoltre, altri prodotti quali ad esempio le home reversion (vendita della nuda proprietà), che hanno funzioni comparabili ai **reverse mortgage** o ai **lifetime mortgage (prestiti vitalizi ipotecari)**, non implicano l'erogazione del credito, e quindi resterebbero fuori dall'ambito d'applicazione della presente direttiva.

Questa discrepanza formale è interessante dato che si trova nello stesso paragrafo e può essere dovuta ad un momento di distrazione. Tuttavia, nessuno nei termini inglesi sopra elencati compare nel GRADIT e quindi nessuno di loro è entrato a far parte dell'italiano.

Gli ultimi esempi sono quelli ritenuti più ardui, dato che non sempre è facile trovarne l'equivalente, come nel caso di *grey list* e *window trading*. Per cominciare, *grey economy* ossia economia sommessa (Garzanti 2005: 225), *grey market* (mercato grigio) mercato in cui i prodotti sono comprati e venduti al di fuori dei canali ufficiali, per es. presso rivenditori non autorizzati. Si distingue dal *black market*, ossia il *mercato nero* (illegale). I termini compaiono nella direttiva 2003/6 del Parlamento e del Consiglio sugli abusi di mercato:

> Tali misure potrebbero comprendere, ad esempio, la creazione di «grey lists», l'applicazione di «**window trading**».

Secondo il dizionario giuridico inglese, *trading window* (nella direttiva abbiamo un diverso ordine delle parole) si riferisce ad un determinato periodo di tempo entro cui i funzionari di una società hanno il diritto di negoziare nell'ambito dell'*insider trading* (Law insider online). Queste due espressioni non compaiono né sul GRADIT né sui decreti legge.

Un altro termine assai arduo è *base revolving*, il quale compare nella direttiva 2015/2366 del Parlamento europeo e del Consiglio sui servizi di pagamento nel mercato interno:

> (40) È opportuno che la presente direttiva disciplini la concessione di crediti da parte degli istituti di pagamento, ossia la concessione di linee di credito e l'emissione di carte di credito, solo se strettamente connessa a servizi di pagamento. È opportuno che agli istituti di pagamento sia permesso di concedere credito in relazione alle loro attività transfrontaliere solo a condizione che sia concesso al fine di facilitare i servizi di pagamento, sia a breve termine e sia concesso per un periodo non superiore a 12 mesi, anche su **base revolving** (..)

Prima di tutto, vale la pena precisare che il termine non compare in nessun vocabolario di lingua italiana, sul sito IATE non vi è la traduzione italiana del termine. Secondo il dizionario giuridico inglese, *base revolving* riporterebbe al concetto di fondo rotativo, ovvero *revolving fund* (Cambridge online). Il legislatore italiano ha optato per una soluzione neutra ma comprensibile, ossia parafrasando il concetto con trasferimento di fondi (decreto n. 218 del 15 dicembre 2017).

Gli ultimi due forestierismi che compaiono nelle direttive senza una definizione allegata, anche se sarebbe opportuna, sono *co-branding* e *co-badging*. Il *co-branding* compare nella direttiva 2015/2366 del Parlamento europeo e del Consiglio e indica il marketing di un prodotto pubblicizzato da due o più brand:

> Essi includono gli schemi a tre parti, come gli schemi di carte a tre parti, nella misura in cui non funzionano mai come effettivi schemi di carte a quattro parti, ad esempio appoggiandosi a titolari di licenze, agenti o partner multimarchio in **co-branding** (art. 52).

Il termine *co-badging* invece, è spiegato nella medesima direttiva, il che decisamente facilita la lettura e la comprensione del testo, come del resto si osserva nel seguente esempio derivante dall'art. 48 della direttiva 2366/ 2015 del Parlamento europeo e del Consiglio:

> **«multimarchio in co-badging»**: inclusione di due o più marchi di pagamento o applicazioni di pagamento dello stesso marchio in uno stesso strumento di pagamento.
>
> Art.52 dir 2366/2015 comma 2
>
> g) in caso di strumenti di pagamento basati su **carta multimarchio in co-badging**, i diritti dell'utente di servizi di pagamento a norma dell'articolo 8 del regolamento (UE) 2015/751.

Talvolta le scelte di uso dei prestiti sono soggettive e dipendono dalle preferenze di un traduttore o di un legislatore. Tuttavia, in questa fase dell'indagine, possiamo notare come gli anglicismi siano assai frequenti nelle direttive del Parlamento e del Consiglio e rari nelle direttive della Commissione.

Nel corpus dei decreti sono presenti tecnicismi di provenienza anglosassone che non compaiono nelle direttive, ossia: *open burning (incenerimento a cielo aperto), pooling, screening, topcoat (strato di rifinitura), primer, wash primer, base coating*, a cui solamente è allegata la definizione oppure il termine italiano.

Inoltre, si può ritenere che il legislatore e il traduttore europeo utilizzino i neologismi e i prestiti di provenienza anglosassone per comodità, ma anche per rendere le rispettive versioni linguistiche più unificate terminologicamente. In questo modo "contaminano" la lingua nazionale dato che il legislatore italiano non sempre adatta la terminologia straniera a quella italiana, soprattutto se si tratta di concetti estranei alla cultura giuridico-economica dell'Italia. Nel caso in cui un termine straniero risulti obsoleto e inusuale per l'italiano, il legislatore europeo introduce il termine italiano nei decreti legge che recepiscono le direttive, oppure introduce il termine inglese (se tratta di concetti completamente estranei), allegandone la definizione.

Tuttavia, è difficile stabilire quanto certe scelte siano dettate dal traduttore comunitario e quanto dalla tendenza della lingua dell'economia a ricorrere agli anglicismi. Sicuramente la presenza di molti dei forestierismi elencati deriva dal loro uso nella varietà comunitaria. Talvolta si tratta di prestiti di necessità, indispensabili per descrivere fenomeni prettamente tecnici, talvolta invece sono presenti prestiti di lusso, i quali hanno l'equivalente italiano. Per quanto riguarda essi, la prassi nelle direttive non è univoca, dato che questi tipi di forestierismi sono accompagnati dal termine italiano fra parentesi oppure accompagnano fra parentesi il termine italiano. Inoltre, bisogna notare che il legislatore italiano è molto più attento alla funzionalità della terminologia nella lingua che il legislatore europeo. Tale osservazione deriva probabilmente dal fatto che il legislatore europeo opera nell'ambito comunitario e internazionale, mentre il giurista italiano ha il dovere e la premura di evitare ambiguità e incertezze nell'adozione delle direttive.

9.2. Latinismi

La presente parte è dedicata alla presenza di latinismi e arcaismi nelle direttive e nei decreti legge italiani. La questione è stata affrontata nel capitolo dedicato ai latinismi (vedi: *I latinismi nel linguaggio giuridico*, p. 29), il latino aveva la funzione di lingua franca, come oggigiorno l'inglese, e la sua presenza nei testi giuridici odierni mostra l'appartenenza e la provenienza di una data cultura giuridica al diritto romano.

Siccome l'inglese ha sostituito il latino come lingua franca, almeno nell'ambito funzionale e viste le numerose critiche dei linguisti per quanto riguarda la rigidità della presenza delle locuzioni latine nella giurisprudenza, ci si aspetta che il legislatore europeo non faccia uso dei latinismi giuridici dato che sono ritenuti tecnicismi collaterali. Tuttavia, nel corso dello studio dei testi delle direttive, è emerso che se paragoniamo la redazione-traduzione degli atti comunitari ai testi originali italiani dei decreti legge nazionali che le recepiscono, sorprendentemente troviamo un maggior numero di latinismi nelle direttive che nei decreti legge.

In primo luogo, è descritta la presenza dei latinismi partendo dai termini presenti in entrambe le parti del corpus per poi passare ai prestiti presenti solo nelle direttive.

Il primo termine sottoposto all'analisi è *ivi*, entrato nell'italiano della letteratura che inizialmente aveva il significato di avverbio *lì, in quel momento* (GRADIT 2000: 816), mentre nel linguaggio giuridico il significato cambia in base al contesto. Nel corpus selezionato abbiamo riscontrato più di trecentoquaranta volte le seguenti espressioni: *ivi inclusi, ivi previsti, modifica ivi apportata, documenti ivi allegati, ivi compresa l'assistenza, ivi compresa la direttiva*, in cui *ivi* fa riferimento a un passaggio o termine precedentemente riportato o semplicemente incluso in un paragrafo.

Tra gli esempi perfettamente riscontrabili in entrambe le parti del corpus, troviamo anche *ove*, il cui significato è "dove", "in cui" con valore aulico (GRADIT 2000: 722) e molto frequente nei testi giuridici. Nei testi selezionati troviamo principalmente la struttura *ove + congiuntivo*, ossia *ove accertino, ove agiscano, ove sia*, ma anche *ove + aggettivo* come: *ove appropriato, ove applicabile, ove (ciò sia) necessario.*

Un altro termine presente in entrambe le parti del corpus è *in loco*, anche se è molto più frequente nelle direttive che nei decreti, come ad es. nella direttiva n. 85 del 2003 (comma c dell'art. 10 della sezione III) sulle misure comunitarie di lotta contro l'afta epizootica e la direttiva 2014/28/UE sull'armonizzazione delle normative degli Stati membri in materia di controllo degli esplosivi per uso civile:

> Il sistema non si applica agli esplosivi trasportati e consegnati alla rinfusa o in autopompe destinati a essere scaricati diretta mente nel fornello di mina o sugli esplosivi fabbricati sul luogo dell'esplosione e posti a dimora immediatamente dopo la produzione (**«produzione in loco»**).

Questa locuzione è frequente anche nel linguaggio giuridico italiano e nel corpus la si riscontra nel decreto legge del 18 settembre 2006:

> Art. 10.
>
> Misure applicabili in caso di conferma di un focolaio della malattia
>
> 1. Nel caso di conferma della presenza di un focolaio di afta epizootica, il veterinario ufficiale fa eseguire e verifica, nell'azienda interessata, oltre alle misure di cui agli articoli 4, 5 e 6, le seguenti misure, disposte, su proposta del servizio veterinario, dall'autorità sanitaria locale competente:
>
> a) l'abbattimento **in loco** di tutti gli animali delle specie sensibili. (…)
>
> Art. 75
>
> a) effettuare, almeno nel primo caso segnalato, e se necessario recandosi **in loco**, una valutazione del quadro clinico e un'analisi dell'indagine epidemiologica al fine di raccogliere i dati necessari per determinare (…)

L'espressione *in loco*, significa "in un luogo", "in quel luogo", "qua", "in questo luogo" (GRADIT 2000: 1020), mentre nel caso della direttiva 2014/28/UE del Parlamento e del Consiglio il termine produzione *in loco* significa "produzione sul luogo", anche se in questo caso l'espressione latina può essere considerata in un certo senso un neologismo, dato che non compare nel campo del diritto ma è coniata nella presente direttiva.

Dopo aver elencato e descritto i prestiti di provenienza dotta presenti nelle direttive e nei decreti, si procede all'analisi della presenza dei forestierismi riscontrati negli atti comunitari, ma non nei decreti legge. Il rimando alla terminologia dotta si può spiegare in diversi modi dipendentemente dal caso in cui sono presenti.

Il primo esempio di prestito che forse sarebbe meglio chiamare tecnicismo collaterale è senz'altro *ipso*. Il prefisso è di origine greca, ma nel latino ha dato delle espressioni tuttora riscontrabili nel linguaggio giuridico, quali *ipso iure* e *ipso facto*. *Ipso iure* compare due volte nella direttiva 2011/83/UE del Parlamento e del Consiglio sui diritti dei consumatori:

> (52) (..)A tal fine, il consumatore può usare i dati di contatto del professionista forniti in conformità della presente direttiva. In tali casi specifici, se il professionista non consegna i beni entro i termini, il consumatore dovrebbe avere il diritto alla risoluzione del contratto **ipso iure** dopo la scadenza del periodo di consegna inizialmente convenuto.

Secondo Bertozzi (2009: 103) l'espressione *ipso iure* si riferisce ai casi in cui un atto giuridico ha potere legale solo se vengono rispettate determinate condizioni, ovviamente previste e descritte dalla legge. Nel corpus dei decreti legge italiani il termine non compare nemmeno nel decreto legge di recepimento della direttiva ma è stato sostituito da un'altra espressione:

> 6. Nel caso di risoluzione **posta in essere** dal consumatore a norma dei commi 3 e 5, il professionista è tenuto a rimborsargli senza indebito ritardo tutte le somme versate in esecuzione del contratto.

Tuttavia, non possiamo assolutamente dire che il concetto non sia stato trasposto, anzi il legislatore italiano ha sostituito la locuzione greca con l'equivalente italiano, ossia "risoluzione" (in riferimento al contratto) "posta in essere", ovvero con valenza legale. In questo caso, possiamo dire che il legislatore italiano ha adottato un approccio maggiormente funzionale rispetto al legislatore europeo.

Nel corpus selezionato *ipso facto* compare solo una volta, ovvero nell'art. 12 della direttiva 2011/95/UE del Parlamento europeo e del Consiglio:

> Articolo 12
>
> Esclusione
>
> 1. Un cittadino di un paese terzo o un apolide è escluso dallo status di rifugiato se:
> a) rientra nell'ambito di applicazione dell'articolo 1D della convenzione di Ginevra, relativo alla protezione o assistenza di un organo o di un'agenzia delle Nazioni Unite diversi dall'Alto commissario delle Nazioni Unite per i rifugiati. Quando siffatta protezione o assistenza cessi per qualsiasi motivo, senza che la posizione di tali persone sia stata definitivamente stabilita in conformità delle pertinenti risoluzioni adottate dall'assemblea generale delle Nazioni Unite, queste persone sono **ipso facto** ammesse ai benefici della presente direttiva;

Nel decreto n. 18 del 21 febbraio, non solo non compare il termine *ipso facto*, ma non viene trasposto il concetto di immediatezza nell'accoglienza dei rifugiati, quindi il giurista italiano si limita a descrivere le modalità e i diritti degli immigrati. Tornando all'analisi lessicale, secondo il GRADIT (2000: 764) *ipso facto* è una locuzione avverbiale latina, il cui significato è sinonimo di "nello stesso fatto", "subito", "immediatamente" e insieme a *ipso iure* sono ritenuti lessemi di alto uso specialistico.

Un altro esempio, è la locuzione *de facto*, la quale compare solo una volta, ossia nella direttiva 2011/61/UE del Parlamento e del Consiglio nell'articolo 9:

> (…) La prestazione di servizi di investimento da parte di tali soggetti, in relazione a FIA, non dovrebbe mai costituire un'elusione de facto della presente direttiva attraverso la trasformazione del GEFIA in società fantasma, indipendentemente dal fatto che questi sia stabilito nell'Unione o in un paese terzo.

Citando il GRADIT (2000: 497), questa locuzione avverbiale di origine latina è sinonimo di "di fatto", "concretamente", opposta a de iure e indica una situazione non ancora riconosciuta dal punto di vista giuridico. Malgrado lo si possa considerare un tecnicismo collaterale, leggendo con attenzione il resto dell'articolo riportato, si osserva che il termine è stato usato per necessità di stile, ossia per evitare la ripetizione della parola "fatto" presente nella medesima frase. Inoltre, vale la pena precisare che, dal punto di vista stilistico, le locuzioni latine servono a rafforzare e rendere più solenni i testi di diritto, cosa visibile nell'esempio riportato.

Un altro termine arcaico è *all'uopo*, ossia "allo scopo" o "al momento opportuno" (GRADIT 2000: 908), il quale compare nel corpus solo 14 volte e solo nelle direttive degli anni 2001–2014, ossia: *è opportuno includere una nota all'uopo nelle relative comunicazioni scritte* (direttiva di esecuzione 2012/25/UE della Commissione), *il formulario tipo da utilizzare all'uopo* (direttiva 2001/95/CE del Parlamento e del Consiglio), *certificato da una persona all'uopo da terzi autorizzata* (direttiva 2003/41CE del Parlamento e del Consiglio), (la Commissione) *tiene, per mezzo del sistema di informazione reso all'uopo disponibile, un elenco* (direttiva 2014/90/UE del Parlamento e del Consiglio), *paesi terzi all'uopo responsabili* (2003/48/CE del Consiglio). Se si ritiene *all'uopo* un'espressione arcaica, allora è ancora più sorprendente la presenza di *d'uopo* nella direttiva 2001/84/CE del Parlamento e del Consiglio:

> (24) È **d'uopo** stabilire un sistema di percentuali decrescenti per fasce di prezzo onde contemperare i vari interessi in gioco nel mercato dell'arte. È importante ridurre i rischi di delocalizzazione delle vendite nonché di elusione della normativa comunitaria sul diritto sulle successive vendite di opere d'arte.

È sorprendente il fatto che nel corpus dei decreti legislativi questa espressione sia assente, come se la tendenza dei legislatori e dei traduttori/legislatori comunitari fosse opposta l'una dall'altra. I giuristi da una parte, evitano entrambe le espressioni, mentre i traduttori comunitari la usano per adattare la traduzione alla cultura giuridica di arrivo e renderla più simile a un autentico testo giuridico italiano, inclusi pregi e difetti.

Lo stesso vale per *mutatis mutandis*, il quale non compare nei decreti legge italiani, ma è frequente nelle direttive. In questa sede, occorre menzionare la *Direttiva 2013/34/UE del Parlamento europeo e del Consiglio relativa ai bilanci d'esercizio, ai bilanci consolidati e alle relative relazioni di talune tipologie di imprese, recante modifica della direttiva 2006/43/CE del Parlamento europeo e del Consiglio e abrogazione delle direttive 78/660/CEE e 83/349/CEE del Consiglio*:

> Se la legislazione nazionale autorizza l'iscrizione all'attivo dei costi di impianto e di ampliamento, questi sono ammortizzati entro un termine massimo di cinque anni. In tal caso gli Stati membri prescrivono che il terzo comma si applichi **mutatis mutandis** ai costi di impianto e di ampliamento. (....)
> 2. Gli Stati membri possono prescrivere, **mutatis mutandis**, che le piccole imprese forniscano le informazioni previste dall'articolo 17, paragrafo 1, lettere a), m), p), q) e r). (...)
> Art.26
> 2. L'articolo 23, paragrafi 9 e 10, e l'articolo 24 si applicano, **mutatis mutandis**, al consolidamento proporzionale di cui al paragrafo 1 del presente articolo. (...)
> Art. 34 comma 2
> 2. Per quanto riguarda il bilancio consolidato si applica, **mutatis mutandis**, il paragrafo 1, primo comma. Il paragrafo 1, secondo comma, si applica, **mutatis mutandis**, al bilancio consolidato e alla relazione sulla gestione consolidata.

Nella direttiva menzionata, *mutatis mutandis* si potrebbe sostituire con fatte le dovute distinzioni (GRADIT 2000: 380), ma a mio avviso è ancora più sorprendente il fatto che tale termine sia stato utilizzato in una direttiva riguardante il bilancio e non ad esempio la giurisprudenza europea.

Troviamo anche le locuzioni *ex post* e *ex ante*, solitamente presenti nel linguaggio giuridico, ma che nel caso del corpus selezionato troviamo solo nelle direttive. Sia *ex post* che *ex ante* sono ritenute locuzioni latine ad alto uso specialistico (GRADIT 2000: 998) e significano rispettivamente "da dopo", "da posteriori" e "dapprima", "prima di" e sono riscontrabili nel linguaggio dell'economia e nel linguaggio burocratico.

> (106) Al fine di costituire una massa critica ed evitare gli effetti prociclici che si verificherebbero se, in una crisi sistemica, i meccanismi di finanziamento dovessero basarsi solo sui contributi **ex post**, le risorse finanziarie messe ex ante a disposizione dei meccanismi finanziari nazionali devono obbligatoriamente ammontare almeno ad un determinato livello-obiettivo minimo.

Nel decreto n. 180 del 16 novembre 2015 compaiono: "prima dell'avvio della risoluzione" e "contratti disciplinati (...) conclusi dopo la data di entrata in vigore" come se di nuovo fosse il legislatore italiano a semplificare il linguaggio degli atti a differenza del legislatore europeo.

Altri due termini che non compaiono nei decreti legge, ma sono presenti nelle direttive, sono i termini *ratione personae* e *ratione materiae*. I termini compaiono l'uno affianco all'altro nella *Direttiva 2007/66/CE del Parlamento e del Consiglio dell'11 dicembre 2007 che modifica le direttive 89/665/CEE e 92/13/CEE del Consiglio per quanto riguarda il miglioramento dell'efficacia delle procedure di ricorso in materia d'aggiudicazione degli appalti pubblici*:

(2) Le direttive 89/665/CEE e 92/13/CEE pertanto si applicano unicamente alle procedure di aggiudicazione degli appalti disciplinate dalle direttive 2004/18/CE e 2004/17/CE, come interpretate dalla Corte di giustizia delle Comunità europee a prescindere dalla procedura di evidenza pubblica utilizzata e dai mezzi con cui si indice una gara, compresi i concorsi di progettazione, i sistemi di qualificazione e i sistemi dinamici di acquisizione. Secondo la giurisprudenza della Corte di giustizia, gli Stati membri dovrebbero garantire che siano accessibili mezzi di ricorso efficaci e rapidi avverso le decisioni prese dalle amministrazioni aggiudicatrici e dagli enti aggiudicatori relativamente alla questione se un determinato appalto rientri o meno nel campo di applicazione ***ratione personae*** e ***ratione materiae*** delle direttive 2004/18/CE e 2004/17/CE.

Ratione materiae è un tecnicismo di provenienza latina, il cui significato è "per ragione della materia" e si riferisce solitamente alla competenza dei diversi uffici giudiziari, la cui sede si trova nello stesso territorio (GRADIT 2000: 418), mentre *ratione personae* non compare né nel GRADIT né nei dizionari di terminologia giuridica, come se questo termine non venisse usato nella cultura giuridica italiana, ma fosse frequente nell'ambito comunitario e internazionale. Se osserviamo il testo e seguiamo la logica, è possibile dedurre che *ratione personae* riguardi le parti, le persone interessate alla materia. Tuttavia, non ci sono dubbi che entrambi i termini sono dei tecnicismi collaterali.

Un altro esempio è il termine *pro rata* il cui significato è "per la parte stabilita" (Treccani online) e che compare in funzione di aggettivo nei testi specialistici (GRADIT 2000: 149). Nel corpus, è presente in tre direttive, ma non nei decreti legge. Vale la pena osservare la parte seguente:

La remunerazione corrisposta secondo meccanismi di differimento è attribuita non più velocemente che **pro rata**. Qualora la componente variabile della remunerazione rappresenti un importo particolarmente elevato, almeno il 60 % di tale importo è differito (...)

L'esempio citato sopra proviene dal paragrafo m, comma 1 dell'articolo 94 della direttiva n. 36 del 2013 del Parlamento europeo e del Consiglio del 26 giugno 2013 in tema di attività degli enti creditizi e della vigilanza prudenziale sugli enti creditizi e sulle imprese di investimento. Come vediamo, l'espressione "per la parte stabilita" non ha senso in questo contesto e ci farebbe pensare che il legislatore europeo avesse in mente *pro rata temporis*, ossia in proporzione al tempo. Nel decreto legge si rimanda alla direttiva e si elencano le procedure della Banca d'Italia nelle misure macroprudenziali nell'ambito dell'applicazione della medesima direttiva.

Oltre al fatto che anche questo termine è un tecnicismo collaterale, possiamo notare ancora una volta come il legislatore europeo non sempre sia preciso nell'uso dei latinismi. Tale imprecisione potrebbe essere dovuta a una "distrazione", ossia probabilmente nella lingua del testo originale sia frequente *pro rata* invece di *pro rata temporis*, mentre i traduttori hanno lasciato il termine senza aver prima verificato a quale delle due locuzioni si riferisse esattamente.

Un altro caso in cui un prestito di provenienza dotta viene usato come tecnicismo è senz'altro il termine *malus* nella direttiva 2013/36/UE del Parlamento europeo e del Consiglio e nella direttiva 2011/61/UE del Parlamento europeo e del Consiglio, entrambe del Parlamento europeo e del Consiglio e concernenti le attività di enti creditizi (secondo esempio):

> Fino al 100 % della remunerazione variabile complessiva è soggetto a **dispositivi di malus** o di restituzione. Gli enti stabiliscono criteri specifici per **l'applicazione del malus** o della restituzione. Tali criteri riguardano in particolare le situazioni in cui il membro del personale (...)

> La remunerazione variabile complessiva è generalmente ridotta in misura considerevole qualora i risultati del GEFIA o del FIA interessato siano inferiori alle attese o negativi, tenendo conto sia degli incentivi correnti sia delle riduzioni nei versamenti di importi precedentemente acquisiti, anche attraverso **dispositivi di malus** o di restituzione;

Il termine *malus* deriva da *dolus malus*, antonimo di *dolus bonus* e si riferisce all'annullabilità di un accordo per motivi di inganno riscontrati dall'altra parte dell'accordo. In questo caso, il termine italiano dispositivi di annullamento sarebbe stato decisamente più chiaro e non avrebbe avuto la funzione di tecnicismo collaterale.

Tuttavia, come possiamo vedere, i latinismi sono presenti nelle direttive non solo al posto degli equivalenti italiani, ma a volte li affiancano, come nel caso degli anglicismi (vedi: p. 109). Tale fenomeno può sembrare inappropriato e inutile, ma si potrebbe spiegare nella volontà del giurista-traduttore di rimandare a concetti presenti nel diritto romano. In tal caso, si potrebbe pensare che i giuristi comunitari abbiano l'intenzione di sottolineare o semplicemente delineare l'appartenenza del diritto dell'UE al diritto romano e non al *common law*, malgrado i testi originali siano principalmente redatti in lingua inglese.

Nella direttiva 2014/104/UE del Parlamento europeo e del Consiglio è presente fra parentesi *damnum emergens* e *lucrum cessans* accanto ai termini italiani. Entrambi sono nello stesso paragrafo perché sono due concetti dipendenti l'uno dall'altro. Il *danno emergente* si riferisce semplicemente ad una perdita subita, mentre il *lucro cessante* è il guadagno mancato a causa di essa (Bertozzi 2009: 57).

(12) La presente direttiva ribadisce l'acquis comunitario relativo al diritto di ottenere un risarcimento per il danno causato da violazioni del diritto della concorrenza dell'Unione, in particolare per quanto riguarda la legittimazione ad agire e la definizione di danno, come statuito dalla giurisprudenza della Corte di giustizia, e non ne pregiudica alcun ulteriore sviluppo. Chiunque abbia subito un danno causato da una tale violazione può chiedere un risarcimento per il **danno emergente** (**damnum emergens**), per il guadagno di cui è stato privato (**lucro cessante o lucrum cessans**), oltre agli interessi indipendentemente dal fatto che tali categorie siano definite separatamente o unitariamente dal diritto nazionale.

Nel GRADIT non compare nessuna delle due espressioni e questo significa che i termini latini sono oramai inusuali anche nel linguaggio giuridico. Nella stessa direttiva, nel paragrafo 35 della motivazione troviamo un altro termine di provenienza dotta, ovvero *prima facie*:

(35) Qualora un'azione per il risarcimento del danno sia intentata in uno Stato membro diverso da quello dell'autorità nazionale garante della concorrenza o del giudice del ricorso che hanno constatato la violazione dell'articolo 101 o 102 TFUE a cui si riferisce l'azione, tale constatazione formulata in una decisione definitiva dell'autorità nazionale garante della concorrenza o del giudice del ricorso dovrebbe potere essere presentata dinanzi a un giudice nazionale almeno a titolo di prova **prima facie** del fatto che è avvenuta una violazione del diritto della concorrenza e può, se del caso, essere valutata insieme ad altri elementi di prova presentati dalle parti. Gli effetti delle decisioni adottate dalle autorità nazionali garanti della concorrenza e dal giudice del ricorso che accertano una violazione delle norme in materia di concorrenza lasciano impregiudicati i diritti e gli obblighi dei giudici nazionali ai sensi dell'articolo 267 TFUE.

In questo caso, la scelta del termine latino è solo stilistica dato che il termine significa "a prima vista" (Garzanti online) e probabilmente la sua funzione era semplicemente di alzare il registro e rendere il testo maggiormente elaborato.

Un tecnicismo presente nel corpus è *dolo*, il quale nel diritto civile significa "intenzione o consapevolezza di ledere un diritto altri mediante inganno o raggiro o recando danno", mentre nel diritto penale si riferisce alla "volontà cosciente di compiere un reato, in quanto vi è consapevolezza che la propria azione o omissione provocherà un fatto delittuoso", nel diritto privato invece è sinonimo di "frode" (Internazionale online).

Nelle direttive vi sono presenti soltanto due esempi, ovvero nella direttiva 2014/62/UE del Parlamento europeo e del Consiglio e nella direttiva 2011/61/UE del Parlamento europeo e del Consiglio *in caso di dolo o negligenza*. Nei decreti è presente la locuzione *dolo o colpa* dieci volte nei decreti n. 205 del 9 novembre 2007, n.129 del 3 agosto 2017, n.218 del 15 dicembre 2017, n/180 del 16 novembre 2015, n.218 del 15 dicembre 2017.

Nel corpus delle direttive è presente l'espressione *post mortem auctoris* solo nella direttiva 2001/84/CE del Parlamento e del Consiglio europeo sui diritti d'autore di un'opera d'arte:

> (17) Secondo la direttiva 93/98/CEE del Consiglio, del 29 ottobre 1993, concernente l'armonizzazione della durata di protezione del diritto d'autore e di alcuni diritti connessi (2), il diritto d'autore ha una durata di settant'anni **post mortem auctoris**.

Nel decreto legislativo del 25 gennaio 2010, troviamo lesioni *post mortem* scritto anche *post-mortem* nel medesimo atto legislativo, mentre nel decreto legislativo del 18 settembre 2006 troviamo *post-mortem* e *ante-mortem*, i quali si riferiscono rispettivamente ad avvenimenti (o diritti) dopo o prima la morte. Anche qui vediamo che i termini latini sono superflui e vengono utilizzati per esigenze stilistiche e non formali.

Oltre ai singoli termini giuridici di provenienza dotta, nel corpus delle direttive sono presenti massime latine, ovvero *lex rei sitae* che significa una legge del luogo in cui si trova la cosa, *lex contractus* legge del luogo in cui avviene la stipula di un contratto e *lex specialis*, ossia legge che può derogare una legge anteriore (Bertozzi 2009: 57), come del resto si può osservare nella *Direttiva 2002/47/CE del Parlamento europeo e del Consiglio del 6 giugno 2002 del 6 giugno 2002 relativa ai contratti di garanzia finanziaria*:

> (8) La regola della **lex rei sitae**, secondo la quale l'esecuzione corretta e pertanto l'opponibilità ai terzi di un contratto di garanzia finanziaria vengono valutate in base alla legge del paese nel quale è situata la garanzia finanziaria, viene riconosciuta attualmente da tutti gli Stati membri.

Inoltre, l'indagine ha rilevato la presenza di un'altra espressione latina, ovvero *lex contractus*, presente nella *Direttiva 2014/59 del Parlamento europeo e del Consiglio del 15 maggio 2014 che istituisce un quadro di risanamento e risoluzione degli enti creditizi e delle imprese di investimento* è invece presente il termine *lex contractus*:

> «Articolo 26
> Contratti di vendita con patto di riacquisto
> Fatti salvi gli articoli 68 e 71 della direttiva 2014/59/UE e dell'articolo 24 della presente direttiva, i contratti di vendita con patto di riacquisto sono disciplinati esclusivamente dalla **lex contractus** sotto la quale ricadono».

Vale la pena citare la *Direttiva 2016/943 del Parlamento europeo e del Consiglio dell'8 giugno 2016 sulla protezione del know-how riservato e delle informazioni commerciali riservate (segreti commerciali) contro l'acquisizione, l'utilizzo e la divulgazione illeciti compare un altro termine latino sempre concernente un determinato tipo di legge o di diritto*:

(39) La presente direttiva non dovrebbe pregiudicare l'applicazione di qualsiasi altra pertinente normativa in altri settori, compresi i diritti di proprietà intellettuale, e il diritto contrattuale. Tuttavia, se l'ambito di applicazione della direttiva 2004/48/CE del Parlamento europeo e del Consiglio (1) e quello della presente direttiva si sovrappongono, la presente direttiva prevale in quanto **lex specialis**.

Il termine è presente anche nella *Direttiva 2014/90/UE del Parlamento europeo e del Consiglio sull'equipaggiamento marittimo e che abroga la direttiva 96/98/CE del Consiglio*:

(4) Esistono nel diritto dell'Unione diversi altri strumenti che fissano requisiti e condizioni finalizzati, tra l'altro, a garantire la libera circolazione delle merci nel mercato interno o che perseguono obiettivi ambientali, per determinati prodotti di natura simile all'equipaggiamento utilizzato a bordo delle navi ma che non sono conformi alle norme internazionali; questi requisiti e condizioni possono a loro volta differire notevolmente dalla legislazione interna dell'Unione e sono in costante evoluzione. I prodotti in questione non possono pertanto essere certificati dagli Stati membri in conformità delle pertinenti convenzioni internazionali sulla sicurezza marittima. L'equipaggiamento destinato all'installazione a bordo di navi UE in conformità di norme di sicurezza internazionali dovrebbe pertanto essere disciplinato esclusivamente dalla presente direttiva che, in ogni caso, dovrebbe essere considerata la **lex specialis**; dovrebbe inoltre essere definita una marcatura specifica per indicare che l'equipaggiamento che ne è munito è conforme ai requisiti di cui ai pertinenti strumenti e convenzioni internazionali entrati in vigore.

Anche in questo caso possiamo considerare le locuzioni latine dei tecnicismi collaterali dato che sono facilmente sostituibili con termini o parafrasi italiane e la loro funzione è principalmente legata a una funzione stilistica. Alzano il registro, rendono il testo più solenne, pienamente comprensibile solo agli esperti e mostrano il legame con la traduzione latina, visibile anche nella terminologia della suddivisione degli articoli in: *bis, quinques, sexies, quater, ter,* ecc.

Inoltre, nel corpus sono stati rilevati altri termini latini concernenti la biologia che non citerò in questa sede, dato che la presente analisi comparativa tratta delle differenze lessicali e morfo-sintattiche fra le direttive e i decreti legge italiani. Tuttavia, possiamo notare una leggera differenza fra l'uso della terminologia nel diritto e nella biologia: nel primo caso si tratta di tecnicismi collaterali, nel secondo si tratta di tecnicismi specifici, dato che nell'ambito delle scienze naturali i latinismi servono come termini universali funzionali in tutti i testi specialistici di diverse lingue nazionali e sono volti a facilitare la comprensione nell'ambito internazionale, rendendo universali e comprensibili termini basilari per la ricerca, come ad es. nel caso dell'anatomia, mentre come sappiamo l'uso e il significato dei latinismi nei testi giuridici può, anche minimamente, variare in base alla cultura giuridica.

In alcuni casi, è possibile affermare che l'uso dei latinismi giuridici varia in base alle singole preferenze di chi lavora sul testo, ossia se il termine latino affianca il termine italiano, oppure se nel medesimo testo si trova la definizione, vediamo che l'autore, o gli autori, della versione italiana valutano più possibili destinatari e adattano il contenuto, rendendolo maggiormente comprensibile.

Definirei sorprendente il fatto che nei decreti legge sono presenti pochissimi termini di origine latina, come se il legislatore italiano stesse applicando i propositi descritti nei diversi manuali di stile. D'altro canto, si riscontra invece la tendenza del legislatore europeo o dei traduttori europei di voler rendere i testi comunitari "all'altezza dei testi giuridici nazionali", come se volessero imitare lo stile dei giuristi italiani tramite locuzioni arcaiche. Tuttavia, occorre precisare che i latinismi elencati sopra sono stati riscontrati nelle direttive del Parlamento e del Consiglio, ma non nelle direttive della Commissione. Da un lato, questo risultato non dovrebbe sorprendere dato che la Commissione europea è l'autrice di numerose guide alla redazione degli atti normativi che bocciano totalmente qualsiasi tecnicismo collaterale.

Inoltre, si può appurare che si tratta principalmente di tecnicismi collaterali i quali possono avere non solo una funzione stilistica, ma anche marcare l'appartenenza del diritto comunitario al diritto romano. Ovviamente, non si può parlare di un vero e proprio legame diretto con la tradizione giuridica latina, dato che l'ordinamento giuridico dell'UE è un "compromesso", una soluzione creata dai Paesi *common law* e *civil law*.

A questo punto è opportuno domandarsi se i termini di provenienza dotta siano presenti anche nelle versioni inglesi (ossia le versioni originali) e come vengano recepiti nella cultura giuridica anglosassone, problema che merita attenzione e ulteriori studi.

9.3. Tecnicismi

Nella presente parte, sono citati gli esempi di tecnicismi dell'ambito giuridico presenti in entrambe le parti del corpus oppure solo in un tipo di testo. I termini posti sotto esame nel presente libro provengono dal capitolo dedicato al lessico giuridico e dagli opuscoli dell'UE in materia di redazione degli atti normativi. Il fine di questa parte è valutare come sono redatti gli atti giuridici dal punto di vista della semplicità.

Tuttavia, prima di procedere all'analisi degli esempi selezionati, occorre menzionare la definizione dei termini *tecnicismi specifici* e *tecnicismi collaterali*. I primi appartengono alla terminologia prettamente specialistica di un dato linguaggio settoriale, mentre la seconda categoria si riferisce a termini, espressioni stereotipiche superflue presenti per una questione di registro. Per la presente analisi, sono stati utilizzati gli esempi presenti nell'opuscolo *Scrivere Chiaro* che nel capitolo concernente il linguaggio giuridico sono stati classificati come tecnicismi collaterali.

Il primo esempio è l'espressione *a far data*, sinonimo di *dal* o *dalla data*, il quale compare solo nel decreto n.15 del 20 febbraio 2019, mentre nelle direttive il termine non compare e troviamo solo *dal* o *dalla data*. Tale risultato mostra non solo che l'espressione è poco frequente, ma anche che viene evitata nella redazione degli atti normativi.

In aggiunta è interessante l'uso dei termini *condizione ostativa* e *impedimento*. Il primo è un tecnicismo e non compare nel corpus, mentre si rileva 6 volte la presenza del termine *impedimento*, anche se il sinonimo più frequente presente negli atti comunitari è decisamente la parola *ostacoli*. Nei decreti si riscontra frequentemente il termine *motivi ostativi*, anche se in entrambi i gruppi del corpus sono presenti sia la forma antiquata *non ostare* oppure la forma *non ostacolare*.

Un altro tecnicismo è il termine *emolumento*, sinonimo di *corrispettivo* o *retribuzione*, presente nel decreto legge n. 155 del 13 agosto 2010 e nel decreto legge 190 del 13 ottobre 2010. In ben cinque decreti degli anni 2007–2019 compare anche il termine *corresponsione*, anch'esso un tecnicismo collaterale, ossia *corresponsione di compensi, corresponsione del medesimo, corresponsione di incentivi*. Nelle direttive non si rileva la presenza del termine *emolumento*, mentre il termine *corresponsione* compare solo nella direttiva 2004/25/UE, nella direttiva 2001/77/UE e nella direttiva 2014/104/UE, ossia *corresponsione di un contributo, corresponsione di un pagamento* e *modalità di corresponsione*. In questo caso né il legislatore comunitario, né il legislatore nazionale si attingono ai manuali di scrittura.

Lo stesso vale per il termine *diniego*, presente nei decreti legge con il significato di "rifiuto" e nel corpus selezionato vi sono espressioni come *provvedimento di diniego, diniego dell'autorità, diniego dell'autorizzazione*. Tuttavia, occorre precisare che nel gruppo dei decreti il termine *rifiuto* compare ben 36 volte soprattutto nelle direttive più recenti (dopo il 2017) e negli atti concernenti l'economia. Nel corpus delle direttive il termine *diniego di autorizzazione* compare solo una volta, ossia nella direttiva 2015/2366 del Parlamento europeo e del Consiglio sui servizi di pagamento nel mercato interno, il che mostra una tendenza del legislatore europeo a semplificare il lessico. Lo stesso vale per il termine *dichiarazioni mendaci*, presente solo nel decreto n. 135 del 17 luglio 2016, mentre nelle direttive vi è solamente il termine *dichiarazioni false o ingannevoli*.

Ambiguo può risultare il termine *interporre*. Nei decreti è presente l'espressione tecnica *apparecchiatura interposta fra il terminale e l'interfaccia*, ma anche *soggetto interposto nell'esecuzione dell'opera, soggetto che si interpone tra l'acquirente e il venditore, interposizione patrimoniale, interposta persona*, i quali possono essere interessanti per quanto riguarda la terminologia giuridica, ma sono comunque tecnicismi. Infatti nelle direttive sono presenti: *interporsi tra l'acquirente e il venditore*, oppure *interporre appello*, nel senso di presentare appello. Anche in questo caso, sarebbe opportuno evitare l'uso di verbi polisemici per prevenire un'eventuale ambiguità nell'interpretazione di tali testi.

Inoltre, vi sono espressioni arcaiche come ad esempio *porre in essere*, presente nei decreti, nelle espressioni: *transazioni poste in essere, attività attuative e strumentali posti in essere, ordini permanenti in essere, rapporti continuativi già in essere, condizioni del contratto in essere*. Nelle direttive il termine compare solo 39 volte nelle espressioni *porre in essere dei controlli* (o un coordinamento) e nelle *direttive 2011/61/UE del Parlamento europeo e del Consiglio sui gestori di fondi di investimento alternativi, 2013/30/UE del Parlamento europeo e del Consiglio sulla sicurezza delle operazioni in mare nel settore degli idrocarburi, direttiva 2014/65/UE del Parlamento europeo e del Consiglio sui mercati degli strumenti finanziari, 2016/1164 del Consiglio recante norme contro le pratiche di elusione fiscale che incidono direttamente sul funzionamento del mercato interno, 2011/61/UE del Parlamento e del Consiglio dell'8 giugno 2011 sui gestori di fondi di investimento alternativi, 2013/30/UE del Parlamento e del Consiglio del 12 giugno 2013 sulla sicurezza delle operazioni in mare nel settore degli idrocarburi e che modifica la direttiva 2004/35/CE. Porre in essere* è un'espressione arcaica tipica del linguaggio giuridico e criticata da Mortara Garavelli (2001: 178). Sono presenti espressioni con *in essere* come definizione, ad esempio *titoli in essere, il mantenimento in essere di diritti esclusivi* nelle direttive 2009/44/CE del Parlamento europeo e del Consiglio sui sistemi di pagamento e nella direttiva 2008/63/CE della Commissione sulla concorrenza sui mercati delle apparecchiature terminali di telecomunicazioni.

Un'altra espressione arcaica ritenuta un tecnicismo collaterale è *munito di*, presente nei decreti nella formula:

> "Il presente decreto, **munito del sigillo dello Stato**, sarà inserito.."

Nelle direttive l'espressione compare solo 3 volte e solamente nella *Direttiva 2004/26/CE del Parlamento europeo e del Consiglio sul ravvicinamento delle legislazioni degli Stati membri relative ai provvedimenti da adottare nell'ambito dell'emissione di inquinanti gassosi e sostanti inquinanti da motori a combustione per macchine mobili non stradali*. Lo stesso riguarda l'espressione *è fatto obbligo*, presente nella formula "È fatto obbligo a chiunque spetti di osservarlo". Nelle direttive compare solo due volte, ossia nella direttiva 2006/46/CE del Parlamento europeo e del Consiglio sui conti annuali e consolidati di alcune società e delle imprese di assicurazione e nella *Direttiva 2008/56/CE del Parlamento europeo e del Consiglio del 17 giugno 2008 sull'azione europea nell'ambito della politica per l'ambiente marino* e si riferisce solo agli Stati membri e non ad altri soggetti.

Un altro termine presente nel linguaggio burocratico e giuridico è senz'altro *deroga*, riscontrata nei decreti ben 161 volte, ossia: *in deroga a quanto previsto, in deroga all'articolo, in deroga alla politica, derogare alle disposizioni, oggetto di deroga*. Nelle direttive il termine *deroga* compare ben 214 volte, ovvero: *in deroga a detto termine* (2014/26/UE) *in deroga a norma del paragrafo* (2014/65/UE) *in deroga a tale diritto* (2013/48/UE), *in deroga a tale divieto* (2003/85/CE), *in deroga a quanto disposto* (2005/94/CE). Sarebbe preferibile dal punto di vista della comprensione utilizzare parole come ad esempio: "contrariamente a", "diversamente da", entrambe espressioni più vicine al lessico comune. *Contrariamente a* è presente solo nella *Direttiva 2014/59/UE in tema di risanamento, risoluzione degli enti creditizi e delle imprese di investimento*, mentre *diversamente da* compare solo nella direttiva 2003/85/CE sulle misure comunitarie di lotta contro l'afta epizootica.

Altrettanto possiamo vedere nel caso dei termini *revoca e revocare*, presente nei decreti *ben 280 volte, ad esempio*: *deliberazioni di nomina e di revoca, in ordine alla revoca, chiusura o revoca del conto, revoca di un'autorizzazione*. Nelle direttive è presente *l'espressione ritiro o revoca*, come ad esempio nella direttiva 2014/26/UE sulla gestione collettiva dei diritti d'autore e dei diritti connessi e sulla concessione di licenze multiterritoriali per i diritti su opere musicali per l'uso online nel mercato interno:

> 4. I titolari dei diritti hanno il diritto di ritirare l'autorizzazione di gestire diritti, categorie di diritti o tipi di opere e altri materiali protetti da loro concessa a un organismo di gestione collettiva o di revocare a un organismo di gestione collettiva diritti, categorie di diritti o tipi di opere e altri materiali protetti di loro scelta, conformemente al paragrafo 2, per i territori di loro scelta, con un ragionevole preavviso non superiore a sei mesi. L'organismo di gestione collettiva può decidere che tale **ritiro o revoca** produca effetti soltanto alla fine dell'esercizio finanziario.

Dal punto di vista logico, i termini *ritiro* o *revoca* sembrerebbero sinonimi, ma nell'ambito giuridico il *ritiro* è temporaneo, mentre per *revoca* si intende il ritiro e la sospensione di un documento. Secondo le raccomandazioni dei manuali, sarebbe preferibile il termine *annullamento*, presente solo 6 volte nei decreti e solo 17 volte nelle direttive. Come si può notare, in questo caso entrambi i corpus preferiscono mantenere un tecnicismo invece di sostituire un dato concetto con una parola vicina al linguaggio comune. I dati menzionati sono abbastanza evidenti e per questo non sono riportati i calcoli di normalizzazione a un milione, come nel caso degli esempi seguenti.

Un altro termine ambiguo, può risultare la parola *improntato* nel senso di "modellato"; nei decreti legge italiani si rileva: "commissione interbancaria media ponderata improntata a criteri di trasparenza, semplicità, confrontabilità ed equità" (decreto n. 218 del 15 dicembre 2017). Per quanto riguarda le direttive, il termine compare solo 3 volte e solo nella *Direttive 2014/26/UE del Parlamento europeo e del Consiglio sulla gestione dei diritti d'autore e sulle licenze multiterritoriali per i diritti su opere musicale per l'uso digitale nel mercato interno*, nella *Direttiva 2014/56/UE del Parlamento europeo e del Consiglio sulle revisioni legali dei conti annuali e dei conti consolidati*, e infine nella *Direttiva 2014/59 UE del Parlamento europeo e del Consiglio sull'istituzione di un quadro di risanamento e risoluzione degli enti creditizi e delle imprese di investimento*. Nella prima si tratta di "adottare misure ragionevoli e improntate alla diligenza" (2014/26/UE), mentre nella seconda compare " principali criteri ai quali è improntata la scelta dei responsabili della revisione da parte dell'impresa di revisione contabile ai fini della relativa designazione" (2014/56/UE) e nella descrizione della modalità di commercializzazione, ossia "improntata alla massima trasparenza possibile e non fornisce informazioni errate circa le attività, diritti, passività, azioni (…)", direttiva 2014/59/UE. In questo caso, nelle parti del corpus non è presente nessun sinonimo (*creare, modellare*) utilizzato nel medesimo contesto e con la medesima funzione. Questo mostra che entrambi i legislatori sono in questo caso riluttanti a semplificare alcuni termini.

In entrambe le parti del corpus si possono rilevare termini che derivano dal linguaggio burocratico, come ad esempio *ammenda* (Lubello 2014: 53) che compare 41 volte nei decreti e 12 volte nel decreto 2014 del 26 ottobre 2010. Nelle direttive il termine *ammenda* compare solo una volta nell'espressione *infliggere un'ammenda* nella direttiva 2014/104 del Parlamento europeo e del Consiglio sule norme in tema delle azioni per il risarcimento del danno ai sensi del diritto nazionale per violazioni delle disposizioni del diritto della concorrenza degli Stati membri dell'UE. In questo caso è possibile vedere che le istituzioni comunitarie preferiscono decisamente il termine *risarcimento* (204 volte), *indennizzo* (129 volte) e *indennità* (15 volte), tutti e tre termini più frequenti nel linguaggio comune rispetto ad *ammenda*. Al fine di rendere il paragone maggiormente chiaro, i dati sono riportati nella seguente tabella:

Tab. 25: Termine specialistico, frequenza nelle direttive e nei decreti, risultato dei calcoli di normalizzazione delle direttive e nei decreti.

Termine	**Direttive**	**Decreti**	**Normalizzazione (direttive)**	**Normalizzazione (decreti)**
ammenda/e	20	41	13,92	51,28
risarcimento/i	204	67	141,98	83,80
indennizzo/i	129	47	89,78	58,79
indennità	15	0	10,44	0

Tuttavia, se si comparano i dati basati sui calcoli di normalizzazione, è possibile appurare che in entrambi i corpus il termine più frequente sono *risarcimento* e *indennizzo*. Inoltre, vale la pena osservare che vi è una netta differenza nella frequenza d'uso (sia prima che dopo i calcoli di normalizzazione ad un milione) di *risarcimento* e *indennizzo* per quanto riguarda le direttive, mentre nei decreti non è così netta. Questo mostra una decisa prevalenza dell'uso del risarcimento nelle direttive, ovvero del termine meno tecnico. Tuttavia, occorre notare che in questo caso il corpus dei testi dell'UE non risulta affatto più monotono rispetto ai decreti dato che compare anche il termine *indennità*, assente nei testi italiani selezionati. Tale risultato porta ad un'altra osservazione già visibile nel caso dei prestiti: i decreti si caratterizzano per una maggiore precisione terminologica.

Un altro termine che deriva dal gergo del linguaggio burocratico è la parola *istanza*, che (141 volte) nei decreti dona espressioni come: *presentare istanza, istanza motivata, istanza di decadenza o di nullità*. Nelle direttive questo termine è presente 23 volte, ma in collocazioni leggermente diverse (malgrado il corpus sia simmetrico per quanto riguarda la tematica): *istanza processuale, istanza di libertà, istanza di fallimento*, *istanza di rimborso*, mentre si rileva il termine *richiesta* o *su richiesta* (invece di *su istanza di*) più di 500 volte e *domanda/e* ben 454 volte.

Per quanto riguarda i decreti la situazione risulta essere simile a quella riportata sopra, ma per ottenere una maggiore chiarezza espositiva i dati sono stati riportati nella seguente tabella:

Tab. 26: Termine specialistico, frequenza nelle direttive e nei decreti, risultato dei calcoli di normalizzazione delle direttive e nei decreti.

Termine	Direttive	Decreti	Normalizzazione (direttive)	Normalizzazione (decreti)
istanza/e	23	141	16,00	176,36
richiesta/-e	521	242	362,61	302,69
domanda/e	454	284	315,90	355,22

Questo mostra la tendenza delle istituzioni comunitarie a semplificare anche i tecnicismi collaterali, nei casi in cui è possibile. Dai dati emerge che non è vero che solo le direttive tendano a semplificare i termini, dato che anche i decreti mostrano la medesima tendenza seppur non in maniera così accentuata. Tale osservazione emerge dal fatto che il termine *istanza* risulta essere il termine più raro dei tre evidenziati. Se si paragona l'uso di tale parola nelle direttive e nei decreti si può appurare che ancora una volta i decreti pur semplificando anch'essi il linguaggio tendono a una maggiore precisione semantica dato che *richiesta* e *domanda* sono vocaboli appartenenti al linguaggio comune, mentre istanza appartiene all'ambito specialistico, ossia al linguaggio burocratico.

Un altro tecnicismo, è il termine *ingiunzione*, presente solo nel decreto n. 55 del 31 marzo 2011 e nel decreto n.145 del 18 agosto del 2015, mentre nelle direttive compare ben 7 volte. Sia nei decreti che nelle direttive è frequente il sinonimo *imposizione*, ma vale la pena notare che in entrambi i gruppi è molto più frequente il termine *decisione*, il che mostra che entrambi i linguaggi tendono ad avere una leggera tendenza alla semplificazione. Tuttavia, per maggiore chiarezza sono riportati i dati nella seguente tabella:

Tab. 27: Termine specialistico, frequenza nelle direttive e nei decreti, risultato dei calcoli di normalizzazione delle direttive e nei decreti.

Termine	Direttive	Decreti	Normalizzazione (direttive)	Normalizzazione (decreti)
ingiunzione	7	2	4,87	2,50
imposizione	80	29	55,68	36,27
decisione	1812	387	1261,15	484,06

Nella presente tabella è possibile osservare che entrambi i corpus sono maggiormente inclini ad avvalersi del termine più semplice, ossia *decisione*, mentre il tecnicismo *ingiunzione* risulta essere il più raro. Questo significa che entrambe le varietà mostrano una tendenza verso la semplificazione, anche se non è possibile stabilire se nel caso dei decreti tale fenomeno sia dovuto ad un eventuale influsso del linguaggio delle direttive sugli atti di recepimento, oppure all'adempienza ai manuali di redazione giuridica. Inoltre, occorre notare che per quanto riguarda il termine *decisione*, la differenza d'uso fra i due corpus continua ad essere notevole anche dopo i calcoli di normalizzazione, il che prova nuovamente che le direttive risultano essere più ripetitive dal punto di vista redazionale.

129 del 3 agosto 2017, è presente il termine *lodo arbitrale*, che sarebbe un accordo stabilito dalle parti conforme alla legge. Nelle direttive il termine non compare, ma vi è solo il termine *accordo tra le parti*. In questo caso è possibile constatare Nel decreto n.come in entrambi i linguaggi, viene evitato tale tecnicismo di natura arcaica sostituito con un termine più semplice.

Un altro tecnicismo collaterale è *esperire* nel senso di "mettere in opera" o "provare", "sperimentare" e l'aggettivo *esperibile*, il quale compare nel decreto n. 180 del 16 novembre del 2015 e in altri decreti ossia, *azioni esperibili*, *mezzi esperibili*, *esperire un'azione* civile e ovviamente *esperimento di un'azione civile*. Il verbo *esperire* è un verbo di basso uso che significa "adire", "intraprendere", "avviare", "mettere in atto" (Internazionale online). Nella direttiva 2014/104/UE del Parlamento e del Consiglio compare *prove necessarie ad esperire le loro azioni* e nella direttiva 2008/48/CE del Parlamento e del Consiglio *rimedi esperiti dagli Stati*. Inoltre, nelle direttive si rilevano solo le espressioni *esperire le azioni* ossia nella direttiva 2014/104/UE del Parlamento europeo e del Consiglio del 26 novembre 2014 relativa a determinate norme che regolano le azioni per il risarcimento del danno ai sensi del diritto nazionale per violazioni delle disposizioni del diritto della concorrenza degli Stati membri e dell'Unione europea. Decisamente più frequente è l'espressione *mettere in atto*, *intraprendere*, *avviare*, i cui dati sono riportati nella seguente tabella:

Tab. 28: Termine specialistico, frequenza nelle direttive e nei decreti, risultato dei calcoli di normalizzazione delle direttive e nei decreti.

Termini	Direttive	Decreti	Normalizzazione (direttive)	Normalizzazione (decreti)
esperire	2	2	1,39	2,5
mettere in atto	56	6	38,97	7,5
adire	65	9	45,23	11,26
intraprendere	71	40	49,41	50,03
avviare	231	75	160,78	93,81

Dai dati riportati emerge che in primo luogo ancora una volta entrambe le varietà sembrano prediligere il termine di registro neutro, ossia *avviare* e *intraprendere*, ovvero termini frequenti nella lingua comune (Internazionale online), anche se occorre notare che il verbo *avviare* ha una netta maggioranza per quanto riguarda la frequenza rispetto ai decreti, mentre il verbo intraprendere ha una frequenza simile nei corpus, come del resto *esperire*, raro in entrambi i gruppi. Tuttavia vale la pena notare che nel caso delle direttive è presente il tecnicismo *adire* (Internazionale online) con una frequenza che si avvicina a intraprendere e supera, anche se non di molto, mettere in atto. In primo luogo, l'analisi ribadisce l'osservazione che le direttive sono lessicalmente più ripetitive rispetto ai decreti, ma anche che nelle direttive sono più frequenti le forme verbali se paragonate agli atti giuridici italiani. In secondo luogo, occorre notare che dal punto di vista lessicale le direttive non tendono ad avvalersi solo di un lessico di registro neutro, ma talvolta di tecnicismi collaterali con un'occorrenza simile, il che mostra che oltre a non essere in alcuni punti lessicalmente ripetitive, non sono del tutto omogenee dal punto di vista redazionale.

Lo stesso vale per il termine *espletare*, anch'esso tecnicismo collaterale derivante dal linguaggio burocratico (Internazionale online), presente ben 64 volte nei decreti ossia *espletare le funzioni di controllo, espletare le attività, attività espletate, espletare le procedure di valutazione, espletare la procedura di notifica*, mentre nel corpus delle direttive compare: *attività espletate fuori dall'Unione, espletamento dei compiti*, come nella direttiva 2005/60/CE:

(21) I servizi direttamente comparabili dovrebbero essere trattati allo stesso modo quando vengono forniti da un professionista soggetto alla presente direttiva. Al fine di preservare i diritti sanciti dalla Convenzione europea per la salvaguardia dei diritti dell'uomo e delle libertà fondamentali e dal trattato sull'Unione europea, nel caso dei revisori dei conti, contabili esterni e consulenti tributari che, in

> alcuni Stati membri, possono difendere o rappresentare un cliente nell'ambito di procedimenti giudiziari o accertare la posizione giuridica di un cliente, le informazioni che questi ottengono **nell'espletamento** di tali compiti non dovrebbero essere soggette all'obbligo di segnalazione a norma della presente direttiva.

Il paragrafo sopracitato sarebbe decisamente da semplificare, dato che il termine *espletamento* sarebbe comodamente sostituibile con "realizzazione", "effettuazione" o anche "adempimento". Tuttavia, in entrambi i gruppi sono presenti i sinonimi, e i loro derivati, come *realizzare* ed *effettuare* presenti con una maggior frequenza, come esposto nella tabella:

Tab. 29: Termine specialistico, frequenza nelle direttive e nei decreti, risultato dei calcoli di normalizzazione delle direttive e nei decreti.

Termine	**Direttive**	**Decreti**	**Normalizzazione (direttive)**	**Normalizzazione (decreti)**
esplet-	97	64	67,51	80,05
realizza-	265	149	184,43	186,36
effettua-	1340	106	932,63	132,59

Come si può appurare dalla tabella sopra, in entrambi i corpus vengono utilizzati con una maggiore frequenza i termini più vicini alla lingua comune e con una frequenza minore il tecnicismo collaterale espletare. L'unica differenza rilevante consiste nel risultato del lemma *effettua-* presente in entrambi i gruppi, ma 7 volte più frequente nelle direttive.

Inoltre, sono presenti altri tecnicismi collaterali facilmente sostituibili con altri termini più comprensibili, come ad esempio *escutere* o *escussione*. Nel decreto n. 180 del 16 novembre 2015 compare il termine *escutere un diritto* e *escussione della garanzia finanziaria*, nel decreto n.170 del 21 maggio 2004 *escussione del pegno* e *escussione organizzata*. Per quanto riguarda la forma verbale, essa non è presente nelle direttive e invece del tecnicismo vi è una forma decisamente più semplice e vicina alla lingua comune come si può vedere nella direttiva 2014/59/UE del Parlamento e del Consiglio:

> 5. Laddove l'autorità di risoluzione **esercita il potere di** sospendere i diritti di recesso di cui al presente articolo, paragrafo 1 o 2, e se non è stato dato alcun avviso di cui al presente articolo, paragrafo 4, tali diritti possono **essere esercitati** alla scadenza del periodo di sospensione, fatto salvo l'articolo 68, come segue:
> a) se i diritti e le passività contemplati dal contratto sono stati ceduti a un'altra entità, una controparte può **esercitare i diritti di recesso** a norma delle clausole di tale

contratto soltanto se è in corso o si verifica successivamente un evento determinante **l'escussione della garanzia** da parte dell'entità ricevente;

Occorre osservare come sia più semplice sostituire un verbo ritenuto un tecnicismo collaterale con un altro verbo, mentre per quanto riguarda i sostantivi si tende a lasciare la forma arcaica.

Il verbo *avocare* è un tecnicismo del linguaggio burocratico che significa "attribuirsi qualcosa" ad es. *avocare un'inchiesta* oppure *avocare una pratica* (Internazionale online). Nelle direttive questo verbo non compare, mentre nei decreti è molto raro, dato che i lemmi con *avoca-* sono solo i seguenti: *avocare richieste, avocare le attività svolte* (decreto del 21 novembre 2007 n. 231) e *avocando i compiti delegati* (decreto del 17 luglio 2016 n. 135) nel senso di attribuirsi delle attività o dei precisi incarichi.

Inoltre, nel corpus è rilevata la presenza del verbo *esercire* che nel linguaggio burocratico significa semplicemente "esercitare un'attività o una professione" (Internazionale online). Nelle direttive esso non compare, mentre l'unico esempio delle leggi italiane esaminate risale al decreto n.145 del 18 agosto del 2015 vi è solo *esercire impianti di produzione* nel senso di "gestire". Nelle direttive il verbo *esercitare* compare più di 800 volte e *gestire* 323 volte. Nei decreti si verifica la medesima tendenza, ovvero il verbo *esercitare* compare oltre 400 volte, mentre *gestire* circa 64 volte, il che porta ad osservare come entrambe le varietà optano talvolta per la soluzione più semplice, come riportato dai seguenti dati:

Tab. 30: Termine specialistico, frequenza nelle direttive e nei decreti, risultato dei calcoli di normalizzazione delle direttive e nei decreti.

Termine	**Direttive**	**Decreti**	**Normalizzazione (direttive)**	**Normalizzazione (decreti)**
esercire	0	1	0	1,25
gestire	323	64	224,80	80,05
esercitare	800	400	556,80	500,32

La disproporzione dei dati deriva da un fattore quantitativo, ma anche dal fatto che le direttive tendono ad essere più ripetitive rispetto ai decreti nazionali italiani, il che è visibile soprattutto nelle differenze dei dati concernenti il termine *gestire*. Anche in questo caso, in entrambi i corpus sono più frequenti i termini più vicini alla lingua comune, ossia *gestire* ed *esercitare*, mentre il termine burocratico *esercire* è presente solo nella varietà giuridica nazionale.

Vale la pena menzionare il verbo *pervenire* per i suoi numerosi significati che variano in base al contesto; nel linguaggio comune contiene l'accezione di "giungere in un luogo", lo stesso riguarda il linguaggio burocratico in cui si riferisce alle domande, alle lettere ufficiali "giunte a destinazione" cioè recapitate o presentate negli appositi uffici pubblici. Nel caso del linguaggio del diritto, questo verbo porta il significato di "spettare per diritto" (Internazionale online). Nei decreti gli esempi presenti rimandano al significato presente nel linguaggio burocratico e nel linguaggio comune, ossia: *le informazioni pervenute, pervenire ad uno stato, pervenire ad un giudizio, informazioni pervenute, domanda di ammissione pervenuta, segnalazioni pervenute*, ecc. Lo stesso riguarda le direttive, in cui compaiono: *pervenire informazioni supplementari* (2008/50/CE), *pervenire a un livello d'informazione* (2008/50/CE), *pervenire a una decisione, pervenire a una soluzione, pervenire ad una transazione, pervenire al riconoscimento reciproco delle autorizzazioni*. L'unico esempio in cui il verbo non rimanda completamente al significato di "giungere" è nell'art. 15 della direttiva 2013/36/UE:

(15) È opportuno realizzare solo l'armonizzazione necessaria e sufficiente **per pervenire ad un mutuo riconoscimento** delle autorizzazioni e dei sistemi di vigilanza prudenziale che consenta il rilascio di un'unica autorizzazione valida in tutta l'Unione e l'applicazione del principio della vigilanza da parte dello Stato membro d'origine.

L'espressione *pervenire ad un mutuo* non si riferisce solo a giungere all'accordo per un mutuo, ma anche ad adempierne alle condizioni in modo che esso spetti, sia dovuto di diritto. Tuttavia, è interessante osservare che il termine *pervenire* compare nelle direttive 30 volte, ma è molto più frequente *presentare una domanda o domanda presentata* (più di 50 volte nelle direttive e solo 5 nei decreti), *presentare una richiesta* (37 volte nelle direttive e 23 nei decreti), *presentare* (*le* o *delle o* senza articolo) *informazioni* (4 volte nelle direttive e solamente 1 volta nei decreti) e *prendere decisioni* (26 volte nelle direttive e 6 nei decreti), come riportato di seguito:

Tab. 31: Termine specialistico, frequenza nelle direttive e nei decreti, risultato dei calcoli di normalizzazione delle direttive e nei decreti.

Termine	Direttive	Decreti	Normalizzazione (direttive)	Normalizzazione (decreti)
pervenire	30	5	20,88	6,25
presentare una richiesta	37	23	25,75	28,77
prendere una decisione	26	6	18,10	7,50

I calcoli presenti nella tabella risultano differenti rispetto a quelli precedenti, dato che le tre forme esaminate compaiono nelle direttive con una frequenza simile, compreso *pervenire*, mentre nel caso dei decreti vi è una netta differenza fra la frequenza dei termini di registro neutro e il tecnicismo derivante dal linguaggio burocratico.

Il termine *vertere* nel linguaggio comune riporta al significato di "avere per argomento", mentre nel linguaggio del diritto e nel linguaggio burocratico è sinonimo di essere "di controversia", "essere in corso", "essere pendente" (Internazionale online). Tale fenomeno lessicale viene definito *tecnicizzazione* o *tecnificazione* e avviene quando una parola comune viene utilizzato come tecnicismo, venendole in tal modo attribuito un nuovo significato (Serianni, Antonelli 2017: 112). Nel corpus esso compare raramente in entrambe le varietà, ma nelle direttive gli esempi sono più numerosi rispetto ai testi giuridici nazionali. Nei testi comunitari sono presenti gli esempi seguenti: *l'operazione verte su uno strumento* oppure l'*operazione verte su un'azione* (direttiva 2004/39/CE), *la prova attitudinale verte sulla conoscenza delle leggi* (2014/56/UE), *le modifiche vertono su disposizioni* (direttiva 2003/85/CE), *le attività della polizia vertono sulla prevenzione* (direttiva 2016/680). Nei decreti il verbo compare solamente due volte all'infinito, ossia nel decreto n. 72 del 21 aprile 2016 e nel decreto n. 190 del 13 ottobre 2010, ossia *diritti su cui può vertere l'ipoteca, la valutazione dovrebbe vertere sui relativi livelli.*

Un altro esempio di tecnicismo collaterale è senz'altro il verbo *adire* (Mortara Garavelli 2001:178), già precedentemente menzionato. Nel corpus dei decreti troviamo diverse espressioni, quali *adire i sistemi di risoluzione stragiudiziale, adire la competente autorità giudiziaria, adire il Tribunale civile per la revoca, dinanzi al giudice adito, autorità giudiziaria adita.* Nelle direttive è visibile la tendenza a semplificare queste espressioni sostituendo il verbo con un sinonimo più vicino al linguaggio comune, come ad esempio *rivolgersi a un tribunale* (dir. 2015/2366 del Parlamento europeo e del Consiglio), *rivolgersi alle competenti autorità giudiziarie* (2009/65/CE del Parlamento e del Consiglio, 2014/59/UE del Parlamento e del Consiglio), oppure sostituendo altre parti del discorso come ad esempio: *predisporre procedure adeguate per la risoluzione stragiudiziale*, mentre invece di *autorità giudiziaria adita* sono presenti solo *autorità giudiziaria competente*, espressioni decisamente più vicine al linguaggio comune. Oltre agli esempi nominati, nelle direttive vi sono alcune espressioni che non compaiono nei decreti, come ad es. l'espressione presente nelle direttive *dare adito a confusione, sospetti o rischi*, oppure *adire le vie legali* (solo in tre direttive), ma anche *ricorrere alle vie legali* (direttiva 2017/828 del Parlamento europeo e del Consiglio).

Un altro tecnicismo è il termine *comminare*, da cui sono coniate le espressioni: *comminare al revisore legale* o (decreto n. 135 del 17 luglio 2016), *sanzioni comminate* (nello stesso decreto e nel decreto n. 231 del 21 novembre 2007). Per quanto riguarda la frequenza di questo termine e dei derivati, vale la pena precisare che in entrambe le parti del corpus, è molto raro, ossia inferiore a dieci volte. *Comminare* significa "infliggere" (ad es. una sanzione) oppure "stabilirne il valore". Tuttavia, rimanendo in tema di sanzioni, è interessante osservare quanto i corpus scelti siano differenti nella terminologia anche nei casi in cui si tratta del medesimo concetto. Negli atti nazionali scelti le formule più frequenti sono *applicare una sanzione, essere punito con una sanzione, essere soggetti alla sanzione amministrativa.* Tuttavia, si rileva anche la presenza di espressioni arcaiche, come: *infliggere la sanzione disciplinare* (decreto n.68 del 21 maggio 2018), *irrogazione delle sanzioni disciplinari* (decreto n. 148 del 4.08. 2008) e *irrogare una sanzione* (decreto n.72 del 12 maggio 2015). Decisamente l'espressione più comune nelle direttive è *imporre sanzioni* (più di venticinque volte), espressione assente nei testi dei decreti. Lo stesso vale per la locuzione *stabilire sanzioni penali*, riscontrata solo in tre direttive. Malgrado fra le espressioni sopramenzionate l'ultima risulti essere probabilmente la meno elaborata dal punto di vista dello stile e la più rara, essa compare nella direttiva 2014/91/UE del Parlamento europeo e del Consiglio (riguardante il coordinamento delle disposizioni legislative, regolamentari e amministrative nell'ambito dell'investimento collettivo in valori mobiliari).

Nei testi giuridici si riscontra frequentemente il termine *impugnare*, presente nelle espressioni: *impugnare l'ordinanza* decreto (n.101 del 1 luglio 2014), *provvedimento impugnato, marchio impugnato, decisione impugnata.* Nel corpus dei decreti legge, le parole composte dalla radice *impugn-* sono 42, mentre nelle direttive ben 85 e in quest'ultime vi sono le espressioni: *mezzi di impugnazione, diritto di un'impugnazione, proporre impugnazione, impugnazione del provvedimento, impugnare una decisione, misure impugnabili.* Tale risultato non deriva da una preferenza del legislatore comunitario per i tecnicismi, ma piuttosto dalla tendenza alla ripetitività terminologica negli atti normativi dell'UE ai fini di una maggiore chiarezza.

Come sinonimo di *impugnare*, si potrebbero menzionare le espressioni: *ricorrere contro una sentenza, presentare, fare ricorso.* Nei testi tecnico-specialistici, compare l'uso di verbi specialistici a discapito dei verbi più frequenti nell'italiano comune, come ad es. *fare-effettuare, dire-affermare*, ecc. Nelle direttive si riscontra l'espressione *fare ricorso*, anche se *presentare ricorso* è abbastanza frequente, mentre *ricorrere contro* una sentenza non è utilizzato né nelle direttive, né nei decreti. Per quanto riguarda i decreti, la tendenza sembra essere molto simile, ossia *fare ricorso*, nel senso di "mostrare avversità verso una decisione", non compare.

Un altro termine assai presente nei testi giuridici e burocratici è *rigettare* (Mantovani 2008: 37) e nei decreti sono riscontrati gli esempi seguenti: *rigettare l'opposizione, istanza rigettata, rigetto della domanda, provvedimento di rigetto.* Nei decreti il termine *rigettare* e i derivati compaiono 20 volte, mentre stranamente è più frequente la parola *rifiutare* ad es. *rifiutare un'autorizzazione* (decreto n. 148 del 4 agosto del 2008). Tale fenomeno può spiegarsi con il fatto che nelle direttive vi sono 294 esempi con il lemma *rifiut-*, ad esempio *rifiutare di adempiere ad una richiesta, rifiutare di avvalersi della protezione del paese, rifiutare di dare esecuzione a un ordine*, ecc.

Tab. 32: Termine specialistico, frequenza nelle direttive e nei decreti, risultato dei calcoli di normalizzazione delle direttive e nei decreti.

Termine	**Direttive**	**Decreti**	**Normalizzazione (direttive)**	**Normalizzazione (decreti)**
rigett-	10	20	6,96	25,02
rifiut-	294	94	204,62	117,58

Occorre precisare che per evitare equivoci, nel caso dei lemmi *rifiut-* non sono stati inclusi i casi in cui si tratta della parola *rifiuti* sinonimo di "immondizia". Anche in questo caso vale la pena notare che i risultati dal punto di vista qualitativo sono simili, ossia entrambi i gruppi optano per il termine più comune, mentre a colpire è la discrepanza nel numero delle occorrenze nei corpus sia prima che dopo i calcoli di normalizzazione. Probabilmente questi risultati derivano da due fattori: il primo, consiste nel fatto che nell'attuazione delle direttive nel sistema giuridico italiano, il legislatore nazionale tende a mantenere, o almeno a non allontanarsi in maniera eccessiva dalla varietà del linguaggio giuridico delle istituzioni europee. Il secondo fattore invece riguarda la ripetitività e la ridondanza delle direttive.

Il seguente esempio dell'analisi è il termine *clausole vessatorie*, in riferimento ai contratti con i consumatori. Il termine è presente solo nel decreto n. 21 del 21 febbraio 2014:

> 3. Il Ministero dello sviluppo economico comunica alla Commissione europea le disposizioni di protezione dei consumatori più rigorose di quelle previste dalla direttiva 93/13/CE in materia di **clausole vessatorie** nei contratti con i consumatori, in particolare qualora tali disposizioni (...)

Nelle direttive non compare, mentre nella direttiva 2011/83/UE del Parlamento europeo e del Consiglio compare solo il termine *clausole contrattuali considerate abusive*. Dal punto di vista del significato, le *clausole vessatorie* sarebbero delle regole di contratto predisposte da una delle parti di limitare la responsabilità, la possibilità di sciogliere un contratto o semplicemente sospendere la sua esecuzione e vengono chiamate *clausole abusive* (Treccani online), ma si riferiscono solo ai contratti fra i consumatori. In questo caso, si può affermare che il legislatore europeo abbia scelto il termine più comune, chiaro e forse meno tecnico. Inoltre, anche se nella direttiva non troviamo il tecnicismo più preciso, dato che *clausole abusive* è un termine più generico rispetto a *clausole vessatorie*, nella direttiva stessa viene spiegato il significato e il contesto d'uso a cui si riferisce.

Oltre agli esempi menzionati sono presenti altri vocaboli arcaici, anch'essi considerati tecnicismi, come ad esempio nel caso di *emanare, emanazione* e *emettere, emissione* (Internazionale online). Nel corpus dei decreti *emanare* è presente più di 300 volte, ad esempio *emanare istruzioni esplicative, emanare disposizioni attuative* oppure *atti da emanarsi*, mentre per quanto riguarda *emettere*, la varietà decisamente aumenta, ossia: *emettere frazioni di azioni, emettere le ingiunzioni di pagamento, emettere ordine di indagine, emettere moneta elettronica, emettere un parere/un giudizio, emettere obbligazioni*. Anche nelle direttive questi due verbi risultano essere molto frequenti, ossia:

Tab. 33: Termine specialistico, frequenza nelle direttive e nei decreti, risultato dei calcoli di normalizzazione delle direttive e nei decreti.

Termine	**Direttive**	**Decreti**	**Normalizzazione (direttive)**	**Normalizzazione (decreti)**
emanare	85	290	59,16	362,73
emanazion-	17	27	11,83	33,77
emettere	300	216	208,80	120,17
emission-	972	404	676,51	505,32

Come si può vedere, i dati riportati dai rispettivi corpus non sono molto diversi fra loro. Tale somiglianza nella frequenza d'uso deriva dal fatto che malgrado siano considerati due arcaismi, sono talmente presenti nel linguaggio giuridico da non essere facilmente sostituibili, anzi sostituirli con termini magari meno specifici potrebbe portare a situazioni di ambiguità.

Un altro termine del linguaggio del diritto è *adempiere*, molto frequente nei decreti, ovvero: *garanzie adempiute, adempiere a obblighi/principi, gli adempimenti previsti, adempimenti pubblicitari*, ecc. Il vocabolo è riscontrabile anche nelle direttive (193 volte), anche se gli atti comunitari prediligono *rispettare gli obblighi, le prescrizioni, i diritti*, come nella direttiva 2009/111/CE del Parlamento e del Consiglio, art. 63 bis punto 3:

> Tuttavia, l'ente creditizio cancella i predetti pagamenti se **non rispetta** gli obblighi in materia di fondi propri di cui all'articolo 75.

Dal punto di vista del contenuto, il paragrafo riportato sembra molto chiaro, tuttavia bisogna precisare che il verbo *rispettare* è piuttosto raro nel linguaggio giuridico e infatti non compare nel corpus dei decreti, probabilmente perché ritenuto di registro troppo basso.

Un'altra parola tipica del linguaggio giuridico, è *adibire* (a qualcosa) e nel corpus sono presenti i termini: *veicoli adibiti al trasporto, navi adibite alla navigazione, immobile adibito alla vendita, soggetti adibiti.* Nelle direttive si riscontra la medesima situazione, anche se più di 400 volte è presente la parola *destinare*, ad es. *organi destinati allo scambio*, come nella *Direttiva 2006/88/CE del Consiglio del 24 ottobre 2006 sulle condizioni di polizia sanitaria applicabili alle specie animali d'acquacoltura e ai relativi prodotti, nonché alla prevenzione di talune malattie degli animali acquatici e alle misure di lotta contro tali malattie.* Per una maggiore chiarezza, nella seguente tabella sono stati esposti tutti i dati:

Tab. 34: Termine specialistico, frequenza nelle direttive e nei decreti, risultato dei calcoli di normalizzazione delle direttive e nei decreti.

Termini	Direttive	Decreti	Normalizzazione (direttive)	Normalizzazione (decreti)
adibire	28	18	19,49	22,51
destinare	552	40	384,19	50,03

Dai dati emerge ancora una volta che entrambe le varietà tendono ad avvalersi del termine più vicino alla lingua a discapito di tecnicismi collaterali. Prima di tutto la frequenza del verbo adibire risulta essere simile in entrambi i corpus, mentre per quanto riguarda destinare la differenza è decisamente netta, il che deriva dalla ricchezza del corpus delle direttive e soprattutto dalla loro ripetitività.

Anche *escussione* è un tecnicismo presente nel corpus, ossia *escussione del pegno, escussione della garanzia finanziaria.* Nelle direttive il verbo *escussione della garanzia* compare ben 12 volte e 16 nei decreti. *Escussione* significa "esaminare", "intentare" o "avviare un'azione legale". Nelle direttive è presente il verbo *esaminare* ben 226 volte, mentre nei decreti 78, *intentare*: 25 e 7, *avviare*

231 e 70 volte rispettivamente. Ancora una volta, è possibile notare come per definire lo stesso concetto specialistico, le direttive tendono ad avvalersi di termini più semplici, almeno nel caso dei verbi. Anche in questo caso, per ottenere osservazioni più complete, i dati sia prima che dopo i calcoli di normalizzazione sono riportati nella seguente tabella:

Tab. 35: Termine specialistico, frequenza nelle direttive e nei decreti, risultato dei calcoli di normalizzazione delle direttive e nei decreti.

Termini	**Direttive**	**Decreti**	**Normalizzazione (direttive)**	**Normalizzazione (decreti)**
escussione	12	19	8,35	23,77
esaminare	226	78	157,30	97,56
intentare	25	7	17,40	8,76
avviare	231	70	160,78	87,67

Dalla tabella emerge che ancora una volta entrambi i corpus prediligono i verbi più comuni come *esaminare* e *avviare*, anche se bisogna notare che fra i due gruppi vi è una notevole differenza per quanto riguarda il numero di occorrenze sia prima che dopo i calcoli di normalizzazione. Tornando al tecnicismo collaterale *escussione*, i dati svelano in maniera decisa la maggiore frequenza del termine nei decreti, vale a dire che i decreti in questo caso tendono a un evidente attaccamento all'uso dei tecnicismi collaterali.

Il verbo *perpetrare* è presente solo nel decreto n.231 del 21 novembre 2007, mentre

nelle direttive compare solamente 8 volte, come ad esempio *tratta di esseri umani perpetrata ai fini del prelievo di organi, reato perpetrato con ricorso, perpetrazione di atti, perpetrare evasioni fiscali.* I sinonimi di uso non specialistico sono "commettere", "compiere", "eseguire". In entrambi i corpus esaminati è molto più comune il termine *commettere*, ad es. *commettere frodi, commettere reati* oppure compiere, ossia *compiere atti preparatori, compiere ogni sforzo, compiere una scelta, compiere un reato.* Gli esempi riportati compaiono nei testi con un'occorrenza molto simile e per questo non sono mostrati sotto forma di tabella.

Un altro verbo ritenuto un tecnicismo collaterale è *ponderare*, da cui risalgono i termini: *commissione interbancaria ponderata, costo medio ponderato, valore ponderato.* Nel gruppo dei decreti, la radice compare solo 18 volte, mentre nelle direttive si riscontrano solo due esempi con *ponderare* e altri costituiti da participi o sostantivi. L'esempio seguente risale al punto n.84 della parte motivazionale della direttiva 2013/36/UE del Parlamento e del Consiglio:

(84) Gli enti dovrebbero affrontare e controllare tutti i rischi di concentrazione mediante politiche e procedure scritte. Considerata la natura delle esposizioni del settore pubblico, controllare i rischi di concentrazione è più efficace che **ponderare il rischio** di tali esposizioni, date la loro entità e le difficoltà di calibrare i requisiti in materia di fondi propri.

Il secondo esempio riportato sopra proviene della direttiva 2016/943 del Parlamento europeo e del Consiglio:

È altresì opportuno garantire che le competenti autorità giudiziarie abbiano il potere discrezionale di **ponderare gli interessi** delle parti in causa, nonché gli interessi dei terzi, compresi, se del caso, i consumatori.

Inoltre, è rilevante menzionare l'articolo 21 della direttiva 2009/111/CE del Parlamento e del Consiglio:

(21) Per quanto sia auspicabile **basare il calcolo** del valore dell'esposizione su quello previsto ai fini dei requisiti minimi di fondi propri, è tuttavia opportuno adottare norme in materia di vigilanza sui grandi fidi senza applicare fattori di ponderazione del rischio né gradi di rischio.

È possibile affermare che il termine e i derivati sono molto rari negli atti normativi odierni, probabilmente perché nelle direttive decisamente domina la radice *calcol-* (733 volte) e lo stesso vale per i decreti anche se la frequenza è decisamente inferiore, ossia solamente 167 volte. Tuttavia, vale la pena notare che il sinonimo prediletto dalle direttive è *misurare* (1376 volte) e presente nei decreti 769 volte. Un altro sinonimo presente è *soppesare* e anch'esso però è molto raro. Infatti, compare solo nella direttiva 2001/20/CE del Parlamento e del Consiglio (*inconvenienti soppesati*) e nel decreto n. 211 del 24 giugno 2003 (*rischi soppesati*). In questo caso si può notare come alcune scelte di entrambi i legislatori vadano incontro alla semplificazione, anche se magari la scelta non ricade sullo stesso termine.

Tab. 36: Termine specialistico, frequenza nelle direttive e nei decreti, risultato dei calcoli di normalizzazione delle direttive e nei decreti.

Termini	**Direttive**	**Decreti**	**Normalizzazione (direttive)**	**Normalizzazione (decreti)**
pondera-	78	18	54,29	22,51
calcol-	733	167	510,16	208,88
misura-	1376	769	957,69	961,87
soppes-	1	1	0,69	1,25

Dalla tabella emerge che il lemma più frequente sono *misura-* e *calcol-*,di cui fanno parte le rispettive forme verbali misurare e calcolare e i rispettivi sostantivi misurazione, misure e calcolo. Vale la pena notare che in entrambi i corpus i lemmi con *soppes-* sono rari, ovvero compaiono con una sola occorrenza in ciascun gruppo, ossia nella direttiva. Tuttavia, bisogna sottolineare che la direttiva 2001/20/CE del Parlamento europeo e del Consiglio e nel decreto n. 211 24 giugno del 2003, ovvero nell'atto giuridico che attua la direttiva menzionata. Per chiarimenti, occorre citare entrambi i testi:

> Art. 3
> Tutela dei soggetti della sperimentazione clinica
> 2. La sperimentazione clinica può essere intrapresa esclusivamente a condizione che:
> a) i rischi e gli inconvenienti prevedibili siano stati **soppesati** rispetto al vantaggio per il soggetto della sperimentazione e per gli altri pazienti attuali e futuri. Una sperimentazione clinica può essere avviata solo se il comitato etico e/o l'autorità competente sono giunti alla conclusione che i benefici previsti, terapeutici e in materia di sanità pubblica, giustificano i rischi e può essere proseguita solo se il rispetto di tale requisito è costantemente verificato.

Il testo sopra viene dalla direttiva 2001/20/CE e riguarda i soggetti che partecipano a sperimentazioni cliniche. Di seguito si trova il testo del decreto che recepisce la direttiva:

> Art. 3
> Tutela dei soggetti della sperimentazione clinica
> 1. La sperimentazione clinica può essere intrapresa esclusivamente a condizione che:
> a) i rischi e gli inconvenienti prevedibili siano stati **soppesati** rispetto al vantaggio per il soggetto incluso nella sperimentazione e per gli altri pazienti attuali e futuri. Una sperimentazione clinica può essere avviata nel singolo centro solo se il comitato etico e, ove previsto, le autorità competenti sono giunti alla conclusione che i benefici previsti, terapeutici e in materia di sanità pubblica, giustificano i rischi e può essere proseguita solo se il rispetto di tale requisito è costantemente verificato.

Come si può appurare dalla giustapposizione effettuata, i due articoli sono molto simili. Per facilitare la lettura, nel secondo testo sono state evidenziate in grassetto le parti aggiunte, le quali hanno un significato dal punto di vista pratico, siccome precisano questioni legali che potrebbero causare ambiguità e imprecisioni nell'interpretazione della legge. La giustapposizione mostra che se le direttive mostrano accuratezza nella redazione e nella scelta della terminologia, i decreti si concentrano maggiormente sul contenuto e sulle eventuali conseguenze legali che sulla forma di un atto giuridico.

Un altro tecnicismo è *reiterazione* e nei decreti sono presenti termini come: *reiterazione dell'illecito* (decreto n. 68 del 21 maggio 2018), *reiterazione e diffusione dei comportamenti, reiterata inosservanza delle prescrizioni, reiterata violazione degli obblighi/ delle disposizioni* (decreto n.231 del 21 novembre 2007), mentre nelle direttive si possono trovare solo *azioni reiterate gravi* (direttiva 2014/91/UE del Parlamento europeo e del Consiglio) e *evitare il reiterarsi della violazione* (direttiva 2016/97 del Parlamento europeo e del Consiglio). *Reiterare* è sinonimo di "continuo", "ripetuto", termini decisamente più vicini al linguaggio comune e preferiti dal linguaggio giuridico comunitario, dato che *ripet-* compare 68 volte, mentre la frequenza di *continuo* supera le 400 volte.

Tab. 37: Termine specialistico, frequenza nelle direttive e nei decreti, risultato dei calcoli di normalizzazione delle direttive e nei decreti.

Termini	Direttive	Decreti	Normalizzazione (direttive)	Normalizzazione (decreti)
reiter-	2	11	1,39	13,76
ripet-	68	58	47,33	72,55
contin-	417	330	290,23	412,76

La tabella mostra che entrambe la varietà tendono maggiormente ad usare termini più vicini alla lingua comune, mentre bisogna sottolineare che i decreti utilizzano decisamente con più frequenza il lemma *reiter-*, radice dei tecnicismi collaterali *reiterare* e *reiterazione*.

Il termine *incapienza* può avere accezioni diverse in base al contesto, dato che capienza nel linguaggio comune si riferisce alla possibilità di contenere cose o persone, mentre nell'ambito economico concerne l'eventualità di un bene immobile di essere oggetto di garanzia nel caso di mutuo o ipoteca (Internazionale online), il termine *incapienza* esclude tale alternativa. Nelle direttive il termine non compare, mentre nel caso dei decreti vi sono solo: *incapienza del fondo, condizioni di incapienza* sempre nel contesto di prestiti e servizi di pagamento.

Inoltre, è presente la parola *iter*, ossia un tecnicismo che cambia accezione in base al contesto ad es. nel linguaggio politico-parlamentare si riferisce alla procedura di un disegno di legge dinanzi alle diverse commissioni, mentre nel linguaggio burocratico si riferisce alle procedure di una pratica per essere completata. Nelle direttive non compare, mentre nei decreti è abbastanza raro e si riferisce sempre ad una procedura da seguire, ossia: *iter di accreditamento, iter di valutazione* e *iter valutativo*. In entrambe le varietà sono frequenti i termini: *procedura, procedimento* e *pratiche*.

Pendenza nel linguaggio giuridico si riferisce alla situazione in un cui un negozio giuridico dipende da una condizione non ancora verificatasi o da un preciso termine non ancora scaduto e deriva dal verbo *pendere* che nel linguaggio giuridico significa "di causa", ma anche "non essere ancora risolto" (Internazionale online). Nelle direttive compare solo *pendenza* come sinonimo di "obliquità" e "pendio" (direttiva 2004/26/CE del Parlamento europeo e del Consiglio), mentre è presente la locuzione *in pendenza della decisione* (direttiva 2014/22/UE del Parlamento europeo e del Consiglio). Lo stesso vale per i decreti, in cui è presente solo la medesima locuzione, sebbene 7 volte e nei seguenti contesti: *in pendenza dell'istanza* ("in attesa dell'istanza"), *in pendenza dell'offerta, in pendenza di processo, in pendenza di un procedimento.* In questo caso non è necessario menzionare i calcoli di normalizzazione a un milione per costatare nuovamente il maggiore attaccamento dei giuristi italiani ai tecnicismi collaterali.

Uno dei casi di tecnicismi è il termine *risultanze istruttorie* il quale si riferisce all'approvazione di una determinata attività istruttoria, chiamata semplicemente "*istruttoria*" (ad es. amministrativa) in cui sono verificate le prove e gli eventi di un processo. Il termine *risultanze istruttorie* si riferisce all'approvazione dei documenti esaminati per un procedimento o un processo (Treccani online). Nelle direttive questo termine non compare, mentre nei decreti vi sono solo quattro esempi presenti nel decreto n. 68 del 21 maggio 2018, ossia *disporre le risultanze istruttorie* e *acquisire le risultanze istruttorie.* Tale questione mostra che le direttive tendono per quanto possibile a limitare i tecnicismi collaterali sostituendoli con termini più vicini alla lingua comune.

Un altro termine frequente nei testi giuridici è *ubicato* e *ubicare* (Benedetti 2012: 30), presente ben 60 volte nei decreti italiani, mentre nelle direttive 103. Tale constatazione è rilevante dato che *ubicare* appartiene al linguaggio burocratico (Internazionale online), mentre *situare* è considerato parte di uso comune (Internazionale online). L'occorrenza di entrambi i termini è riportata nella seguente tabella:

Tab. 38: Termine specialistico, frequenza nelle direttive e nei decreti, risultato dei calcoli di normalizzazione delle direttive e nei decreti.

Termini	**Direttive**	**Decreti**	**Normalizzazione (direttive)**	**Normalizzazione (decreti)**
ubic-	103	60	71,69	75,05
situa-	348	168	242,20	210,13

I dati provano che nei due corpus viene adottata una strategia simile nella scelta dei termini, dato che in entrambi la scelta più frequente ricade sul termine vicino alla lingua comune. Inoltre, stando ai risultati dei calcoli di normalizzazione e non guardando solo il numero di occorrenze, si nota che la differenza fra i due corpus per quanto riguarda l'uso di *ubic-* è minima, il che significa una somiglianza nella scelta dei termini. A questo ci si dovrebbe chiedere quanto il linguaggio comunitario influisca sul legislatore italiano.

Tra i tecnicismi occorre menzionare anche l'aggettivo *coattivo*, presente solo nei decreti ossia: *riscossione coattiva dei debiti o delle sanzioni* (n.161 del30 ottobre 2014 e n.68 del 21 maggio 2018), sinonimo di *coercitivo*, *cogente* e *costrittivo*. Nelle direttive non compare, ma troviamo *misure coercitive*, *atti coercitivi* e *disposizioni cogenti* (solo nella direttiva 2008/48 del Parlamento europeo e del Consiglio), termini a loro volta non comparenti nel corpus delle direttive.

Un altro tecnicismo collaterale interessante è *equipollente*, sinonimo di *equivalente* e presente solo nei linguaggi specialistici della geometria e della burocrazia, in uso sia come sostantivo che come aggettivo. È presente solo nella direttiva 2005/33/CE *documento equipollente*, mentre decreti solo 4 volte: *titolo di studio ritenuto equipollente*, *riconoscimento equipollente*, *documenti equipollenti*. In entrambe le varietà è decisamente più frequente il termine equivalente, nelle direttive 408 volte e nei decreti 103.

Il termine *esimente* in funzione di sostantivo o aggettivo, come ad es. *causa esimente*, nel linguaggio giuridico si riferisce ad una condizione prevista dalla legge che esclude la punibilità di un reato (Internazionale online). Questo tecnicismo non compare nelle direttive, mentre nei decreti sono stati rilevati solo quattro esempi presenti nel decreto n.148 del 29 novembre 2018, ossia: *a condizione che ricorra l'esimente*, *l'esimente prevista*, *l'esimente richiamata*.

Percipiente nel linguaggio burocratico si riferisce a colui che percepisce una somma di denaro (Internazionale online). Anche in questo caso non compare nelle direttive, ma è presente nei decreti, ossia: *residenti percipienti gli utili*, *il percipiente della prestazione liquidata*.

Fra i termini che nei testi giuridici compaiono con diverse accezioni, si può trovare *presunzione* che nel linguaggio comune è il sinonimo di "supposizione", mentre nell'ambito strettamente tecnico si riferisce alla ricostruzione di un dato ignorato con delle argomentazioni logiche (Internazionale online). Nelle direttive vi sono esempi di locuzioni come ad es. *presunzione d'innocenza* (o di "innocenza"), *presunzione di conformità*, *presunzione di continuità*, *presunzioni legali di rappresentanza*, mentre nei decreti è presente solo *presunzione di conformità*.

Dalla presente analisi dei tecnicismi risulta che il linguaggio giuridico italiano rispetto alla varietà europea tende a un maggiore uso di tecnicismi collaterali, specifici e arcaismi. Probabilmente tale decisione ha il fine di rendere la terminologia specifica più precisa possibile. Per quanto riguarda le direttive invece, prima di tutto ai termini specialistici viene di solito allegata una definizione nella parte nazionale, mentre in secondo luogo è rilevante la tendenza ad usare sinonimi più vicini alla lingua comune, probabilmente per una maggiore chiarezza. Inoltre, la ricerca mostra una maggiore ridondanza nelle direttive, anch'essa probabilmente volta ad una maggiore chiarezza anche se talvolta a discapito dell'eleganza dello stile. Tuttavia, è visibile che nessuno dei due linguaggi sembra completamente unificato, come se la terminologia scelta nelle diretta incidesse sulla terminologia scelta dal legislatore italiano.

9.4. Lessico dell'ambito dell'UE

Nella presente indagine viene sottoposta ad esame la presenza di *falsi amici* e termini appartenenti all'ambito del diritto dell'UE. Tale ricerca ha i fini di mettere in rilievo la presenza di alcuni fenomeni lessicali nei testi del linguaggio del diritto dell'Unione europea.

In primo luogo, si è passati alla ricerca dei *falsi amici* (termini che si somigliano dal punto di vista della forma, ma contengono un significato diverso), elencati nell'opuscolo della Commissione europea intitolato *Scrivere Chiaro* (Commissione europea: 11–12) e l'unico esempio riportato riguarda la parola *abusivo* dal francese *abusif*. Nel linguaggio giuridico italiano, il termine *abusivo* è sinonimo di "illegale", mentre in alcuni contesti è appropriato l'uso dei termini *ingannevole, vessatorio*. La frequenza in entrambe le varietà è abbastanza simile, anche se l'aggettivo compare in contesti diversi, ossia nelle direttive sono presenti i seguenti esempi: *utilizzare in modo abusivo le attrezzature, avviare un'azione legale in modo abusivo o in malafede, sfruttamento abusivo di posizioni dominanti, utilizzo abusivo di informazioni ottenute*, mentre nei decreti: *valutazione di abusività a clausole contrattuali, esercizio abusivo dell'attività, poteri di contrasto all'abusivismo, acquisire in modo abusivo segreti commerciali, clausole abusive nei contratti stipulati*. Nei testi comunitari non sono stati rilevati casi in cui l'aggettivo *abusivo/a* venisse utilizzato in maniera scorretta e tale osservazione può risultare dal fatto che le direttive selezionate sono recenti (dal 2000). Inoltre, vale la pena verificare quale dei due aggettivi fra *ingannevole* e *vessatorio* sia più comune nel corpus. Entrambi vengono definiti di registro comune, ma "ingannevole" può essere utilizzato ha un'ampia varietà di contesto d'uso, mentre "vessatorio" si riferisce piuttosto a un contesto legale, ad es. *un provvedimento vessatorio, un governo vessatorio* con l'accezione di "oppressivo" o "restrittivo" (Treccani online).

L'aggettivo *ingannevole* è raro in entrambe le varietà tuttavia, nelle direttive la frequenza arriva a 11 volte, ossia: *informazioni false e ingannevoli, pubblicità di contratti di credito corretta, chiara e non ingannevole, pratiche sleali o ingannevoli, impressione ingannevole, indicazione ingannevole, pubblicità ingannevole, informazioni complete e non ingannevoli.* Nel decreti vi sono soltanto due esempi, ovvero: *iscrizioni ingannevoli, contratti effettuati in forma corretta, chiara e non ingannevole.* L'aggettivo *vessatorio* non compare nelle direttive, mentre nei decreti solo una volta, ossia *clausole vessatorie* (decreto del 21 febbraio 2014 n. 21).

Per quanto riguarda l'indagine concernente i falsi amici, non sono stati rivelati ulteriori esempi elencati nell'opuscolo Scrivere Chiaro nel corpus selezionato, il che mostra una particolare cura di giuristi e traduttori nella redazione delle direttive. La seconda questione assai rilevante in materia del linguaggio giuridico dell'UE, riguarda la terminologia prettamente la terminologia e il gergo comunitario, ossia la varietà o meglio la lingua convenzionale parlata da specifici gruppi di persone con l'intenzione di intendersi fra di loro, ma non da persone non appartenenti al loro ambiente (Dardano, Trifone 1990: 372).

Uno dei primi termini del gergo comunitario è senz'altro *acquis* o *acquis comunitario*, per il quale si intende "l'insieme della normativa UE". Nei testi comunitari sono presenti: *acquis, acquis comunitario, acquis di Schengen* e *acquis unionale.* Nei decreti *acquis* non compare affatto, ma al suo posto è presente il termine: *normativa europea.* Tale osservazione permette di giungere alla conclusione che il termine *acquis* è applicato nelle istituzioni europee, ma non è ancora entrato a far parte del lessico dell'italiano giuridico.

Un altro prestito anglosassone appartenente al gergo comunitario è *benchmarking*, ossia attività di ricerca su prodotti, processi, servizi, procedure delle varie aziende volta a indicare l'efficienza di determinate scelte di investimento (Treccani online). Il termine, seppure gergale, è presente solo nella direttiva 2013/36/UE del Parlamento europeo e del Consiglio, mentre nei decreti si possono trovare solo i termini: *procedura di valutazione, criteri di valutazione.*

Inoltre, in *Scrivere Chiaro*, (Commissione europea 2016: 12) viene criticato l'uso del termine *allargamento* come parola appartenente al gergo comunitario. Nelle direttive l'unico esempio si trova nella direttiva 2006/88/CE del Consiglio, ovvero: *recente allargamento della Comunità* mentre sono più frequenti gli esempi con *adesione ad es. di paesi terzi.* Nei decreti la parola *allargamento* compare solo in contesti prettamente tecnici (*allargamento della marcatura CE* e *allargamento della banda cromatica*), ma non con il significato di adesione all'UE. Rimanendo nel contesto dell'adesione di nuovi Paesi all'UE, il termine *Paesi candidati* compare solo nella direttiva 2008/50/CE e nella direttiva 2003/85/CE, mentre nei decreti non compare nessuno dei due termini gergali. Compare il termine *Paese terzo* (sia con la maiuscola, che con la minuscola) in riferimento a qualsiasi paese che non fa parte dell'UE (Ibidem), con una frequenza maggiore nelle direttive (1124 volte) rispetto ai decreti (293 volte) Stato extracomunitario (sei volte nei decreti) e Paese extracomunitario, termini che non sono presenti nelle direttive.

Un altro termine gergale coniato dal contesto europeo è *comitatologia*, ossia procedure in cui la Commissione europea collabora con comitati di esperti. Nelle direttive sono presenti *comitatologia* o *procedure di comitatologia,* mentre nei decreti questo termine non compare. Tale assenza potrebbe derivare dal fatto che i decreti italiani in materia comunitaria si concentrano maggiormente sulle disposizioni, ovvero sugli effetti delle norme europee e meno sulla procedura in cui tali normative vengono approvate.

Inoltre, nel corpus delle direttive è presente il termine *vertice*, termine comune del linguaggio giornalistico che si riferisce agli incontri dei massimi esponenti di uno Stato, un governo o di un partito (Internazionale online). Nelle direttive vi sono i seguenti esempi: *leader del vertice del G8, vertice mondiale sullo sviluppo, vertice di Londra*, mentre nei decreti compare solo nel contesto finanziario, ovvero *società posta al vertice del gruppo.*

Come si è già avuto modo di appurare nella parte concernente il linguaggio comunitario, la realtà giuridica dell'UE ha dato luce a nuovi termini tecnici che si riferiscono a determinate procedure, istituzioni dapprima inesistenti, oppure a determinati concetti giuridici, come ad esempio: il *principio di precauzione*, ovvero termine coniato per la prima volta dalla Commissione europea nel 2000, il quale indica il principio secondo cui nel caso una data decisione o azione politica potesse causare eventuali danni al pubblico, all'ambiente in base a dati scientifici e pareri di esperti, tale politica o azione non deve essere approvata (Eur-Lex online). Un altro esempio di *tecnicizzazione* avviene nel caso del termine *principio di proporzionalità*, secondo il quale le attività dell'UE devono essere limitate al necessario per conseguire gli obiettivi previsti dai trattati. Nelle direttive il termine è assai frequente dato che compare 98 volte, mentre nei decreti solo 5 volte e una volta *principio di proporzione* (decreto n. 108 del 21 giugno 2017)

Un altro termine strettamente legato all'attività comunitaria e ad aver acquisito un significato tecnico, è il *principio di sussidiarietà*, secondo il quale occorre garantire che le decisioni approvate debbano essere vicine alle necessità dei cittadini. Nelle direttive il termine compare settantadue volte, mentre nei decreti nemmeno una.

Nella direttiva 2011/36/UE del Parlamento europeo e del Consiglio, è presente il termine *cooperazione rafforzata con Europol e Eurojust*, ossia una procedura che permette a un determinato numero di paesi dell'UE di avviare una stretta collaborazione senza altri paesi dell'UE. Il fine di questa procedure è evitare un eventuale blocco dovuto da un singolo paese o da diversi paesi contrari ad un'azione o ad un'iniziativa (Internazionale online).Il termine è un calco dall'inglese *enhanced cooperation*, trasposto in francese come: *coopération renforcée* e in italiano, anche se il termine italiano corretto sarebbe: "stretta collaborazione" oppure "stretta cooperazione".

Vale la pena menzionare la parola *pilastro*, la quale nel contesto comunitario acquisisce valore tecnico in riferimento agli ordinamenti giuridici dell'UE, ovvero i tre pilastri. Nei decreti non compare, mentre nelle direttive vi sono i seguenti esempi: *pilastro ambientale, il secondo pilastro, pilastri del sistema previdenziale degli Stati europei*. Lo stesso avviene con l'espressione *libera circolazione*, ad es. delle persone, delle merci e dei capitali che nel diritto comunitario acquista valenza tecnica (Treccani online).

Nel diritto comunitario, l'aggettivo *orizzontale* si riferisce agli aspetti dell'efficacia diretta delle norme comunitarie, ossia verticale e orizzontale. La prima indica i rapporti tra privati e Stato, mentre l'efficacia diretta orizzontale concerne i rapporti tra privati (Eur-Lex online). Nelle direttive si possono trovare i seguenti esempi: *normativa orizzontale a livello di Unione, portata orizzontale, quadro generale di natura orizzontale per la nuova normativa, proposta legislativa orizzontale*, mentre nei decreti non vi sono esempi.

Anche il termine *convergenza* ha un significato tecnico nell'ambito comunitario grazie al Trattato di Maastricht e si riferisce ai criteri economici, ovvero specifici criteri da rispettare per poter introdurre l'euro (Treccani online) e nel corpus delle direttive il termine è molto frequente (61 volte) ossia*: convergenza dei poteri, convergenza delle disposizioni, convergenza delle prassi di vigilanza, convergenza dei sistemi di garanzia, convergenza delle pratiche di vigilanza, convergenza delle pratiche e degli strumenti, convergenza regolamentare*, mentre nei decreti il termine *convergenza* compare solo nel decreto n.130 del 30 luglio del 2012.

Un altro termine tecnico strettamente legato all'attività giuridica dell'UE è *regolamento di esecuzione*, ovvero la procedura in cui vengono adottati gli atti di esecuzione dalla Commissione, il regolamento di attuazione, ovvero il regolamento, in cui viene specificata la procedura di attuazione ad es. del Fondo sociale europeo e del Fondo europeo di sviluppo regionale (Treccani online).

Lo sviluppo dell'UE ha contribuito alla creazione di nuove istituzioni, nuove procedure come ad es.: *comitato di conciliazione, comitato di Basilea, comitato di contatto, comitato di regolamentazione, comitato per gli esplosivi, comitato per il controllo interno, comitato per i medicinali, comitato per i trapianti di organi, comitato per l'adeguamento al progresso tecnico, comitato per la qualità dei carburanti, comitato per la remunerazione, comitato per la risoluzione, comitato per la qualità dell'aria ambiente, comitato per le retribuzioni, comitato per le specialità medicinali* e nei decreti: *comitato di sorveglianza, comitato di vigilanza e di controllo, comitato di sicurezza finanziaria, comitato di analisi strategica, comitati di coordinamento.*

Inoltre, l'attività delle istituzioni europee ha permesso la tecnicizzazione dell'aggettivo *comunitario*, il quale non si riferisce solo a un fenomeno relativo ad una qualsiasi comunità, ma ha acquisito il significato di "concernente l'UE". Siccome le istituzioni mirano ad arrivare ad un'unica politica comune in diversi ambiti, l'aggettivo *comunitario* è assai frequente nel corpus delle direttive: *diritto comunitario, aliquota minima comunitaria, diritto comunitario, legislazione comunitaria, normativa comunitaria, azione comunitaria, misure comunitarie, norme comunitarie, impresa d'investimento comunitaria, risposta comunitaria, validità comunitaria dell'approvazione di un prospetto, programma comunitario di azione, quadro comunitario di contrasto, misure comunitarie di lotta, laboratorio comunitario di riferimento, procedure comunitarie* ad es. "di sorveglianza", *riserve comunitarie* ad es. "di vaccini", *aiuto comunitario, controlli comunitari, organismi comunitari, ispezioni e audit comunitari, ambiente marino comunitario, porti comunitari, quadro comunitario, investimento su scala comunitaria politiche comunitarie, disposizioni comunitarie, iniziative comunitarie, regime comunitario di imposizione, regime comunitario antiriciclaggio e Ufficio comunitario delle varietà vegetali, banca comunitaria di antigene e di vaccini* e nei decreti: *ambito comunitario, marchio comunitario, OICR comunitario armonizzato, Stato comunitario, livello comunitario, laboratorio comunitario di riferimento, sistema comunitario, ordinamento comunitario, diritto comunitario, banche comunitarie, direttive comunitarie, istituti di pagamento comunitari, privativa comunitaria, sede comunitaria, istituzioni comunitarie, validità comunitaria del prospetto, armonizzazione comunitaria delle procedure, adempimenti comunitari, forme pensionistiche comunitarie, misure comunitarie di lotta, disciplina comunitaria di riferimento, politiche comunitarie, attività comunitarie, regolamenti comunitari, legge comunitaria, disposizioni comunitarie, mercati comunitari, ispezioni e audit comunitari, norme tecniche comunitarie, verifiche ispettive comunitarie.*

Come si è avuto modo di appurare nella parte teorica concernente il linguaggio comunitario, nei testi dell'UE possono talvolta essere presenti termini poco precisi risultanti da un calco di traduzione. A destare dubbi nell'analisi del presente corpus, è il termine *dispositivo*, assai frequente nelle direttive. Nella lingua italiana, *dispositivo* si riferisce a un congegno che fa parte di un impianto, mentre nel linguaggio giuridico può avere due significati, ovvero "il dispositivo" come sostantivo è la parte di un atto giurisdizionale in cui è inclusa la decisione del giudice, oppure se in funzione di aggettivo indica la parte che contiene disposizioni o clausole ad es. la parte dispositiva di un contratto (Internazionale online), come si può appurare nel seguente esempio della direttiva 2001/51/CE del Consiglio:

> (1) Per lottare efficacemente contro l'immigrazione clandestina è fondamentale che tutti gli Stati membri adottino **un dispositivo** che fissi gli obblighi per i vettori che trasportano cittadini stranieri nel territorio degli Stati membri. Ai fini di una maggiore efficacia di tale obiettivo, occorrerebbe altresì armonizzare, per quanto possibile, le sanzioni pecuniarie attualmente previste dagli Stati membri in caso di violazione degli obblighi di controllo cui sono soggetti i vettori, tenendo conto delle differenze esistenti tra gli ordinamenti giuridici e le prassi degli Stati membri
> (2) La presente misura rientra in un **dispositivo globale** di controllo dei flussi migratori e di lotta contro l'immigrazione clandestina.

Nell'esempio riportato, sarebbe preferibile il termine *disposizione* nel senso di "norma", "prescrizione", dato che non si riferisce a nessuna decisione di un giudice. La stessa osservazione, è visibile nella direttiva 2013/36/UE del Parlamento europeo e del Consiglio:

> (…) Gli Stati membri assicurano che l'organo di gestione monitori e valuti periodicamente l'efficacia dei **dispositivi di governance** dell'ente e adotti le misure opportune per rimediare a eventuali carenze.

In primo luogo, occorre partire dal termine *governance*, il quale nel linguaggio delle finanze alle istituzioni formali o informali incaricate della gestione dell'attività economica (Treccani online). Nei testi comunitari, tale termine sarebbe traducibile con "gestione", "strategia politica" in base al contesto. Nelle direttive sono presenti i seguenti esempi: *governance interna dell'impresa di investimento, dispositivi interni di governance, pratiche di governance, governance societaria, processi interni di governance, struttura di governance*. Nei decreti il termine *governance* compare solo nell'allegato del decreto n.35 del 15 marzo 2017 nel contesto di informazioni sulla trasparenza annuale delle società, ossia "descrizione giuridica e di governance dell'organismo di gestione collettiva". In questo caso sarebbe più corretto l'uso dei termini: "*mezzi di gestione*", "*norme riguardanti la gestione*".

Dall'indagine emerge che le direttive, pur essendo dei testi altamente tecnici e formali, contengono alcuni di esempi di forme gergali e tecnicismi appartenenti alla realtà dell'UE. Dall'analisi risulta che non sempre vi è una completa simmetria dal punto di vista terminologico, dato che alcuni termini sono presenti solo in una varietà, ma assenti nell'altra, come nel caso di *governance*.

Note conclusive in merito alla parte lessicale

Nella presente parte sono stati sottoposti a indagine i principali fenomeni lessicali, quali la presenza di prestiti, tecnicismi, esempi di tecnicizzazione, calchi e termini gergali. L'indagine ha come scopo individuare i rispettivi fenomeni e analizzarne l'occorrenza in entrambi i corpus al fine di trovare tratti simili o distintivi fra le due varietà giuridiche. Per quanto riguarda la metodologia sono stati utilizzati il Grande Dizionario di Italiano dell'Uso (GRADIT) e il dizionario online Internazionale Online per verificare il registro dei termini esaminati. Per rendere la presente ricerca più precisa, è stato utilizzato l'opuscolo della Commissione europea intitolato *Scrivere Chiaro* sulla redazione delle direttive.

Il primo capitoletto è dedicato ai prestiti, precisamente agli anglicismi. Prima di passare all'indagine sono state riportate le definizioni e le divisioni dei diversi tipi di prestiti secondo le grammatiche correnti, ossia di Dardano e Trifone, ma anche di Serianni e Antonelli. Dal punto di vista metodologico, la ricerca parte dalle direttive. Questa scelta è dovuta al fatto che nei testi comunitari vi è una maggior tendenza ad usare i prestiti di origine anglosassone probabilmente a causa del contesto multiculturale.

Dall'indagine emerge che i prestiti sono prevalentemente di origine anglosassone e si prestano all'economia, come del resto succede anche nel linguaggio dell'economia. Per ottenere risultati più precisi, sono stati verificati i testi dei decreti che recepiscono le medesime direttive. L'indagine ha mostrato che in molti casi il legislatore italiano "corregge" la terminologia presente nelle direttive utilizzando la terminologia autoctona. Tale scelta non deriva da una chiusura verso i forestierismi, ma dall'esigenza di mantenere chiarezza nell'interpretazione del diritto senza utilizzare termini che non sono ancora entrati nell'uso della lingua italiana o che sono ritenuti gergali. L'individuazione di questi termini è stata possibile consultando il GRADIT e il dizionario *Internazionale online*. Inoltre, occorre precisare che nel caso dei prestiti di necessità ad alto uso tecnico, il legislatore italiano inserisce il termine inglese e ne allega la definizione. Tuttavia, nel caso in cui si tratta di prestiti che fanno parte del repertorio dell'italiano, essi non vengono allegati della loro definizione malgrado costituiscano dei termini ad alto uso specialistico, vale a dire comprensibili al lettore esperto.

Si nota che il legislatore comunitario riporta una maggiore attenzione verso il destinatario, dato che ogni termine di origine straniera è allegato di una definizione, oppure del corrispondente italiano. Vale la pena notare che le direttive non sono omogenee nella redazione e che le direttive che rispettano più rigorosamente le indicazioni dell'opuscolo Scrivere Chiaro sono quelle approvate dalla Commissione europea. Inoltre, la mancanza di omogeneità è visibile nel modo in cui le direttive sono riportate, ossia in alcune direttive compare il termine inglese seguito dal corrispondente italiano fra parentesi, mentre in altre la tendenza è contraria, ovvero il termine italiano è seguito dal termine straniero fra parentesi. Questo mostra che il legislatore europeo asseconda le esigenze non solo degli specialisti, ma anche dei lettori non esperti o medio esperti, abituandoli allo stesso tempo alla terminologia comunitaria che si avvale di prestiti. Tale scelta porta ad incidere sulla forma dei decreti legge italiani e ad arricchirli lessicalmente grazie all'utilizzo di nuovi prestiti.

In secondo luogo si è passati alla rassegna della presenza dei prestiti di provenienza dotta. I risultati dell'indagine si sono rivelati sorprendenti dato che si riscontra una netta maggioranza di termini e locuzioni di provenienza latina nelle direttive. Tale risultato è da ritenersi inaspettato siccome il linguaggio giuridico italiano ha una lunga tradizione linguistica e culturale a differenza del linguaggio giuridico dell'UE, basato spesso su un lavoro di traduzione e creatosi in un contesto multiculturale e moderno, in cui domina la lingua inglese. Inoltre, bisogna ricordare che nei manuali di scrittura predisposti per la redazione e la semplificazione degli atti giuridici si richiama sempre a non usare termini di provenienza latina, poiché comprensibili al lettore esperto, ma non al cittadino medio. Occorre notare che nella maggior parte dei casi non si tratta di locuzioni, ma di termini che concernono la giurisprudenza e racchiudono concetti legati al diritto romano. I termini analizzati oltre ad essere dei prestiti di lusso, sono anche tecnicismi collaterali dato che sono sostituibili con termini italiani, la cui presenza renderebbe il testo più semplice dal punto di vista della loro comprensione.

Tuttavia, per valutare questo fenomeno occorre includere il fattore culturale. Mi riferisco al fatto che l'UE è un insieme di Paesi con differenti lingue, culture, ma anche differenti ordinamenti e sistemi giuridici quali il *common law* e *civil law*. Le differenze fra i due sistemi non riguardano solo la terminologia, ma anche la concezione della legge e la redazione degli atti giuridici. La presenza dei termini di provenienza dotta potrebbe, a mio parere, derivare da una necessità di appartenenza culturale, ovvero marcare il fatto che il diritto comunitario si basa sull'ordinamento dei Paesi del *civil law* e non del *common law*. Anche in questo caso le direttive non risultano essere omogenee dato che i latinismi riportati non provengono dalle direttive approvate dalla Commissione europea, ma bensì dal Parlamento europeo e dal Consiglio europeo.

Infine, si è passati alla presenza dei tecnicismi specifici e collaterali nei rispettivi gruppi riportandone le definizioni. In questa parte le differenze tra la varietà comunitaria e il linguaggio giuridico nazionale sono più pronunciate. Innanzitutto, nell'indagine è stata effettuata la ricerca dei termini presenti nella parte teorica sul linguaggio giuridico, nei manuali di scrittura citati e nell'opuscolo *Scrivere Chiaro* per unire la parte teorica all'analisi pratica.

Di seguito si è passati all'occorrenza nei corpus sia dei tecnicismi che dei rispettivi equivalenti appartenenti al registro neutro, corrente o di alto uso secondo i dizionari riportati sopra. Occorre osservare nel caso dei termini presenti in entrambi i corpus, ci si è avvalsi di metodi quantitativi, ossia alla normalizzazione a un milione. Tale metodologia serve a rendere più obiettiva l'analisi qualitativa e a dare un quadro maggiormente preciso in merito all'occorrenza di determinati vocaboli nei corpus. Per prima cosa, l'italiano giuridico mostra una maggiore tendenza all'uso dei tecnicismi collaterali, radicati nel linguaggio del diritto rispetto alle direttive comunitarie che si avvalgono solitamente di termini di registro neutro. Tuttavia, la ricerca ha mostrato che non vi sono differenze così nette dato che in alcuni casi entrambe le varietà mostrano di essere maggiormente incline ad usare termini di uso comune e non di registro tecnico-specialistico, soprattutto nel caso di verbi. Questo risultato permette di affermare che il linguaggio delle direttive incide sul linguaggio giuridico italiano, o meglio sul linguaggio dei decreti che recepiscono gli atti comunitari. Per contro, l'uso di tecnicismi collaterali e di prestiti dal latino, può far sorgere il dubbio che nel tentativo di rendere le direttive il più simile possibile alla lingua d'arrivo, siano stati introdotti vocaboli appartenenti al linguaggio burocratico italiano benché sostituibili con altri termini meno formali e maggiormente comprensibili.

Nei decreti vi sono più esempi di termini di registro aulico e di arcaismi che nel linguaggio comunitario essi spesso non compaiono, mentre non vi sono esempi di tecnicismi collaterali presenti solo nelle direttive. Questo mostra un maggiore attaccamento del linguaggio giuridico italiano rispetto al linguaggio giuridico comunitario. Inoltre, la varietà comunitaria si avvale di neologismi e prestiti (prevalentemente di origine anglosassone) per descrivere nozioni appartenenti alla realtà dell'UE ed è maggiormente incline al rinnovamento lessicale. Nel caso dei decreti, i termini tecnici comparenti nelle direttive vengono allegati di una definizione. Tale decisione mostra l'accuratezza del legislatore italiano in materia di precisione terminologia, ma non necessariamente tenendo conto del destinatario medio-esperto.

L'ultimo capitoletto della parte lessicale è stato dedicato alla ricerca e all'analisi dei termini appartenenti al gergo comunitario. Nella ricerca di esempi appartenenti al gergo comunitario sono stati utilizzati gli esempi inclusi nell'opuscolo Scrivere Chiaro della Commissione europea. Occorre sottolineare che nelle direttive gli esempi di *falsi amici* menzionati nell'opuscolo erano nel corpus a dir poco rari, come del resto gli esempi appartenenti al gergo comunitario e gli esempi riportati non venivano menzionati nei decreti. Questo mostra una particolare accuratezza nella redazione delle direttive e una rigida osservanza delle indicazioni della Commissione europea.

Ricapitolando, l'indagine mostra che benché le varietà studiate siano strettamente legate, esse mostrano relative differenze dal punto di vista lessicale, le quali però derivano anche da fattori esterni. Nel caso dei prestiti di origine anglosassone, si nota una certa apertura della varietà comunitaria, ma anche la consapevolezza di adoperare prestiti che entreranno a far parte del repertorio della lingua italiana. Tale consapevolezza è visibile nell'approccio linguistico-redazionale, ovvero nelle definizioni riportate e nell'aggiunta dell'equivalente autoctono. Dall'altra parte, il legislatore italiano si dimostra più cauto verso il rinnovamento lessicale per una questione prettamente terminologica e per evitare eventuali ambiguità o caos. Tale fenomeno è visibile nei casi di termini appartenenti al linguaggio comunitario, decisamente rigettati dal legislatore italiano, oppure introduce il termine straniero allegandolo di una definizione. Tuttavia, in alcuni casi le direttive "contaminano" la lingua nazionale quando il legislatore italiano non adatta la terminologia straniera a quella italiana. Questo fenomeno è visibile nel caso in cui un dato termine descrive concetti lontani dalla cultura giuridico-economica italiana.

Per contro, l'indagine ha mostrato alcune anomalie, come ad esempio la presenza di termini e formule latine nelle direttive e non nei decreti. Questo mostra che gli atti di recepimento tendono da una parte alla semplificazione terminologica, ma anche che le direttive tendono a sottolineare la propria appartenenza al diritto romano. Nel caso dei tecnicismi collaterali appartenenti al linguaggio giuridico italiano, l'indagine ha mostrato che la maggioranza dei termini analizzati compare in entrambi i corpus, ma con la differenza che nelle direttive sono effettivamente più rari. Inoltre, i dati mostrano chiaramente che entrambe le varietà tendono a privilegiare, nei casi in cui vi è la possibilità, il termine più vicino alla lingua comune, il che mostra che anche le direttive incidono sulla qualità dei testi normativi italiani, malgrado vi siano termini arcaici presenti solo nei decreti legge e non nelle direttive.

10. Analisi sintattica

10.1. Verbi e strutture verbali

Nella parte concernente le caratteristiche del linguaggio giuridico, è stata più volte trattata la questione della scelta dei verbi e dei *complessi verbali* (chiamati costrutti verbali da Mortara Garavelli nella parte concernente il linguaggio giuridico). Si tratta di complessi verbali quando in una frase due verbi si comportano come un'unica struttura frasale invece di costituire la testa di frasi diverse (Salvi, Vanelli 2004: 216). Nei manuali di semplificazione si richiama all'uso di verbi semplici invece di espressioni elaborate e arcaiche, comunemente riscontrate nel linguaggio giuridico (Benedetti 2012: 27). Occorre essere cauti a non confondere tali verbi con i verbi fraseologici, i quali sono definiti *verbi aspettuali* e indicano un particolare aspetto di una data azione (Serianni, Castelvecchi 2016: 397).

In questa sede, mi soffermo sulla presenza dei complessi verbali composti da *fare, dare, porre* e *tenere* e più avanti passerò ai verbi modali. Il primo verbo sottoposto ad analisi è il verbo *fare*, il quale pur non essendo di registro elevato, genera espressioni elaborate frequenti nei testi di diritto.

È possibile notare che anche per quanto riguarda le strutture verbali con *fare* o *far + infinito* oppure *fare o far + sostantivo*, le direttive sembrano avere minimamente più variegati rispetto ai decreti, ossia: *fare affidamento, far apparire sul sito, far applicare, , far cessare, farsi carico, far convergere le prassi, far decadere la garanzia, fare domanda di indennizzo, far effettuare, far o fare fronte ai rischi, far riferimento a, far salve le norme, far salvi gli obblighi, far scattare un obbligo, far sì che, far valere un diritto, fare affidamento, fare applicare, fare carico di costi relativi al pagamento, fare riferimento, fare scelte, fare rispettare, fare distinzioni, fare fronte, fare i preparativi necessari per accettare gli addebiti, fare in modo che, fare ricorso ai competenti organismi amministrativi, fare acquisti* mentre nei decreti spesso il verbo è seguito da un verbo o da un sostantivo, ovvero: *far eseguire, far emergere, far* o *fare fronte, fare in modo che, far osservare un decreto o un provvedimento, far parte, fare ricorso, fare rientro, far riferimento, far rispettare un decreto, far valere qualcosa ad es. far valere la sussistenza, fronte, fare data, fare denuncia di un fatto, far conoscere il pericolo, far emergere fenomeni.*

Nella parte teorica, l'opuscolo della Commissione europea intitolato *Scrivere Chiaro* richiama non solo a una maggiore chiarezza e semplicità ma anche a una maggiore concretezza tramite l'uso di espressioni precise, a discapito dell'ambiguità, come ad es. *svolgere una ricerca* invece di *fare una ricerca, accordare fiducia* o *fidarsi* al posto di *fare fiducia*, espressione che non esiste in italiano, ma compare nelle direttive probabilmente come calco traduzione. Vale la pena osservare che nel corpus sono presenti le strutture con *fare+ sostantivo* sostituibili con un solo verbo, come ad esempio: *fare affidamento – affidarsi, fare riferimento – riferirsi a/ citare, fare scelte – scegliere, fare distinzioni – distinguere, fare fronte – affrontare, fare ricorso – presentare ricorso, fare domanda di indennizzo – presentare richiesta/ domanda di indennizzo, fare acquisti – acquistare, fare parte – essere parte o partecipare, fare rientro – rientrare, fare denuncia di un fatto – denunciare un fatto.* Inoltre, ci sarebbero altre espressioni che potrebbero essere semplificate, come ad es. *far conoscere il pericolo* sostituibile con *informare del pericolo, far emergere un fenomeno – causare un fenomeno* o *evidenziare un fenomeno* dipendentemente dal contesto, *fare data – dal giorno, far apparire sul sito – introdurre, mostrare, inserire, pubblicare sul sito.*

In base agli esempi si può notare una minima differenza d'uso del verbo *fare* nei due corpus, ossia nel caso dei decreti compare come riuso della struttura latina e in alcune espressioni del linguaggio giuridico come ad esempio *fare data*, mentre nelle direttive l'uso del verbo *fare* si attinge a strutture sostituibili con un solo verbo.

Sull'uso di *dare*, nel corpus delle direttive è decisamente meno frequente rispetto ai decreti dato che nella varietà comunitaria si possono trovare relativamente pochi esempi, ossia: *dare adito, dare accesso, dare avvio, dare comunicazione, dare attuazione, dare effetto, dare esecuzione, dare luogo, dare notifica, dare seguito.* Nei decreti gli esempi sono più numerosi e variegati, ossia: *dare avviso ai familiari, dare comunicazione, dare attuazione alle misure/ alle politiche/ a un piano di finanziamento, dare corso al procedimento, dare corso alle iscrizioni, dare idonea evidenza nelle comunicazioni alla clientela, dare inizio, dare luogo, dare mandato a un ente, dare pubblicità a un provvedimento.*

Come si può vedere, alcuni di questi costrutti sono superflui e sarebbero facilmente sostituibili con un verbo semplice, come ad es. *dare avvio – avviare, dare comunicazione – comunicare, dare attuazione alle misure/ politiche – attuare misure o politiche, dare effetto – effettuare* o *eseguire, dare esecuzione – eseguire, dar luogo – mettere in atto, dare notifica – comunicare.* I testi dei decreti riportano esempi più astratti, definibili anche come arcaici e antiquati e andrebbero sostituiti non tanto per un'esigenza stilistica, quanto per la loro forma bizzarra, come ad esempio *dare avviso ai familiari – avvisare, dare corso al procedimento – avviare il procedimento, dare inizio – iniziare* o *avviare, dare mandato a un ente – autorizzare un ente* e *dare pubblicità a un provvedimento*, espressione decisamente ambigua che compare più volte nel decreto n. 72 del 21 maggio 2015 art. 53 punto 3:

> «3. Il provvedimento di applicazione delle sanzioni previste dal presente titolo è pubblicato senza ritardo e per estratto sul sito web della Banca d'Italia. Nel caso in cui avverso il provvedimento di applicazione della sanzione sia adita l'autorità giudiziaria, la Banca d'Italia menziona l'avvio dell'azione giudiziaria e l'esito della stessa nel proprio sito web a margine della pubblicazione. La Banca d'Italia, tenuto conto della natura della violazione e degli interessi coinvolti, può stabilire modalità ulteriori **per dare pubblicità al provvedimento**, ponendo le relative spese a carico dell'autore della violazione.»;

Nella parte selezionata, si osserva come l'inadeguata scelta di un verbo o di una locuzione verbale, può essere ambigua dato che *dare pubblicità* non è preciso quanto *rendere pubblico* o *diffondere*, ma è un'espressione del gergo legale. Inoltre, *dare comunicazione* compare in entrambi i corpus, tuttavia nei decreti è riscontrabile per più di ottanta volte, mentre nelle direttive solamente cinque, *dare notifica* due volte nei decreti e cinque nelle direttive, *dare attuazione* dodici volte nelle direttive e quattordici nei decreti, mentre *dare avvio* 4 volte nelle direttive, ma nessuna volta nei decreti. In entrambi i corpus sono quindi riscontrabili espressioni gergali, tuttavia esse sono più frequenti nei decreti che nelle direttive.

Un altro esempio menzionato nella parte teorica è *dare origine* (Benedetti 2012: 25–26), anch'esso sostituibile con un verbo semplice. Nelle direttive l'espressione *dare origine* compare solo quattro volte, ossia nella direttiva 2008/56, 2015/2366, 2006/88 e nella direttiva 2009/111, *livelli che non danno origine a effetti inquinanti* (2008/56), sviluppi che *hanno dato origine a sfide significative* (2015/2366), *dare origine al rischio di diffusione* (2006/88), *enti finanziari che hanno dato origine alle esposizioni cartolarizzate* (2009/111). Nei decreti questa espressione compare solo 3 volte e anche in questi casi si tratta di contesti specialistici ad es. nell'economia è uno strumento che *dà origine a componenti positivi di reddito proprio* (n.142 del 29 novembre 2018), nell'ambito dell'ambiente e dell'ecologia: *livelli che non danno origine a effetti inquinanti* (decreto 13.10 2010 n.190), e nella sanità: *dare origine al rischio di diffusione* (n. 148 del 4 agosto 2008). Molto più frequente risulta essere l'espressione sinonimica *dare luogo* o *dar luogo* in entrambe le parti del corpus. Nelle direttive compare 26 volte, mentre nei decreti solo 8. Dal punto di vista pragmatico, può risultare interessare la differenza d'uso, ossia nei decreti tale espressione compare nel contesto economico-finanziario, ad es. *dare luogo a contratti, dar luogo all'apertura della procedura sanzionatoria, dar luogo alla tempestiva revisione del profilo di abilitazione*, e nell'ambito tecnico dell'ingegneria *dar luogo a un incidente grave.*

Un altro fenomeno caratteristico per il linguaggio giuridico è senz'altro la presenza di costrutti verbali con *porre*, tra cui quello ritenuto più arcaico, e superfluo, è *porre in essere* (Mortara Garavelli 2001: 178). *Porre in essere* compare nelle direttive ben 39 volte, mentre nei decreti 36, tuttavia se lo si normalizza fino a un milione, la frequenza di *po* in essere* è maggiore nei decreti, ossia 27,14 nelle direttive e 45,02 nei decreti. Paradossalmente *porre in essere*, compare anche nelle direttive più recenti (2014–2016), ossia *porre in essere controlli e sistemi* (2014/65/UE), *porre in essere efficaci politiche aziendali* (2013/30/UE), *porre in essere gli investitori professionali, porre in essere il miglior regime alternativo, porre in essere manipolazioni del mercato, porre in essere misure che facilitino il rimborso, porre in essere un quadro normativo, porre in essere un controllo, porre in essere una combinazione assicurativa, porre in essere uno stretto coordinamento, meccanismi, politiche, direttive e disposizioni.* Nei decreti questo costrutto si riferisce nella maggior parte dei casi a normative, strumenti concernenti le politiche, come ad es. *porre in essere una o più delle condotte con finalità di terrorismo, azioni poste in essere per impedire atteggiamenti ed azioni comunque discriminatori, azioni poste in essere per la parità di genere, porre in essere operazioni, porre in essere tecniche di negoziazione, porre in essere controlli.*

Per quanto riguarda l'espressione *porre fine*, essa si può definire abbastanza frequente nelle direttive soprattutto nell'ambito prettamente giuridico, ossia *porre fine a una violazione, porre fine alla delega del potere specificato* (2010/73/UE), *porre fine ai regimi nazionali (o alla loro applicazione), porre fine alla situazione irregolare* (2004/39/CE e 2014/17/UE), *porre fine al funzionamento*, come ad es. nella direttiva 2014/59/UE del Parlamento e del Consiglio:

> In particolare, la cessione, il fatto di **porre fine** o la modifica di cui al presente articolo, paragrafo 1, non revoca un ordine di trasferimento in violazione dell'articolo 5 della direttiva 98/26/CE né modifica o nega l'esecutività degli ordini di trasferimento e del netting a norma degli articoli 3 e 5 di tale direttiva, l'uso di fondi, titoli o facilitazioni di credito a norma dell'articolo 4 della medesima o la tutela dei titoli dati in garanzia a norma dell'articolo 9 della medesima.

Nell'esempio sopramenzionato, l'espressione "il fatto di porre fine" potrebbe essere semplificata con un semplice sostantivo, ossia ad es.: "la fine", il che renderebbe la frase decisamente meno complessa e più comprensibile. La scelta forzata di utilizzare l'espressione *porre fine*, ha reso il testo solo più complesso, ma non più elaborato. Nei decreti sono presenti: *porre fine alle irregolarità, porre fine allo stato di non conformità, porre fine alla violazione constatata, porre fine a un contratto o porre fine agli interessi. Porsi un problema* è presente solo nel decreto del 7 dicembre 2018, mentre nelle direttive compare solo nella *direttiva di esecuzione 2018/1027 della Commissione sulle distanze di isolamento per Sorghum spp.* L'espressione *porre la firma* non compare in nessun atto normativo del corpus, come ad es.: *porre in esecuzione porre di fronte alle responsabilità, porre indugio, porre da parte, porsi una questione*. Si potrebbe affermare che pur essendo una varietà giuridica, il linguaggio del diritto europeo ha comunque un numero limitato di strutture arcaiche tipiche del linguaggio giuridico. *Porre in discussione* è presente solo nella 2002/47/ CE del Parlamento europeo e del Consiglio del 6 giugno 2002 relativa ai contratti di garanzia finanziaria, nei decreti invece non compare. Inoltre nei decreti vi sono ulteriori espressioni con *porre*, ossia: *porre a carico del richiedente, porre in commercio strumenti o disposizioni, porre norme in materia di accreditamento e vigilanza, porre l'azienda sotto controllo ufficiale, porre termine agli obblighi delle parti.*

Nelle direttive sono presenti: *porre adeguato rimedio* (2014/59/UE), *porre condizioni al proprio consenso* (2010/73/UE), *porre domande*, il pleonasmo *chiedere chiarimenti* (2013/48/UE), *porre fine al rapporto d'affari, al comportamento, alla non conformità contestata, alla violazione, porre in atto dei dispositivi, porre l'applicazione della politica aziendale* (2013/30/UE) e in diverse direttive vi sono le espressioni: *porre rimedio a impedimenti, a una situazione, al deterioramento della situazione finanziaria, alla carenza o all'anomalia, alla prassi di front running quando costituisce un abuso di mercato, mentre nei decreti solo porre rimedio ai danni causati, porre rimedio a una grave perturbazione economica, porre limiti all'azione dell'amministratore speciale, porre limiti temporali, porre termine a una situazione, a un comportamento, all'esenzione.*

Anche per quanto riguarda i costrutti con *porre*, alcuni di essi sarebbero sostituibili con un verbo semplice, il che renderebbe i testi più semplici e scorrevoli, come ad esempio: *porre fine – terminare, porsi una questione/ porsi un problema – domandarsi, chiedersi, riflettere su un problema, porre in esecuzione – eseguire, applicare, effettuare, porre fine a un contratto – sciogliere un contratto, recedere da un contratto, porre di fronte alle responsabilità – assumersi le responsabilità, porre indugio – ritardare, porre da parte – accantonare, porre in discussione – discutere, porre norme – sancire norme, porre adeguato rimedio – rimediare, porre fine/ porre termine – terminare/ cessare, porre limiti – stabilire limiti.*

Un altro verbo rilevante è senz'altro *tenere*, anche se gli esempi non sono molto frequenti in entrambe le varietà e contengono nelle direttive sono presenti gli esempi: *tenere in custodia, tenere presente, tenere conto, tenere indenne,* mentre nei decreti *essere tenuto a, tenere a disposizione* e ancora *tenere conto.*

L'ultimo verbo sottoposto a esame, è il verbo *prendere*. Ancora una volta le direttive mostrano di avere una maggiore variabilità di esempi, ossia: *prendere contatto, prendere a carico, prendere a prestito, prendere come punto di partenza, prendere provvedimenti, prendere decisioni, prendere disposizioni, prendere delle precauzioni, prendere il rischio, prendere in consegna, prendere in considerazione, prendere in esame, prendere misure, prendere nota, prendere parte, prendere visione dei documenti.* Per quanto riguarda i costrutti con il verbo *prendere*, nei decreti sono presenti solo: *prendere atto, prendere in considerazione, prendere a prestito, prendere decisioni, prendere provvedimenti, prendere decisioni, prendere visione.*

La presente indagine mostra che per quanto riguarda i costrutti con verbi comuni come *fare, dare, tenere, prendere*, le direttive mostrano una maggiore tendenza ad avvalersi di tali verbi invece di usare espressioni astratte, mentre i decreti al contrario, ossia vi sono esempi di espressioni formate da verbi comuni, tuttavia non sono così numerose e differenti come nel caso dei testi comunitari. Inoltre, nei decreti è più frequente l'uso del verbo *porre* in espressioni astratte o strettamente tecniche, fenomeno più raro nelle direttive e particolarmente presente nei testi comunitari che trattano della giurisprudenza.

10.2. Verbo modale + verbo + si enclitico o si proclitico

Rimanendo in tema di sintassi e costrutti verbali, bisogna menzionare la struttura *verbo modale + verbo + si enclitico* con valore passivo o impersonale, assai frequente nei testi giuridici (Mortara Garavelli 2001:158–159). Per cominciare, gli esempi con il verbo *dovere* sono presenti in entrambi i corpus con una frequenza simile, ossia nei decreti: *deve intendersi, deve munirsi, deve presentarsi, deve procedersi, deve scostarsi, deve procedersi, deve adeguarsi* e nelle direttive: *deve attenersi, deve basarsi, deve concludersi, deve collocarsi, deve dotarsi, deve farsi guidare, deve fondarsi, deve informarsi, deve ricollegarsi, deve situarsi, deve svolgersi.*

Nei decreti sono presenti esempi con *potere*: *Il Comitato può avvalersi, la valutazione non può basarsi su, può darsi esecuzione, uno Stato membro può dotarsi di dispositivi, un sistema di garanzia può fondersi, la Consob può opporsi ai cambiamenti, modalità in cui può risolversi un contratto, l'ispezione può svolgersi, La SICAV non può trasformarsi,*

Nelle direttive compaiono: *può avvalersi, può basarsi, non può considerarsi, può definirsi, può eseguirsi in conformità della norma, il depositario può esonerarsi dalla responsabilità, il piano di risanamento può limitarsi ad alcune informazioni, il mercato non può opporsi, il riconoscimento delle decisioni può realizzarsi efficacemente, l'esecuzione può rilevarsi appropriata, il prestatore può riservarsi il diritto, può trovarsi, può verificarsi, può trattarsi, può stabilirsi.* Inoltre, nella direttiva 2011/95/UE è presente l'unico esempio con volere ossia "*non vuole avvalersi della protezione di detto paese*".

La scelta del *si enclitico* può derivare da un fattore di registro, ma non solo, come lo si può vedere nella direttiva 2003/6/CE del Parlamento europeo e del Consiglio:

> Art. 4
>
> Gli Stati membri provvedono a che gli articoli 2 e 3 **si applichino** anche a qualsiasi persona, diversa da quelle specificate in detti articoli, in possesso di informazioni privilegiate, che sappia o che avrebbe dovuto sapere trattarsi di informazioni privilegiate.

Nell'esempio sopracitato, "trattarsi" non solo rende il testo più elaborato, ma anche più breve, dato che " avrebbe dovuto sapere che si trattasse di informazioni privilegiate" avrebbe reso la frase maggiormente lunga dal punto di vista della quantità di parole e anche più complessa per quanto riguarda l'uso dei modi, mentre la scelta dell'infinito con il *si enclitico* ha permesso di evitare un'altra proposizione subordinata.

Tuttavia, il *si enclitico* non sempre semplifica le strutture dei testi normativi, come ad esempio nel caso della forma impersonale presente nel decreto n. 108 del 21 giugno del 2017:

> All'ordine di indagine, **può darsi** esecuzione alternativamente:
> a) con la trasmissione immediata dei flussi comunicativi (...)

In questo caso sarebbe meglio: *si può dare esecuzione* dato che semplificherebbe la frase, la qual sarebbe più conforme all'italiano comune, mantenendo un registro alto, e ai manuali di scrittura dei testi normativi. Lo stesso vale per quanto riguarda la scelta fra il *si enclitico* e la forma impersonale nel decreto n.22 del 21 febbraio 2014:

> (...) Se la rinegoziazione non raggiunge il buon fine, **può promuoversi** la procedura di conciliazione di cui all'articolo 194-bis (...)

Nell'esempio sopra, è presente il costrutto *verbo modale + infinito + si enclitico*, tuttavia sarebbe più indicata la scelta della forma passiva, ossia "può essere promossa la procedura" oppure "si può promuovere la procedura", dato che sarebbero strutture più vicine all'italiano comune.

Nel corpus è inoltre presente il *si proclitico + verbo modale + infinito* nei decreti ossia circa ventisei volte, mentre la loro frequenza è maggiore nelle direttive, ovvero 42 volte, ad es. *si devono scambiare, si devono stabilire, si devono sostenere, si devono valutare, di devono determinare, si deve impiegare, si deve indicare*, mentre nei decreti solamente *si deve fare riferimento, si devono usare contenitori ermetici, si può accettare, si può affermare, si può tener conto dei fattori, si può applicare, si può decidere, si può derogare, si può considerare, si può disporre, si può effettuare, si può facilitare, si può impartire, si può omettere, si può procedere, si può provvedere, si può richiedere, si può supporre, si può ricorrere alle procedure, si può trasferire, si può usare, si può utilizzare*, mentre nei decreti solamente: *non si può dare corso al procedimento* (decreto n. 129 del 3 agosto 2017), *elementi della politica a cui si può derogare* (decreto n. 49 del 10 maggio 2019), *conoscenza di cui ci si può ragionevolmente attendere come forma impersonale* (decreto n. 21 del 21 febbraio 2014).

Per concludere, in entrambe le varietà sono presenti sia il *si enclitico* che il *si proclitico*, tuttavia è visibile una minima differenza nell'uso di entrambe le strutture. Nei decreti i due costrutti compaiono alternativamente, mentre nelle direttive si osserva la tendenza all'uso del *si proclitico*, conformemente alle indicazioni dell'opuscolo *Scrivere Chiaro* della Commissione europea.

10.3. Participi presenti

Nel linguaggio giuridico sono molto frequenti i participi presenti e passati, divisibili in sostantivali e aggettivali, secondo la loro funzione grammaticale. Dal punto di vista pragmatico, essi servono a rendere un testo maggiormente elaborato, come mostrato seguentemente.

I participi presenti hanno la desinenza *-ante* o *-ente* e già in questa fase preliminare si può affermare che sono più numerosi nei decreti, che nelle direttive. I primi di essi sono principalmente aggettivali. Nel caso delle direttive, si possono trovare i seguenti esempi: *funzionante, spettante, mirante, velocità costante, ambiente circostante, depositante, vincolante, determinante*, ma anche *riguardante, indicante, comprovante* (una documentazione o una motivazione), *indicante, figurante* per descrivere una documentazione ufficiale. Gli esempi di participi sostantivali, sono molto rari nelle direttive, vale a dire solo due, ossia: *il fabbricante* e *il comandante.*

Malgrado maggiormente povero dal punto di vista formale, il corpus dei decreti pare essere più ricco rispetto alle direttive, dato che sono presenti: *garante, partecipante, fabbricante, segnalante, tirocinante, rappresentante, depositante, mutuante, reclamante, erogante, controllante, comandante, sottostante, mandante, controllante.* Vi sono inoltre numerosi esempi di participi aggettivali: *ospitante, spettante, rilevante, costante, recante, controllante, cedente controllante, istante* ad es. *parte istante, operante, risultante, sottostante, attestante, indicante, risultante, derivante, integrante, mandante, comprovante, partecipante* ad es. *la giurisdizione partecipante, fuorviante, confinante, vincolante, relazione comprovante, comprovante, rientrante, mutuante, specificante, desumibile.*

Il corpus ha inoltre rivelato la presenza di participi aggettivali con la desinenza *-ente* e direi poco rilevanti semanticamente come ad es. nelle direttive: *compiti confliggenti, posizione inerente, esercizio precedente, corrispondente, prodotto rispondente ai requisiti,* e nei decreti: *sufficiente, preesistente, equivalente, ricevente, vigente, insolvente ad es. soggetto insolvente,*

corrispondente, equipollente, assente, esponente, emittente, acquirente, esente.

Anche i participi sostantivali non sono molto numerosi e nelle direttive si evidenziano solo gli esempi: *emittente, offerente, l'equivalente, ricevente, acquirente, esponente, coefficiente, cedente, vivente, l'esente, avente* ad es. l'*avente diritto* o *l'avente oggetto*, mentre nei decreti compaiono: *acquirente, offerente, corrispondente, emittente, esponente, utente, richiedente, contraente, acquirente, esente, esponente.*

Alcuni degli esempi presenti soprattutto nei decreti compaiono sia in funzione sostantivale, che aggettivale ad es. l'*ente erogante* o l'*erogante, rendimento sottostante* o *il sottostante* come sostantivo, *il mandante* e *l'organismo mandante, il cedente* o *il soggetto cedente* (in entrambi i corpus), *il partecipante* e *coautori partecipanti, emittente, esponente, afferente,* ecc.

Nella parte teorica sono stati menzionati gli esempi di Benedetti, citato nella prima parte della presente ricerca, in cui si riscontra la presenza di coppie formate da *sostantivo + participio aggettivale* che costituiscono dal punto di vista semantico un'unità lessicale come ad esempio: *quota spettante, Paese membro ospitante, ambiente circostante, impresa controllante, lucro cessante, giuridicamente vincolante dichiarazione, certificato attestante, soggetto erogante patrimonio sottostante, voto vincolante, soggetto erogante, società incorporante, massa costante, autorità competente, imposta corrente, risultato esente, attività fraudolente, legislazione afferente* ad. es. *legislazione afferente al diritto contrattuale, procedura trasparente, pagamento trasferente al prestatore di servizi, credito contingente, compiti confliggenti, coerente armonizzazione, modo esauriente, gruppo facente capo.* Solitamente riguardano un ente o un'autorità statale, l'economia, la finanza o la legislazione.

Nei decreti si riscontra una certa ricchezza di esempi, ossia: *legge vigente, parte contraente, valore corrente, danno emergente, soggetto cedente, soggetto involvente, capitale proveniente, crescente impedenza, organo decidente, procedimento pendente, pagamento eccedente, conto incapiente, normativa previgente, stato appartenente all'UE, dante causa, lucro cessante, autorità vigilante, documentazione attestante il possesso, parte integrante, garanzia mutuante,*

mutuante surrogato, membro ospitante, cedente controllante, soggetto controllante, società incorporante.

Stranamente, malgrado la simmetria tematica del corpus, si possono trovare esempi presenti in una parte del corpus e non nell'altra, come ad es. *dante causa* o *conto incapiente*. Tale fenomeno probabilmente deriva dal fatto che le due varietà, pur appartenendo all'ambiente giuridico, mostrano delle diversità sul piano linguistico. Un esempio è il participio presente *recante* che nel linguaggio giuridico forma varie locuzioni, come ad es. *recante atto, recante disposizioni, recante attuazione, recante attivazione, recante codice della proprietà, recante codice delle assicurazioni private, recante codice del consumo, tirocinante, documento recante linee-guida, recante principi* e *criteri direttivi*. Occorre precisare che queste espressioni sono presenti solo nei decreti e non nelle direttive. Queste espressioni sono tipiche della varietà giuridica e oltre al loro significato semantico hanno la funzione di alzare il registro e rendere il testo più accurato.

Nei decreti vi sono esempi da analizzare nel loro contesto: *il coefficiente di capitale primario, diritto reale, avente a oggetto beni, locale competente, formulazione al previgente decreto, stato aderente all'UE, formulazione previgente del mercato, servizi di pagamento ricevente, il concorrente dei servizi, l'agente della riscossione territoriale, fascicolo permanente della sperimentazione, attività rientrante nell'ambito di applicazione, non rientrante nella definizione*. Prima di passare ai participi passati, vale la pena riassumere che anche se nei testi esaminati sono riscontrabili gli stessi fenomeni, la loro incidenza non è equa, come si può appurare nella seguente tabella:

Tab. 39: Presenza dei participi con la desinenza *-ante* e *-ente* nelle direttive e nei decreti.

	Participi presenti con la desinenza *-ante:*	**Participi presenti con la desinenza** *-ente:*
Direttive	13 participi aggettivali	5 participi aggettivali
	2 participi sostantivali	11 participi sostantivali
Decreti	16 participi aggettivali	13 participi aggettivali
	15 participi sostantivali	11 participi sostantivali

Per cominciare, i decreti mostrano una maggior tendenza all'uso dei participi presenti sia aggettivali che sostantivali e perciò una maggiore ricchezza per quanto riguarda il numero degli esempi, mentre le direttive sembrano essere più monotone e di conseguenza gli esempi sono decisamente minori e compaiono raramente rispetto ai decreti legge italiani pur essendo più ricche dal punto di vista del numero complessivo delle parole. Inoltre, vale la pena osservare che nel caso dei decreti vi sono molti esempi di participi presenti sia in funzione aggettivale che sostantivale e di locuzioni presenti nel linguaggio giuridico italiano, come *avente a oggetto, avente diritto*, ma anche *dante causa* o *lucro cessante*, termini che non compaiono nelle direttive. In entrambi i corpus si riscontrano esempi di sostantivi che abbinati ad un participio aggettivale che formano un'unità lessicale con la differenza che nelle direttive essi si riferiscono a enti e hanno dal punto di vista semantico un significato tecnico che si riferisce principalmente all'economia e alla politica (*soggetto erogante, società incorporante, legislazione afferente*, ecc.), mentre nel caso dei decreti si riferiscono anche a procedure e termini giuridici (*recante atto, dante causa, organo decidente, procedimento pendente*). Tale differenza deriva dal fatto che i participi sono maggiormente radicati nel linguaggio giuridico italiano rispetto al linguaggio giuridico comunitario.

10.4. Participi passati

Per quanto riguarda i participi passati, in entrambi i gruppi si possono trovare numerosi esempi, ma ancora una volta, malgrado il corpus dei decreti contenga di fatto meno parole dal punto di vista quantitativo, include numerosi esempi di participi passati rispetto al corpus delle direttive, il quale risulta decisamente più monotono per la poca varietà degli esempi rilevati.

Per cominciare dai participi aggettivali, tra gli esempi più rilevanti nelle direttive sono presenti: *interessato, modificato, abrogato, sbagliato, adeguato, indeterminato* ad es. *periodo indeterminato, finalizzato, applicato, normalizzato, obbligato, autorizzato, fissato, assoggettato, dettagliato, regolamentato, esercitato, servizio prestato, svalutato, individuato, determinato, versato, richiamato, obbligato, subordinato, effettuato, prelevato, applicato, svantaggiato, nominato, autorizzato, associato, misurato, limitato, abilitato, vietato, versato, notificato*, mentre anche in questo caso vi sono pochi esempi di participi sostantivali, ad es. *l'accusato, l'aggregato, l'imputato, l'indagato, l'obbligato*, ecc.

Nei decreti invece gli esempi sono da ritenersi numerosi: *codificato* ad es. *organismo codificato, segnalato, finalizzato, deputato, ubicato, vietato, sistema finalizzato, piano modificato, subordinato* ad es. *oggetto subordinato a criteri, decreto comunicato, emanato, computato, trattamento proporzionato alla finalità, agire in modo coordinato, autorizzato, dichiarato impossibilitato, revisore cancellato, danno sproporzionato ai soggetti, ispettorato, prezzo ponderato, potere adeguato a raggiungimento del fine, allegato suindicato, appurato, vigilato, articolo di adesione summenzionato, regolamentato, adottato, aggiornato, approvato, vincolato, rilasciato, contrassegnato, stimato esercitato, erogato, revocato, prorogato, recupero forzato, soggetto incorporato, costo ponderato, provvedimento impugnato, piano riesaminato, conglomerato finanziario, funzioni esternalizzate, organismo interpellato, rimborso anticipato, abrogato, l'operato, armonizzato* ad es. *feeder comunitario armonizzato, denominato, credito mobilizzato, divieto violato, omologato, stipulato, organismo interpellato, ispezionato, ammontare elevato, avviato, corredato.* Per quanto riguarda i participi sostantivali, gli esempi coincidono con quelli presenti nelle direttive come ad es. *il mandato, il negoziato, l'imputato, l'assicurato, il correlato, il formato, l'interessato*, ecc.

Nelle direttive vi sono esempi di participi passati con la desinenza *-uto*, come ad es. *importo aggregato dovuto, riconosciuto, intervento compiuto, tasso divenuto applicabile, strumento finanziario detenuto, preceduto, compiuto, detenuto, cittadino deceduto, riferimento divenuto norma, modo ripetuto,* mentre nei decreti sono stati rilevati solo i seguenti participi aggettivali *organismo riconosciuto a svolgere le funzioni, gruppo presieduto,* e dei sostantivali *il contenuto* e *il detenuto.* Nell'ultimo gruppo vi sono i participi con la desinenza *-ito*, anch'essi abbastanza rari infatti in entrambi i corpus abbiamo: *adibito, conseguito, recepito, conseguito* ad es. *profitto conseguito, stabilito, eseguito, istituito, attribuito* ossia *ordine attribuito.*

Anche nel caso dei participi passati, vi sono esempi in cui un participio può essere sia sostantivale che aggettivale, come ad es. *il deputato* e *l'organo deputato a norma di legge* o *l'organismo deputato, venduto* e *il costo del venduto, il convenuto* e *evento convenuto*, ecc.

Inoltre, seguendo l'esempio di Benedetti, vale la pena soffermarsi sugli esempi di coppie di parole formate da *sostantivo + participio presente* o *passato* che costituiscono dei termini con un significato lessicale di natura tecnica, come ad esempio nelle direttive: *fondo servente, concentrazioni di fondo pertinenti, utili spettanti, importo aggregato dovuto, intervento compiuto, saldo dovuto, beneficio ceduto, modo convenuto,* mentre nei decreti: *deposito accentrato, l'illecito amministrativo, difetto sopravvenuto, contenuto patrimoniale.* In questo caso, anche se gli esempi non sono numerosi, è bene notare che la maggior parte di loro deriva dal linguaggio dell'economia.

Un altro fenomeno sintattico presente nella varietà giuridica, è l'anteposizione del participio passato che serve probabilmente a dare l'impressione di avere un testo maggiormente elaborato (Ibidem: 50–51). Tuttavia, negli anni l'uso linguistico ha portato ad avere esempi, in cui l'anteposizione diventa una consuetudine, come nel caso di *avvenuto* nel decreto n. 1 del 20 febbraio 2019:

Il segretario fa risultare l'avvenuto deposito apponendo sulla sentenza la propria firma.

In questo caso l'anteposizione non incide sul significato, ma è solo una scelta stilistica. Nei decreti gli esempi sono molto numerosi *prova dell'avvenuto pagamento, ricevuta comprovante l'avvenuto pagamento, documenti comprovanti l'avvenuto accertamento, l'avvenuto assolvimento degli obblighi, l'avvenuto arresto, l'avvenuto compimento degli atti, l'avvenuto rilascio di detta autorizzazione, l'avvenuto ripristino della qualifica*, mentre nelle direttive si limitano a *l'avvenuto pagamento, l'avvenuto rispetto delle prescrizioni, l'avvenuto trasferimento del danno emergente, l'avvenuto recesso.*

Senza ingiustificato ritardo è presente in entrambe le parti del corpus, tuttavia compare solo nella direttiva *2016/680 del Parlamento europeo e del Consiglio del 27 aprile 2016 relativa alla protezione delle persone fisiche con riguardo al trattamento dei dati personali da parte delle autorità competenti a fini di prevenzione, indagine, accertamento e perseguimento di reati o esecuzione di sanzioni penali, nonché alla libera circolazione di tali dati e che abroga la decisione quadro 2008/977/GAI del Consiglio* e *2016/681 del Parlamento europeo e del Consiglio del 27 aprile 2016 sull'uso dei dati del codice di prenotazione (PNR) a fini di prevenzione, accertamento, indagine e azione penale nei confronti dei reati di terrorismo e dei reati gravi.* Tuttavia, nei testi comunitari, il participio segue il sostantivo, infatti *senza indebito ritardo* con l'anteposizione del participio è anch'esso riscontrabile anche nei decreti, ma è meno frequente rispetto a *senza ingiustificato ritardo*, probabilmente per una questione di registro. Nel corpus delle direttive sono presenti sia esempi di anteposizione che di postposizione dell'aggettivo *ingiustificato*, ossia: *lucro cessante o ingiustificato arricchimento, ingiustificate discriminazioni, ingiustificato ritardo* e *costi aggiuntivi ingiustificati, discriminazioni ingiustificate, esposizione ingiustificata*, mentre nelle direttive prevale la postposizione dell'aggettivo.

Tuttavia, talvolta l'anteposizione dipende piuttosto dalla frequenza d'uso che da regole marcate, come ad es. nel caso di indebito. Infatti nei decreti si può trovare solo *indebito ritardo* e mai *ritardo indebito*, ma anche *appropriazione indebita, utilizzo indebito* e probabilmente la posizione dell'aggettivo è legata alla focalizzazione dell'elemento anteposto. Nelle direttive sembra essere presente lo stesso fenomeno, ossia *indebito aggravamento, indebita duplicazione dei controlli, indebito indugio, indebito ritardo*, ma: *appropriazione indebita, azione indebita, modo indebito, vantaggio indebito, decisione indebita.*

Un altro participio passato notoriamente anteposto nei testi di diritto è *mancato/-a*, riscontrabile anche nelle direttive ossia *mancato adeguamento, mancato adempimento, mancata adozione, mancata applicazione, mancata approvazione, mancata comunicazione, mancata conformità, mancata disponibilità, mancata divulgazione, mancato controllo, mancata esecuzione, mancato esercizio, mancata osservanza.* Oltre a essi, nei decreti si riscontrano gli stessi esempi, in cui il participio è affiancato da un tecnicismo, ossia *mancato adempimento, mancata adesione ad un sistema di garanzia, mancato accoglimento di un'istanza* (espressione che nelle direttive non compare), *mancato assolvimento dell'obbligo formativo, mancata ottemperanza, mancato raggiungimento dell'accordo*, ecc. Per quanto riguarda l'espressione *osservanza di un obbligo*, nei decreti troviamo prima di tutto *mancata osservanza*, espressione che compare solo in due direttive dato che nella varietà comunitaria è maggiormente frequente il sostantivo *inosservanza.* Inoltre, il termine *reiterata inosservanza*, menzionato nella parte teorica della presente ricerca, è presente solo nel decreto n. 256 del 16 dicembre 2016, mentre nelle direttive non compare.

Spesso è presente l'anteposizione del participio *ordinato*, come ad es. nei decreti *ordinate condizioni di negoziazione, ordinato svolgimento delle negoziazioni, ordinata esecuzione, ordinato funzionamento, ordinata confisca dei beni* che si riferisce non tanto al fatto di essere comandato da un ente o un giudice, quanto al modo in cui un'azione giuridica deve essere eseguita. Nelle direttive il participio si trova sempre dopo il sostantivo ed è accompagnato ad un ulteriore aggettivo o participio aggettivale, probabilmente per rendere più preciso il significato ad es. *funzionamento efficiente ed ordinato, funzionamento armonioso ed ordinato, f. equo ed ordinato, esercizio ordinato delle attività degli intermediari di assicurazione, processo ordinato di formazione, negoziazione corretta e ordinata,.*

Inoltre è molto comune l'anteposizione del participio *apposito*, come ad es. *appositi campi, apposito documento, adozione di apposite misure, appositi mezzi di trasporto.* Tuttavia, anche in questo caso nei decreti si può notare una maggiore ricchezza di esempi, ossia: *appositi accordi, apposito atto, apposita autocertificazione, apposita autorizzazione, apposita comunicazione, apposita convenzione, apposito decreto, apposito documento, apposite idonee modalità, apposite intese di collaborazione, apposite procedure, appositi protocolli tecnici, apposito provvedimento, apposito registro, apposita richiesta*, ecc. In questo caso anche la varietà comunitaria mantiene l'anteposizione del participio aggettivale, ossia *apposita approvazione, appositi criteri, apposito laboratorio, appositi strumenti, apposita licenza*, mentre solo una volta compare dopo il sostantivo, ovvero in *autorizzazione apposita.*

Per rendere questa analisi più ricca e interessante, sono stati utilizzati alcuni esempi dell'opuscolo della Commissione europea intitolato *Scrivere Chiaro* sulla redazione dei testi giuridici. Tale scelta è volta a verificare quale delle due varietà sia più accurata dal punto di vista della redazione e della comprensione del destinatario.

Oltre a *reiterata osservanza*, termine precedentemente menzionato, negli atti normativi italiani è presente l'espressione *per interposta persona* solamente due volte nel decreto n. 44 del 4 marzo 2014, mentre nelle direttive non compare. Lo stesso vale per quanto riguarda *citate circostanze*, presente nel decreto n. 239 del 20 dicembre 2017 e mancante nelle direttive.

Per quanto riguarda i participi passati ritenuti arcaici, spesso sono presenti in entrambi i gruppi, come ad es. *adempiuto, adibito, auspicato, differito*, ovvero: *soggetti adibiti, immobili adibiti, pubblicazione differita, pagamento differito, contributi differiti, estrazione istantanea e differita, imposte differite, risultati auspicati, condizioni auspicate, durata auspicata*. Tuttavia, in questo caso, l'indagine si è rivelata sorprendente dato che nel corpus vi sono esempi di arcaismi non presenti nei decreti, ma nelle direttive anche se solo una volta, come ad es. *adibito* nella direttiva 2014/104/ UE del Parlamento europeo e del Consiglio del 26 novembre 2014 sul risarcimento dei danni nel caso di violazione del diritto della concorrenza: "qualora un attore abbia asserito in modo plausibile", frase che sembrerebbe scritta da un giurista italiano. Gli altri due esempi sono *ingiunto*, ossia *divulgazione ingiunta*, presente nella medesima direttiva, *disposizioni eluse* nella direttiva *2008/48/CE del Parlamento europeo e del Consiglio sui contratti di credito ai consumatori*.

Siccome la finalità del presente libro consiste non solo nel paragonare e analizzare le differenze e gli eventuali tratti comuni tra la varietà giuridica nazionale e la varietà giuridica comunitaria, sono stati estratti dal corpus esempi di espressioni arcaiche presenti soprattutto nel linguaggio del diritto italiano, come ad es.: *determinato a norma dell'articolo, si intende effettuato agli articoli, beneficio commisurato alla giacenza della moneta elettronica, pronunciato con giudizio negativo, formulario approntato dalla Commissione, capitale delegato liberato, prestatore di servizi di pagamento insediato nell'UE, passato in giudicato, commisurato alla gravità del reato commesso*, alcuni di essi presenti nelle direttive, anche se molto rari.

Infine, vale la pena menzionare la presenza di *locuzioni preposizionali* ossia espressioni formate dall'unione di una preposizione con un'altra preposizione oppure con un aggettivo o con un sostantivo (Dardano, Trifone 2011: 412–413), ovvero: *gravato dall'onere* (presente solo nei decreti), *dotato di, munito di, integrato di, beneficiato di, corredato di, mandato di, mercato regolamentato di uno stato e detenuto da, riconosciuto da, decaduto da* presenti nella voce passiva.

La ricerca dimostra che la presenza dei participi sostantivali e aggettivali è simile in entrambi i corpus con la differenza che nei decreti sono presenti locuzioni preposizionali che non compaiono nelle direttive. In alcuni casi tali espressioni considerabili come tecnicismi collaterali, sono presenti nel linguaggio giuridico italiano, ma non necessariamente nella varietà comunitaria, mentre le espressioni diventate tecnicismi specifici come ad es. *lucro cessante* sono presenti in entrambe le parti del corpus. Anche se a prima vista potrebbe sembrare irrilevante, queste minime differenze sintattico-stilistiche possono indurre a riflettere sul fatto che queste varietà di italiano giuridico mostrano differenze linguistiche. Sicuramente, il linguaggio comunitario è meno incline a fenomeni sintattici che rendono il testo più complesso o antiquato.

11. Tempi e modi

Questa parte è dedicata all'uso di tempi e modi in particolare del presente e futuro indicativo, del passato remoto e del congiuntivo nei testi scelti. Nell'analisi sono stati valutati non solo i casi di uso standard, ma si è cercato di trovare peculiarità distintive per ciascuna delle varietà.

11.1. Presente e futuro indicativo

Vale la pena cominciare dall'uso del presente e futuro indicativo nel linguaggio giuridico, visibile ad esempio nella direttiva 2014/65/UE del Parlamento europeo e del Consiglio:

> 7. La Commissione **adotta** atti delegati ai sensi dell'articolo 89 al fine di chiarire cosa s'intenda per <<condizioni commerciali ragionevoli>> alle quali fornire l'accesso ai flussi dati di cui ai paragrafi 1 e 2 del presente articolo.

In questo articolo, il presente non è deittico e non è incatenato nel tempo dato che non localizza gli eventi, ma produce un atto linguistico performativo thetico, ovvero un atto linguistico in cui non necessariamente si rileva la coincidenza temporale tra l'atto di parola e l'azione che ne consegue (Rashed Beniamen 2015:252). Anche Dell'Anna (2013: 138) sottolinea la funzione del presente atemporale e non deittico, il quale non esprime la successione temporale tra le azioni, ma il collegamento fra determinati eventi. Lo stesso vale per il decreto n. 274 del 18 settembre 2006, ossia:

> art.61.
>
> Ripristino della qualifica a seguito dell'eradicazione dell'afta epizootica con vaccinazione
>
> 1. Nel caso di eradicazione di uno o più focolai di afta epizootica per mezzo della vaccinazione, il Ministero della salute **richiede** il ripristino della qualifica di ufficialmente indenne di cui all'articolo 59 se tutte le misure previste agli articoli 36,44,54,55,56 e 57 sono state completate e se sussiste, inoltre, una delle seguenti condizioni (...)

Inoltre, è interessante vedere come sia espressa la performatività con il presente, ossia con valore imperativo dato che in questo caso per "richiede" si intende "ha il dovere di richiedere". Lo stesso fenomeno è visibile con il futuro indicativo, ovvero:

> Il regolamento (UE) 2015/751 fissa dei limiti alle commissioni interbancarie. Tali limiti **troveranno** applicazione prima del divieto stabilito dalla presente direttiva.

> Conseguentemente, è opportuno che gli Stati membri valutino se impedire ai beneficiari di
> applicare commissioni per l'utilizzo di strumenti di pagamento per cui le commissioni
> interbancarie sono regolamentate nel capo II del regolamento (UE) 2015/751.

In questo caso *troveranno applicazione* porta il significato di "dovranno essere applicate" o meglio "devono essere applicate prima del divieto della direttiva" e lo stesso vale per la direttiva 2001/51/CE del Consiglio e per la direttiva 2015/2376 del Consiglio (secondo esempio):

> (5) Gli Stati membri **vigileranno** affinché nell'ambito di qualsiasi procedimento avviato nei confronti di vettori e che potrebbe dar luogo all'applicazione di sanzioni possano essere effettivamente esercitati il diritto di difesa e il diritto di impugnazione avverso siffatte decisioni.

> (8) Gli Stati membri **effettueranno** uno scambio di informazioni indipendentemente dal fatto che il contribuente rispetti i termini del ruling preventivo transfrontaliero o dell'accordo preventivo sui prezzi di trasferimento.

Negli esempi sopramenzionati, il futuro non ha valore temporale, ma hanno valore imperativo, ossia esprimono un comando, ovvero rispettivamente "hanno il compito di vigilare" e "devono effettuare". Dalla ricerca emerge che le direttive hanno una maggiore tendenza ad avvalersi del futuro indicativo rispetto ai decreti, in cui domina decisamente il presente indicativo e l'imperatività viene espressa il più delle volte con il verbo modale *dovere*.

11.2. Passato remoto

Nella parte teorica sono state menzionate le caratteristiche sintattiche del linguaggio giuridico, fra cui una delle più discusse è senz'altro l'uso del passato remoto dato che è un tempo utilizzato piuttosto nella narrativa oppure nell'italiano parlato delle zone dell'Italia centro-sud (Dardano, Trifone 2011: 355), mentre raramente compare nei testi di diritto (Rashed Beniamen 2015: 252). Inoltre, la funzione del passato remoto è sicuramente rendere il testo più arcaico ed elaborato, esso non compare nel corpus delle direttive ma è presente solo nel decreto n.202 del 29 ottobre 2016, intitolato *Attuazione della direttiva 2014/42/UE relativa al congelamento e alla confisca dei beni strumentali e dei proventi da reato nell'Unione europea:*

> Art. 6
> Modifiche al decreto legislativo
> 21 novembre 2007, n. 231

1. Al comma 9-bis dell'articolo 55 del decreto legislativo 21 novembre 2007, n. 231, è aggiunto in fine il seguente periodo: «In caso di condanna o di applicazione della pena su richiesta delle parti a norma dell'articolo 444 del codice di procedura penale per il delitto di cui al comma 9 è ordinata la confisca delle cose che **servirono** o **furono destinate** a commettere il reato, nonché del profitto o del prodotto, salvo che appartengano a persona estranea al reato, ovvero quando essa non è possibile, la confisca di beni, somme di denaro e altre utilità di cui il reo ha la disponibilità per un valore corrispondente a tale profitto o prodotto.».

Nella parte teorica concernente il linguaggio giuridico, è stata menzionata la tendenza dei giuristi italiani ad usare strutture arcaiche e concordanze dei tempi non sempre conformi alle regole delle grammatiche standard. In questo caso il passato e il trapassato remoto indicano un'azione lontana nel tempo, anche se lo si poteva sostituire con il passato e trapassato prossimo. La mancata presenza del passato remoto nel corpus mostra due fenomeni: prima di tutto la tendenza delle direttive all'uso corretto di tempi e modi dal punto di vista grammaticale, ma anche l'adattamento del linguaggio giuridico italiano al linguaggio giuridico comunitario negli atti di recepimento delle direttive.

11.3. Congiuntivo

Il presente capitoletto è dedicato alla presenza del congiuntivo nei corpus, modo che ha quattro tempi, ossia: presente, passato, imperfetto e trapassato, dipendentemente dalla proposizione reggente. Solitamente rispecchia la componente volitiva-potenziale-dubitativa come nel caso delle proposizioni causali, consecutive, ipotetiche e restrittive, concessive, temporali, avversative (dopo *nonché*), in alcune frasi comparative, eccettuative, relative, incidentali in cui è possibile sia l'uso dell'indicativo che del congiuntivo (Serianni, Castelvecchi 2016: 475–476), mentre per quanto riguarda le proposizioni finali, di adeguatezza ed esclusive, è corretto solo l'uso del congiuntivo.

Tuttavia, come riporta lo stesso Serianni (1997: 331), il congiuntivo non solo determina un significato preciso a differenza dell'indicativo, ma talvolta viene prediletto per una questione stilistica nel caso di testi elaborati.

La ricerca effettuata non si limita all'uso standard del congiuntivo dopo le classiche congiunzioni che lo esigono, come ad esempio: *salvo che, a condizione che, laddove, qualora, purché, affinché* e molte altre. Per l'analisi sono stati selezionati alcuni articoli di entrambi i corpus in cui il congiuntivo è presente malgrado superfluo oppure non pienamente conforme con le regole grammaticali e la logica del contesto in cui si trova. Alcuni esempi mostrano un uso decisamente arcaico del congiuntivo, oppure determinano casi in cui è superfluo e svolge una funzione di registro, dovuta dalla natura dei testi. L'obiettivo è mostrare le differenze nella redazione degli atti di queste due varietà giuridiche e vedere quale delle due rispecchi meglio l'uso standard del congiuntivo e in quale siano presenti atti più semplici dal punto di vista della scelta di tempi e modi.

Cominciando dal congiuntivo presente, la scelta di tale tempo e modo dipende prima di tutto dalla congiunzione e dal verbo reggente. Tuttavia, la scelta del tempo dipende da una questione stilistica e da quanto si voglia complicare il testo. Nel corpus, vi sono esempi particolari in cui la tendenza non si dirige verso la semplificazione, ma al contrario, ossia all'uso del congiuntivo nei casi in cui solitamente si introduce l'indicativo, come nel caso del decreto n.129 del 3 agosto 2017:

> 17. Le imprese di paesi terzi (già denominate imprese di investimento extracomunitarie) e le banche di paesi terzi (già denominate banche extracomunitarie) che alla data del 2 gennaio 2018 risultino autorizzate alla prestazione di servizi e attività di investimento nel territorio della Repubblica tramite succursale, possono continuare ad avvalersi dell'autorizzazione a prestare tali servizi e attività tramite la succursale fino al 3 gennaio 2021, **anche se non risultino** ancora verificate le condizioni previste dall'articolo 28, comma 1, lettere d) ed e), del decreto legislativo 24 febbraio 1998, n. 58, come modificato dal presente decreto legislativo.

Nell'esempio tratto dal decreto n. 129 del decreto del 3 agosto del 2018, è alquanto discutibile l'uso della congiunzione concessiva *anche se* seguita dal congiuntivo. Questo perché è l'unica congiunzione concessiva di solito seguita dall'indicativo e raramente dal congiuntivo (Serianni, Castelvecchi 2020: 598). Tale scelta deriva probabilmente dalla tendenza dei giuristi a complicare i testi avvalendosi di forme obsolete e strutture non conformi con l'uso standard.

In alcuni casi, soprattutto nei testi di natura giuridica, sono presenti differenze dalle regole grammaticali dell'italiano standard che derivano non solo da una questione di registro, ma da uno spostamento di significato, come nel decreto n. 28 del 6 febbraio 2007:

> 6. Il fondo pensione è tenuto a rispettare la disciplina vigente nello Stato membro ospitante in materia di informativa da rendere agli iscritti**, nonché** le disposizioni dello Stato ospitante in materia di diritto della sicurezza sociale e di diritto del lavoro che **trovino applicazione** nei confronti dei fondi pensione che esercitano attività transfrontaliera.

L'esempio sopramenzionato mostra un altro fenomeno tipico del linguaggio giuridico-burocratico, ossia l'uso di *nonché* in funzione di "e", "anche" e "inoltre" (Treccani online).Vale la pena notare che in questo caso, la scelta del congiuntivo è discutibile, dato che si potrebbe utilizzare l'indicativo.

Nei decreti vi sono altri esempi in cui si riscontra un uso superfluo del congiuntivo volto a una funzione di registro. Tuttavia, alcune scelte si potrebbero definire come forzate, dato che l'uso dell'indicativo non solo semplificherebbe il testo dal punto di vista pragmatico, ma sarebbe anche più conforme allo standard, come ad esempio nell'articolo 2 del decreto del 13 ottobre del 2010:

> 2. A seguito delle comunicazioni di cui all'articolo 7, comma 3, articolo 9, comma 6, articolo 10, comma 4, articolo 11, comma 5, e articolo 12, comma 9, il Ministero dell'ambiente trasmette alla Commissione europea le ulteriori informazioni richieste e che **risultino** disponibili.
> 4 Al fine di consentire lo svolgimento di analisi finanziarie mirate a far emergere fenomeni di riciclaggio e di finanziamento del terrorismo, le Pubbliche amministrazioni comunicano alla UIF dati e informazioni concernenti le operazioni sospette di cui **vengano a conoscenza** nell'esercizio della propria attività istituzionale.

Anche nel comma 4 dell'art. 10 del decreto del 21 novembre del 2007 (secondo esempio sopra) la forma in grassetto ricopre la funzione di congiuntivo potenziale, dato che esprime una possibilità, ossia "le operazioni sospette di cui sono venuti a conoscenza" oppure " le operazioni sospette di cui potrebbero venire a conoscenza".

Nella direttiva 2005/94/CE del Consiglio e nella direttiva 2436/2015 del Parlamento europeo e del Consiglio (secondo esempio), il congiuntivo presente o passato serve in primo luogo ad elevare il registro:

> h) il titolare tiene un registro di tutti i visitatori dell'azienda, escluse le abitazioni, in modo da agevolare la sorveglianza e la lotta contro la malattia. Tale registro deve essere messo a disposizione dell'autorità competente che **lo richieda**. I registri non sono obbligatori per le aziende quali zoo e parchi naturali, i cui visitatori **non abbiano accesso** alle aree dove sono tenuti i volatili.
> (10) È di essenziale importanza garantire che i marchi d'impresa registrati abbiano la tessa protezione negli ordinamenti giuridici di tutti gli Stati membri. In linea con l'ampia protezione riconosciuta ai marchi UE che **abbiano acquisito** una notorietà dell'Unione, è opportuno garantire un'ampia tutela a livello nazionale anche a tutti i marchi d'impresa registrati che **abbiano acquisito** una notorietà nello Stato membro interessato.

In entrambi gli esempi, l'uso dell'indicativo sarebbe più appropriato siccome non si vi sono congiunzioni che esigano il congiuntivo e vista anche la concretezza espressa nelle azioni dei verbi, tuttavia in questo caso il congiuntivo rende il testo di registro più elevato.

Il congiuntivo imperfetto e trapassato sono presenti in entrambi i corpus, tuttavia è visibile una maggiore tendenza dei decreti a frasi complesse. Continuando la ricerca, per prima cosa, vale la pena sottolineare ancora una volta che nel corpus è visibile la tendenza a semplificare la scelta dei tempi del modo congiuntivo, ossia ad es. nel caso di qualora vi sono decisamente più esempi con il congiuntivo presente o passato, che con il congiuntivo imperfetto o trapassato, come nelle direttive 2016/943 del Parlamento europeo e del Consiglio e nella direttiva 2009/14/CE del Parlamento e del Consiglio:

> (..)Tuttavia, qualora l'utilizzo illecito del segreto commerciale **costituisse** una violazione della legge diversa da quella prevista nella presente diretta o fosse tale da poter recare danno ai consumatori, tale utilizzo illecito non dovrebbe essere consentito.
> (3) (...) Qualora dalla valutazione d'impatto **risultasse** che tale aumento e tale armonizzazione non sono opportuni, la Commissione dovrebbe presentare idonee proposte al Parlamento europeo e al Consiglio.

In questi esempi la scelta del congiuntivo imperfetto rispetto al congiuntivo presente deriva dal grado di probabilità, minore rispetto a quello espresso dal congiuntivo presente. Per quanto riguarda il congiuntivo imperfetto, esso è presente nella maggior parte dei casi nel periodo ipotetico di secondo tipo, come ad esempio nella direttiva 2014/17/UE del Parlamento europeo e del Consiglio:

> 4. Gli Stati membri provvedono affinché, se un consumatore ha un prestito in valuta estera, il creditore **avvisi** il consumatore regolarmente su carta o mediante un altro supporto durevole almeno laddove il valore dell'importo totale o delle rate periodiche residui a carico del consumatore vari di oltre il 20% rispetto a quello si avrebbe **se si applicasse** il tasso di cambio tra la valuta del contratto di credito e la valuta dello Stato membro applicabile al momento della conclusione del contratto di credito.

Gli esempi d'uso del congiuntivo nel periodo ipotetico sono numerosi e non si riscontrano casi insoliti, per questo non mi soffermo ulteriormente sull'argomento.

Entrambi i corpus si avvalgono del congiuntivo per il periodo ipotetico di secondo tipo ed eventualmente per alzare il registro del testo elaborato. L'indagine non ha individuato casi particolari nel corpus delle direttive, vale a dire parti in cui l'uso del congiuntivo non rispetterebbe i canoni della grammatica, oppure esempi d'uso solamente per una questione di registro. Da questo punto di vista si nota una certa differenza fra le due varietà, dato che nei decreti è visibile la tendenza ad usare il congiuntivo anche dopo le congiunzioni seguite solitamente dall'indicativo per una questione di registro. Tale osservazione è rilevante nell'analisi comparativa dei due corpus, siccome segnala una maggiore pragmaticità, o meglio semplicità, delle direttive nella scelta dei modi.

11.4. Il condizionale

Nel presente capitoletto, non ci si pone il problema dell'uso del condizionale nella lingua comune, ma della sua funzione pragmatico-applicativa nei testi di diritto quali le direttive europee e i decreti. Prima di tutto, occorre precisare che il condizionale può avere diverse accezioni, ossia può denotare una richiesta o un desiderio in forma attenuata, un desiderio irrealizzabile (condizionale presente o passato), descrivere una situazione non certa (il cosiddetto *condizionale di modestia*) e nel linguaggio giornalistico il *condizionale di dissociazione* descrive una situazione riportata da terzi e anch'essa non certa (Treccani online).

Già nella fase preliminare, è possibile affermare che le direttive tendono maggiormente ad usare il condizionale rispetto gli atti normativi italiani dato che i lemmi con la desinenza *ebbe/ebbero* contano 5262 nelle direttive e solo 148 nei decreti. Tuttavia, oltre ai numeri è ancora più rilevante la loro funzione nei testi riportati.

Cominciando dalle direttive, il primo esempio proviene dalla direttiva *2016/680 del Parlamento europeo e del Consiglio del 27 aprile 2016 relativa alla protezione delle persone fisiche con riguardo al trattamento dei dati personali da parte delle autorità competenti a fini di prevenzione, indagine, accertamento e perseguimento di reati o esecuzione di sanzioni penali, nonché alla libera circolazione di tali dati e che abroga la decisione quadro 2008/977/GAI del Consiglio*:

> (56) Per dimostrare che si conforma alla presente direttiva, il titolare del trattamento o il responsabile del trattamento **dovrebbe tenere** un registro di tutte le categorie di attività di trattamento effettuate sotto la sua responsabilità. **Bisognerebbe obbligare** tutti i titolari del trattamento e i responsabili del trattamento a cooperare con l'autorità di controllo e a mettere detti registri a sua disposizione, previa richiesta, affinché possano servire per monitorare detti trattamenti. Il titolare del trattamento o il responsabile del trattamento che tratta dati personali in sistemi di trattamento non automatizzati **dovrebbe aver posto in essere** metodi efficaci per dimostrare la liceità del trattamento, rendere possibile l'autocontrollo e assicurare l'integrità e la sicurezza dei dati, quali registrazioni o altre forme di documentazione.

In "dovrebbe tenere" è formulata una richiesta in forma attenuata. L'espressione "bisognerebbe obbligare" invece esprime una richiesta "bisogna fare qualcosa" in maniera attenuata con il condizionale, ma tuttavia l'espressione del comando è rafforzato semanticamente dal verbo "obbligare".

Altrettanto interessante dal punto di vista della concordanza dei tempi risulta essere la direttiva 2014/95/UE del Parlamento europeo e del Consiglio:

(18) La diversità di competenze e di punti di vista dei membri degli organi di amministrazione, gestione e sorveglianza delle imprese **favorisce** una buona comprensione dell'organizzazione della società interessata e delle sue attività. **Consente** ai membri di detti organi di contestare in modo costruttivo le decisioni adottate dalla dirigenza e di essere più aperti alle idee innovative, lottando così contro l'omologazione delle opinioni dei membri, il cosiddetto fenomeno del «pensiero di gruppo». **Contribuisce** in tal modo all'efficace sorveglianza della dirigenza e a una governance efficiente dell'impresa. **È pertanto importante** per accrescere la trasparenza sulla politica in materia di diversità applicata. **Consentirebbe** di informare il mercato sulle pratiche di governo societario e pertanto **contribuirebbe** a creare una pressione indiretta sulle imprese per spingerle a diversificare la composizione del proprio consiglio.

(19) L'obbligo di comunicare la politica in materia di diversità riguardo alla composizione degli organi di amministrazione, gestione e sorveglianza in riferimento ad aspetti quali, ad esempio, l'età, il sesso o il percorso formativo e professionale **si dovrebbe applicare** soltanto a talune imprese di grandi dimensioni. È opportuno che la comunicazione della politica in materia di diversità sia inclusa nella dichiarazione sul governo societario di cui all'articolo 20 della direttiva 2013/34/UE. Qualora non sia applicata alcuna politica in materia di diversità **non dovrebbe esservi l'obbligo di istituirne una**, ma in tal caso la dichiarazione sul governo societario **dovrebbe includere** una spiegazione chiara dei motivi alla base di questa scelta.

Come si vede, nelle prime tre frasi è visibile il presente atemporale, la cui funzione pragmatico- testuale serve a illustrare qualcosa in maniera concreta, in questo caso i benefici della diversità di competenze. La parte a seguire comincia con una forma impersonale di registro alto, ossia: "è pertanto importante", la quale richiama gli argomenti espressi precedentemente e li conferma. Il condizionale presente ("consentirebbe" e "contribuirebbe") esprime innanzitutto un desiderio realizzabile, in questo caso a lungo termine, conferma gli argomenti precedentemente menzionati e in tale modo richiama la richiesta precedente in forma attenuata.

Tuttavia nell'articolo 19 non sempre l'uso del condizionale è semplice da definire e può causare dubbi dal punto di vista semantico. La forma passiva al condizionale "si dovrebbe applicare" esprime un consiglio o una richiesta in maniera molto più attenuata rispetto a "si deve applicare" o " si prega di applicare", mentre nel caso di "non dovrebbe esservi l'obbligo di istituirne una" non è del tutto chiaro se sia un'opinione o un desiderio di non (dover) istituire una politica di diversità aggiuntiva, e dal punto di vista giuridico, l'uso del condizionale in un atto normativo potrebbe creare ulteriori dubbi. Nell'ultimo esempio ossia "dovrebbe includere" viene espressa una richiesta in maniera attenuata e anche in questo caso ci si dovrebbe chiedere se, dal punto di vista pragmatico, non sarebbe più appropriato il presente per evitare ambiguità nell'applicazione della presente direttiva.

Per quanto riguarda le differenze nell'uso del condizionale, esso è abbastanza raro nei decreti se paragonato alla frequenza nelle direttive. Infatti, i lemmi con la desinenza **ebbe/ebbero* sono in totale 5292 nelle direttive e 148 nei decreti, vale a dire che secondo i calcoli di normalizzazione, la presenza del condizionale è valutata a 3.683, mentre nei decreti solo 185,11, il che mostra chiaramente un'enorme differenza nell'uso del condizionale in entrambi i corpus. La presente analisi qualitativa mostra che nei decreti, le funzioni del condizionale sono limitate a esprimere ipotesi e probabilità, come ad esempio nel decreto n.180 del 16 novembre 2015 art. 104 comma 1 lettera s) e nel comma 2 dell'allegato del decreto n.9 del 25 gennaio del 2010:

> s) gli accordi **potrebbero** agevolare la risoluzione in caso di gruppi con società controllate stabilite in giurisdizioni diverse;
> 2) il suolo, i pavimenti, le rampe e le pareti devono essere accuratamente lavati e puliti tramite spazzolatura e raschiatura accurata, avendo cura di rimuovere o smontare, ove possibile, gli attrezzi o le apparecchiature che **potrebbero** altrimenti ostacolare l'efficace esecuzione delle operazioni.

Negli esempi riportati il condizionale esprime una possibilità e svolge una funzione persuasiva come nelle direttive. Tuttavia, nei decreti tale funzione è ricoperta prima di tutto grazie all'uso del verbo modale *potere*, che rafforza semanticamente la funzione persuasiva. Questo fenomeno è anche visibile nell'allegato n.1 del decreto 13.10. 2010 e nel decreto n. 3 del 19 gennaio 2017, ossia:

> Nota: È fornito un elenco indicativo dei parametri e caratteristiche pertinenti delle specie, degli habitat e degli ecosistemi, che tengono conto dei parametri soggetti alle pressioni d cui alla tabella 2 del presente allegato. (In particolare parametri e caratteristiche da utilizzare a fini di monitoraggio e valutazione **dovrebbero essere fissati** conformemente riguardo agli articoli da 8 a 11).

> b) dopo il comma 1-bus è aggiunto il seguente: „1-ter. Per le controversie di cui all'articolo 3, comma 1, lettere c (e d), anche quando ricorrono i presupposti del comma 1-bis, che, secondo gli ordinari criteri di competenza territoriale e nel rispetto delle disposizioni normative speciali che le disciplinano, **dovrebbero essere trattate** dagli uffici giudiziari di seguito elencati(...)

In entrambi gli esempi la forma passiva serve a sottolineare l'agente, ossia coloro che hanno il compito di effettuare certe procedure, mentre il condizionale innanzi tutto attenua la forma passiva e ha la funzione di suggerire da chi certi obblighi dovrebbero essere svolti. Negli esempi riportati il condizionale esprime un comando in maniera attenuata, ma si avvale sempre del verbo modale *dovere*, che semanticamente esprime un comando.

L'indagine effettuata evidenzia che vi sono differenze nella scelta dei modi grammaticali, le quali derivano non solo dalla testualità, ma anche da fattori extralinguistici. In primo luogo, la parte motivazionale che introduce le disposizioni giuridiche contiene numerose forme al condizionale. Tale fenomeno può derivare dalla trasposizione dei testi originali in lingua inglese, ma anche dalla volontà dei giuristi di attenuare l'imperatività dei testi. Questo perché, a differenza dei decreti, le direttive sono indirizzate in primo agli Stati membri e in seguito ai cittadini. L'UE è una confederazione e pertanto dal punto di vista giuridico e linguistico, usare forme linguistiche attenuanti l'imperatività è politicamente corretto in quel contesto. Nel caso dei decreti, il condizionale è più raro e questo perché vi sono casi in cui il condizionale potrebbe essere ambiguo e creare caos nell'applicazione dei diritti ad es. nell'indicare se un dato comportamento è contro la norma o meno. Dal punto di vista pragmatico, le normative italiane sono linguisticamente più dirette nell'esprimere gli obblighi.

11.5. Forma impersonale

Uno dei tratti che rende una lingua speciale tale, è l'uso della forma passiva, la quale serve a dare oggettività e ufficialità ai testi (Sobrero 1993: 243). Per quanto riguarda i testi normativi, il linguaggio adoperato è particolarmente importante data la loro funzione pragmatica e performativa (D'Achille 2003: 201). Al fine di dare il maggior numero di risposte e osservazioni nell'analisi comparatistica delle due varietà prese in esame, sono state paragonate le strutture impersonali presenti in entrambi i corpus.

Dal punto di vista grammaticale i verbi impersonali sono verbi che non possiedono un soggetto determinato e vengono usati solamente nei modi indefiniti e sempre nella terza persona singolare nel caso dei tempi dei modi finiti. Sono prevalentemente verbi che determinano fenomeni atmosferici, ossia piove, diluvia, grandina, ecc. (Dardano, Trifone 2011: 332). Inoltre, vi sono verbi e locuzioni verbali che spesso vengono applicati in forma impersonale, vale a dire senza soggetto come ad esempio: *accadere, avvenire, succedere, capitare, bisognare, convertire, occorrere, sembrare, parere, importare, necessitare, essere necessario, essere opportuno, essere indubbio, essere certo, essere evidente, essere chiaro.*

Nell'analisi svolta, la prima forma impersonale esaminata è il costrutto *occorrere + verbo*, paragonata a *bisogna + verbo*. Queste perché entrambe le strutture sono di tipo impersonale, indicano un obbligo, ma si differenziano dal punto di vista stilistico, ovvero *occorre* è di registro più elevato e compare prima di tutto nei testi formali, mentre *bisogna* è neutro e viene utilizzato anche nell'italiano non formale.

Nelle direttive *occorre + verbo* è molto più frequente rispetto ai decreti (360 volte nelle direttive e 40 nei decreti). Inoltre nella maggior parte dei casi compare all'inizio della frase e si riferisce alla futura politica dell'UE, perciò solitamente è presente nella parte motivazionale delle direttive, come ad esempio nella *Direttiva 2011/95/UE del Parlamento europeo e del Consiglio del 13 dicembre 2011 recante norme sull'attribuzione, a cittadini di paesi terzi o apolidi, della qualifica di beneficiario di protezione internazionale, su uno status uniforme per i rifugiati o per le persone aventi titolo a beneficiare della protezione sussidiaria, nonché sul contenuto della protezione riconosciuta*:

> (46) **Occorre assicurare** l'accesso all'assistenza sanitaria, per quanto riguarda la salute sia fisica che mentale, ai beneficiari di protezione internazionale (..)

Stando al contesto dell'UE, la si potrebbe riconoscere come una forma politicamente corretta, come ad esempio come nel caso della *Direttiva 2000/65/CE del Consiglio del 17 ottobre 2000 che modifica la direttiva 77/388/CEE quanto alla determinazione del debitore dell'imposta sul valore aggiunto*:

> (7) **Occorre che** gli Stati membri **possano continuare** ad imporre ai soggetti passivi non residenti, cittadini di paesi con i quali non esistano strumenti giuridici che disciplinino la reciproca assistenza, analogamente a quanto previsto all'interno della Comunità, l'obbligo di designare un rappresentante fiscale debitore dell'imposta al posto del soggetto passivo non residente o un mandatario.
> (8) **Occorre altresì che gli Stati membri conservino** la più completa discrezionalità nel designare il debitore dell'imposta all'importazione.

Entrambi gli articoli provengono dalla parte motivazionale della medesima direttiva, tuttavia *occorre* ricopre una funzione diversa. L'articolo 7 si potrebbe sostituire con la frase seguente:

> **Occorre che** la normativa europea permetta agli Stati di continuare ad imporre (...)

In questo caso la forma impersonale impedire un tono aggressivo evitando prima di tutto l'uso del verbo *dovere*, ma anche tralasciando il soggetto logico. Inoltre si focalizza sulla possibilità degli Stati membri di esercitare un diritto, senza sottolineare che il medesimo diritto è un obbligo delle istituzioni europee e che sono gli Stati europei ad essere soggetti alla normativa europea. In questo modo non viene marcato il rango delle istituzioni comunitarie, più elevato rispetto agli Stati membri nell'ordinamento dell'UE.

Nell'articolo 8 invece, la forma impersonale esprime un obbligo, ma senza un tono imperativo e aggressivo. Da punto di vista stilistico e pragmatico, entrambi esprimono degli obblighi, ma sono formulati in maniera non autoritaria e perciò politicamente corretta

Infatti, nelle direttive sono presenti *occorre+ infinito* ad es. *occorre applicare misure preventive, occorre applicare tecniche standard, occorre anche considerare, occorre calcolare le emissioni, occorre adottare misure o precauzioni,* oppure *occorre che + congiuntivo*, ovvero, *occorre che gli Stati membri siano tenuti a prevedere sanzioni amministrative, occorre che gli Stati membri provvedano affinché,* ma anche *occorrerebbe + infinito, occorrerebbe armonizzare*, come ad es. nella direttiva 2005/60/CE del Parlamento e del Consiglio:

> Dato che le raccomandazioni del GAFI sono state notevolmente riviste e ampliate nel 2003, **occorrerebbe** allineare la presente direttiva a tali nuovi standard internazionali.

Questo articolo è anch'esso interessante dal punto di vista redazionale visto che nella prima parte viene espressa la motivazione, la causa di un obbligo, mentre nella seconda parte la forma impersonale al condizionale esprime più un suggerimento che un obbligo, probabilmente perché esso si riferisce agli Stati membri come parte e insieme dell'UE e non agli Stati membri come singole comunità politiche.

Nei decreti tali obblighi sono solitamente espressi tramite il verbo *dovere*, anche se raramente è possibile trovare il verbo *occorrere* al condizionale, ma piuttosto "ove occorra" e *occorre + infinito* compare solo nel decreto n.68 del 21 maggio 2018 (*occorre fornire informazioni*). Per quanto *bisogna + infinito*, nei decreti non vi sono esempi, mentre nelle direttive compare solo nella direttiva 2002/95/CE "bisogna proteggere la salute umana" e nella direttiva 2016/680 "bisognerebbe obbligare tutti i titolari del trattamento" all'indicativo.

Per quanto riguarda gli altri verbi impersonali alla terza persona come ad es. *avviene, accade, succede, capita*, ecc. essi non sono presenti nel corpus. Oltre ad essi, la ricerca ha valutato la presenza dei verbi alla forma impersonale che esprimono una proposizione soggettiva come ad es. *sembrare, parere*, ecc. Vista la particolarità dei testi giuridici, ci si aspettava una bassa frequenza di questo tipo di verbi.

Pare che non compare nelle direttive nemmeno negli altri tempi e modi mentre nelle direttive compare solo una volta ossia all'articolo 8 della *Direttiva 2003/123/CE del Consiglio del 22 dicembre 2003 che modifica la direttiva 90/435/CEE concernente il regime fiscale comune applicabile alle società madri e figlie di Stati membri diversi*:

(8) Il pagamento delle distribuzioni di utili a, e il ricevimento degli stessi da, una stabile organizzazione della società madre dovrebbe dar luogo al medesimo trattamento applicabile tra una società figlia e la sua società madre. Dovrebbe essere contemplato il caso in cui una società madre e la propria società figlia sono nel medesimo Stato membro e la stabile organizzazione è in un altro Stato membro. D'altro canto, **pare che** le situazioni in cui una stabile organizzazione e una società figlia sono situate nel medesimo Stato membro possono, salva l'applicazione dei principi del trattato, essere trattate sulla base del diritto interno dello Stato membro interessato.

Nei decreti l'espressione *pare che* non compare, probabilmente sia per una questione di registro, sia per un'esigenza di concretezza legata alla funzione pragmatica dei testi giuridici. In questo caso, il giurista europeo si avvale della forma vaga "pare che", mostrando l'incompletezza delle normative europee dato che non fornisce alcuna risposta, o meglio alcuna indicazione concreta, ma piuttosto un suggerimento. Tuttavia, è interessante vedere come questa forma impersonale non serva solo a dare un quadro oggettivo, ma piuttosto a motivare le decisioni sulle future procedure finanziarie, il che è anche visibile con l'uso del condizionale "dovrebbe esser contemplato" invece della forma all'imperativo "deve". Tale scelta può essere interpretata come un suggerimento, oppure come forma politicamente corretta preferibile in una comunità di Stati con diversi ordinamenti giuridici e tradizioni giuridiche. D'altro canto, ci si dovrebbe chiedere quale sia la forma inglese presente nell'originale dato che la scelta del condizionale e la struttura motivazionale potrebbero derivare dalla tradizione legislativa anglosassone.

L'indagine svolta sull'uso del verbo *sembrare* nelle direttive ha portato ad osservazioni interessanti dal punto di vista sintattico e pragmatico. Il primo esempio viene dalla *Direttiva 2010/73/UE del Parlamento europeo e del Consiglio del 24 novembre 2010 recante modifica delle direttive 2003/71/CE relativa al prospetto da pubblicare per l'offerta pubblica o l'ammissione alla negoziazione di strumenti finanziari e 2004/109/CE sull'armonizzazione degli obblighi di trasparenza riguardanti le informazioni sugli emittenti i cui valori mobiliari sono ammessi alla negoziazione in un mercato regolamentato*:

(9) La soglia di 50 000 EUR di cui all'articolo 3, paragrafo 2, lettere c) e d), della direttiva 2003/71/CE non rispecchia più la distinzione tra investitori al dettaglio e investitori professionali in termini di capacità degli investitori, poiché **sembra che** anche gli investitori al dettaglio abbiano recentemente investito più di 50 000 EUR in una singola operazione.

In questo caso la forma impersonale serve non solo a dare un parere soggettivo della situazione finanziaria del mercato d'investimento, ma piuttosto è una motivazione delle politiche comunitarie espressa in maniera discreta e indiretta. Per quanto riguarda la struttura pragmatica dei testi giuridici dell'UE è interessante l'art. 4 della motivazione della *Direttiva 2004/25/CE del Parlamento europeo e del Consiglio del 21 aprile 2004 concernente le offerte pubbliche di acquisto*:

> (4) In considerazione delle finalità di interesse pubblico perseguite dalle banche centrali degli Stati membri, **sembra inconcepibile che** esse possano essere oggetto di un'offerta pubblica di acquisto. Dal momento che per ragioni storiche i titoli di alcune di queste banche centrali sono quotati sui mercati regolamentati di Stati membri, è necessario escluderle espressamente dall'ambito di applicazione della presente direttiva.

Prima di tutto l'espressione "sembra inconcepibile" esprime un'opinione decisamente soggettiva che esprime in questo caso un'opinione nettamente contraria a un'azione finanziaria. Tuttavia, la forma impersonale e il mancato soggetto logico servono ad attenuare il comunicato, il quale sarebbe percepito come aggressivo e autoritario se fosse stato formulato nel modo seguente: "Per le istituzioni europee è inconcepibile (…)". La prima parte, ovvero la parte soggettiva dall'articolo, viene motivata con la frase seguente attraverso l'uso della locuzione "dal momento che" e della forma impersonale "è necessario" seguita dal verbo che specifica la conseguenza e l'avverbio "espressamente". In questo caso non è il verbo a imporre un'azione, ma la scelta delle altre parti del discorso. Anche l'articolo 96 della parte motivazionale della *Direttiva 2014/59/UE del Parlamento europeo e del Consiglio del 15 maggio 2014 che istituisce un quadro di risanamento e risoluzione degli enti creditizi e delle imprese di investimento e che modifica la direttiva 82/891/CEE del Consiglio, e le direttive 2001/24/CE, 2002/47/CE, 2004/25/CE, 2005/56/CE, 2007/36/CE, 2011/35/UE, 2012/30/UE e 2013/36/UE e i regolamenti (UE) n.1093/2010 e (UE) n. 648/2012, del Parlamento europeo e del Consiglio*:

> (96) **Anche se** il fatto che le autorità di risoluzione disporranno degli stessi strumenti e degli stessi poteri agevolerà un'azione coordinata in caso di dissesto di un gruppo transfrontaliero, **sembrano tuttavia necessarie** ulteriori misure per promuovere la cooperazione e prevenire risposte nazionali frammentarie (…)

In questo articolo occorre osservare l'ordine rema-tema, in cui la prima parte è composta da una proposizione concessiva espressa con la congiunzione "anche se" che esprime la motivazione dell'azione contenuta nella frase principale. Tuttavia la necessità e quindi l'obbligo di avviare ulteriori misure è attenuato dal verbo "sembrare" che si potrebbe ritenere un po' vago dal punto di vista comunicativo, ossia l'intenzione non è del tutto chiara.

(20) La vaccinazione contro l'influenza aviaria può costituire uno strumento efficace ad integrazione delle misure di lotta contro l'infezione, per evitare anche l'abbattimento in massa e la distruzione del pollame o di altri volatili in cattività. In base alle conoscenze attuali, sembrerebbe che la vaccinazione possa essere utile non solo come misura a breve termine in situazioni di emergenza, ma anche come misura a lungo termine per prevenire la malattia in contesti caratterizzati da un più elevato rischio di introduzione dei virus dell'influenza aviaria da animali selvatici o da altre fonti. **È quindi opportuno introdurre** disposizioni in materia di vaccinazione d'emergenza e preventiva.

L'esempio sopracitato proviene dalla *Direttiva 2005/94/CE del Consiglio del 20 dicembre 2005 relativa a misure comunitarie di lotta contro l'influenza aviaria e che abroga la direttiva 92/40/CEE* Anche in questo caso, la struttura dell'articolo sembra a dire poco rilevante. Nella prima frase troviamo un'informazione, un parere integrato dalla seconda frase in cui viene usata la forma impersonale al condizionale sull' informazione precedente, mentre l'ultima frase trasmette un'informazione obiettiva ("è opportuno introdurre disposizioni"), con una congiunzione conclusiva che serve a rafforzare la motivazione. Questa differenza deriva innanzitutto dal fattore redazionale, ovvero le direttive contengono la motivazione, mentre i decreti no. Tuttavia, ritengo opportuno notare il problema del destinatario e della realtà giuridico-politica. Nel caso della varietà giuridico-comunitaria, le direttive sono indirizzate prima di tutto agli Stati membri e vengono redatte in una realtà di confederazione di Stati democratici con diverse strutture giuridiche. Per questo la motivazione serve a convincere e illustrare i motivi di una certa scelta politico-giuridica, mentre passare subito all'imperativo potrebbe essere considerato come politicamente non corretto. Nel caso dei decreti, tale fenomeno non è riscontrato, dato che per prima cosa i destinatari sono i cittadini che subiscono l'azione e hanno l'obbligo di adattarsi alle norme e rispettarle. Probabilmente per questo motivo, il giurista italiano non è interessato a motivare la necessità di una data legge.

Come precisano Dardano e Trifone (Ibidem), è possibile l'uso di qualsiasi verbo in forma impersonale grazie alla particella *si* e alla terza persona di ogni tempo, il che costituisce un punto di partenza rilevante nell'analisi comparativa del corpus. Infatti, per quanto riguarda la performatività e la forma impersonale, la prima struttura verbale sottoposta all'analisi è *si+ modale + infinito* e la frequenza è abbastanza simile in entrambi i corpus, in cui troviamo: *si devono indicare, si devono intendere, si devono sostenere le iniziative, si devono stabilire disposizioni, di devono valutare i livelli di fondo, si devono commercializzare le quote, si devono affrontare tali problemi, si deve tener conto, si deve ricorrere, si deve rendere conto,* e nei decreti *si deve procedere, si deve procedere, si deve provvedere, si deve fare riferimento, si deve indicare*. L'unica differenza è che i decreti sono più monotoni dal punto di vista lessicale rispetto alle direttive.

Già in questa fase preliminare si può notare la tendenza dei testi giuridici ad usare verbi performativi all'inizio della frase per sottolineare l'importanza del comunicato. Data la funzione pragmatica dei testi scelti, non si verifica la presenza di verbi con un significato semantico soggettivo, come ad esempio *si auspica, si spera,* ecc.

Nel corpus delle direttive *si suppone* compare solo nell'allegato IV della *Direttiva 2009/30/CE del Parlamento europeo e del Consiglio del 23 aprile 2009 che modifica la direttiva 98/70/CE per quanto riguarda le specifiche relative a benzina, combustibile diesel e gasolio nonché l'introduzione di un meccanismo inteso a controllare e ridurre le emissioni di gas a effetto serra, modifica la direttiva 1999/32/CE del Consiglio per quanto concerne le specifiche relative al combustibile utilizzato delle navi adibite alla navigazione interna e abroga la direttiva 93/12/CEE*:

> 16. Le riduzioni di emissioni grazie all'elettricità eccedentaria prodotta dalla cogenerazione, e_{ee}, sono prese in considerazione per la parte di elettricità eccedentaria generata da sistemi di produzione di combustibile che utilizzano la cogenerazione, eccetto nei casi in cui il combustibile utilizzato per la cogenerazione sia un prodotto secondario diverso dai residui di colture agricole. Per il computo di tale elettricità eccedentaria, **si suppone che** l'impianto di cogenerazione abbia le dimensioni minime per fornire il calore richiesto per la produzione del combustibile. Si suppone che le riduzioni di emissioni di gas a effetto serra associate a detta elettricità eccedentaria siano uguali al quantitativo di gas a effetto serra che verrebbe emesso se un quantitativo uguale di elettricità fosse prodotto in una centrale alimentata con lo stesso combustibile dell'impianto di cogenerazione.

Per quanto riguarda i decreti, la forma impersonale compare solo nel decreto 31.03.2011 n.55, ossia nell'atto giudico di attuazione della medesima direttiva 2009/30/CE, il che porta a due osservazioni: prima di tutto il contenuto è identico al testo nella direttiva e ciò significa che è stato semplicemente trascritto senza alcuna modifica. Questo porta a pensare che i testi comunitari incidano sui testi italiani nazionali più di quanto sembri. D'altronde, se alcuni articoli vengono semplicemente trascritti non solo significa che il testo originale è considerato adeguatamente redatto, ma probabilmente che il legislatore italiano non dedica così tanta attenzione al piano linguistico-redazionale, ma piuttosto al contenuto e a evitare errori di merito.

Sono decisamente più frequenti i verbi che esprimono un ordine, un contenuto oggettivo o un giudizio fondato, in linea con la funzione pragmatica dei testi di diritto, come ad es. *si presume, si sospetta* e *si prefigge*, ad esempio nella direttiva 2015/2366 del Parlamento europeo e del Consiglio:

> (75) La presente direttiva **si prefigge di aumentare** la protezione del consumatore in caso di operazioni di pagamento basate su carta in cui l'esatto importo dell'operazione non è noto al momento in cui il pagatore consente all'esecuzione dell'operazione di pagamento, ad esempio nelle stazioni di rifornimento automatiche, nei contratti di noleggio auto o nelle prenotazioni alberghiere. Il prestatore di servizi di pagamento del pagatore dovrebbe poter bloccare fondi sul conto di pagamento del pagatore solo se quest' ultimo ha prestato il suo consenso a che un importo determinato sia bloccato e i fondi, dopo la ricezione dell'ordine di pagamento, dovrebbero essere sbloccati senza indebito ritardo.

Questo verbo è assente nei decreti, mentre nelle direttive è molto frequente e solitamente viene utilizzato per descrivere le politiche europee, ossia: *si prefigge di stabilire, si prefigge come obiettivo*, ecc. Inoltre, è interessante osservare come talvolta l'ordine della frase possa cambiare la recezione di un comunicato, come ad esempio nella direttiva 2004/39/CE del Parlamento e del Consiglio:

> (..) **Si ritiene** che costituisca uno stretto legame tra due o più persone fisiche o giuridiche anche la situazione in cui esse siano legate in modo duraturo a una stessa persona da un legame di controllo.

In questo caso è visibile lo spostamento V-S diverso da quello standard (S-V) che serve per focalizzare non il comunicato, ma il verbo performativo alla forma impersonale. Come già scritto, la principale funzione della forma impersonale consiste nel rendere un comunicato oggettivo. Tale funzione è estremamente rilevante nelle direttive, data la loro forma testuale visibile nell'esempio della direttiva 2013/34/UE del Parlamento e del Consiglio:

> (29) Numerose imprese sono proprietarie di altre imprese e l'obiettivo del coordinamento della legislazione in materia di bilanci consolidati è tutelare gli interessi esistenti nelle società di capitali. Per poter fornire ai soci e ai terzi informazioni finanziarie su tal imprese dovrebbero essere redatti bilanci consolidati. **Si rende quindi opportuno** un coordinamento delle legislazioni nazionali in materia di bilanci consolidati per conseguire gli obiettivi di comparabilità e di equivalenza delle informazioni che le imprese dovrebbero pubblicare nell'Unione.

Nell'articolo riportato, la forma impersonale serve non solo ad esprimere l'ordine contenuto nella prima frase e nell'ultima parte della seconda proposizione, ma anche a dargli obiettività. Tale scelta è fondamentale vista la parte motivazionale presente nelle direttive e l'uso del condizionale nei testi comunitari.

Nel corpus sono inoltre presenti strutture impersonali formate da *essere + avverbio, essere + aggettivo, essere + nome* il cui scopo è in primo luogo esprimere un giudizio in maniera impersonale per quanto possibile, come ad esempio essere auspicabile nella direttiva 2015/2436 del Parlamento e del Consiglio:

> (39) **È auspicabile che** gli uffici centrali della proprietà industriale degli Stati membri e l'ufficio Benelux per la proprietà intellettuale cooperino tra loro e con l'ufficio dell'Unione europea per la proprietà intellettuale in tutti gli ambiti della registrazione (...)

La forma impersonale può anche apparire al modo congiuntivo, come ad es. " per quanto sia auspicabile" nella direttiva 2009/111/CE del Parlamento europeo e del Consiglio. Nei decreti la struttura *essere auspicabile* non compare.

Assai frequente è l'espressione *essere necessario*, presente all'inizio della frase, come ad es. nella direttiva 2011/95/UE del Parlamento e del Consiglio:

> (1) **È necessario apportare** una serie di modifiche sostanziali alla direttiva 2004/83.CE del Consiglio, del 29 aprile 2004, recante norme minime sull'attribuzione, a cittadini di paesi terzi o apolidi, della qualifica di rifugiato o di persona altrimenti bisognosa di protezione internazionale, nonché norme minime sul contenuto della protezione riconosciuta (3). È quindi opportuno provvedere, per ragioni di chiarezza alla rifusione di tale direttiva.

L'articolo sopramenzionato andrebbe paragonato in particolare all'articolo 4 del decreto 200 del 6 novembre 2007:

> 4. Prima che il soggetto sia sottoposto a sperimentazione **è necessario acquisirne** il consenso libero, specifico ed informato.

La forma impersonale all'indicativo esprime un'azione inevitabile, tuttavia vale la pena osservare come le forme impersonali vengano utilizzate nelle direttive per mantenere il filo del discorso nell'argomentazione di natura normativa, il che non si vede nei decreti, come se il legislatore italiano si limitasse ad esprimere gli obblighi e le decisioni stabilite senza specificarne i motivi.

Un'altra espressione frequente è *essere + opportuno*, nel cui caso è possibile affermare che è molto più presente nelle direttive, dato che oltre 1200 volte, mentre nei decreti meno di 50, ma in entrambi con il verbo "essere" al presente e non al condizionale.

> (66) Oltre alle misure relative alla tecnica di negoziazione algoritmica e di negoziazione algoritmica ad alta frequenza, **è opportuno vietare** alle imprese di investimento di fornire ai clienti un accesso elettronico diretto ai mercati se tale accesso non è soggetto a sistemi e controlli adeguati (...)
> (6) Ove possibile, **è opportuno utilizzare** tecniche di modellizzazione onde consentire un'interpretazione dei dati puntuali in termini di distribuzione geografica della

concentrazione. Ciò potrebbe costituire una base per il calcolo dell'esposizione collettiva della popolazione nella zona interessata.

Nei decreti troviamo è opportuno e solo una volta "sia opportuno" (dopo qualora). In questo caso vale la pena notare come nei rispettivi esempi, ricavati dalle direttive 2014/65/UE e 2008/50/CE entrambe del Parlamento e del Consiglio, la forma impersonale è presente prima del soggetto in modo da focalizzare l'attenzione sull'azione.

È evidente non compare nei decreti, ma solo due volte nelle direttive, ossia nella direttiva 2004/36/CE del Parlamento e del Consiglio sugli inquinanti gassosi, di seguito menzionato come punto a) e nel comma 2 della parte motivazionale della direttiva 2008/56/CE del Parlamento e del Consiglio riguardo la politica dell'UE per la protezione dell'ambiente marino (menzionato di seguito come punto b):

a) 4.3.1
Regime di riferimento
Il regime di riferimento (nref) corrisponde ai valori normalizzati di regime al 100% specificati nella tabella della macchina dinamometrica dell'allegato III, appendice 4. È evidente che il ciclo effettivo del motore risultante dalla denormalizzazione del regime di riferimento dipende dalla selezione del regime di riferimento adeguato.
b) (...) **È evidente che** le pressioni sulle risorse marine naturali e la domanda di servizi ecosistemici marini sono spesso troppo elevate e che la Comunità ha l'esigenza di ridurre il suo impatto sulle acque marine, indipendentemente da dove si manifestino i loro effetti.

Negli esempi sopraelencati, la forma impersonale *essere evidente* alla terza persona compare all'inizio della frase per rafforzare un'opinione oggettiva e per sottolinearne il contenuto. Tale scelta pragmatica non è riscontrata nei decreti e probabilmente anche questo deriva da una politica diversa del legislatore europeo e del legislatore italiano.

I verbi con la doppia forma impersonale *ci si* sono molto rari in entrambe le parti del corpus e si limitano ai seguenti esempi: *ci si avvale, ci si dovrebbe avvalere, ci si può avvalere, ci si aspetta, ci si può riferire, ci si può ragionevolmente attendere*. La particella *ci* è essenziale nel caso della forma impersonale dei verbi riflessivi e dei verbi pronominali, in cui compare la particella *si* (Ibidem).

11.6. Forme passive e forme impersonali

Oltre alle forme personali descritte nel precedente capitoletto, vale la pena accennare la forma del *si passivante*, ovvero un costrutto formato dal pronome atono si seguito dalla terza persona singolare o plurale di un verbo transitivo attivo, frequente nei casi in cui non viene espresso l'agente o il soggetto è un essere non animato, come nel caso dell'art. 138 del Codice Penale "si applicano le disposizioni dell'articolo precedente" menzionato da Serianni (2020:385).

Fra tutti i linguaggi settoriali, il linguaggio giuridico è quello che particolarmente si caratterizza per la sua funzione di imperatività, spesso espressa con il verbo servile *dovere* oppure con *essere + participio passato*, ossia verbi che pur avendo la forma passiva compaiono come espressioni impersonali quando indicano un permesso o un divieto, come ad es. *essere concesso, essere dato, essere permesso, essere vietato, essere proibito* (Rashed Beniamen 2015:245). Fra *è concesso* e *si concede* la forma più comune nelle direttive è senz'altro *è concesso*, mentre nei decreti è molto raro e la forma impersonale *si concede* o *si concedono* non compare affatto. Simile sembra essere la situazione con *è permesso* e *si permette*, in cui la seconda forma non *è presente* in nessuno dei due corpus. Sia nei decreti che nelle direttive, *essere vietato* compare ben 77 volte, mentre con *si vieta* non vi sono esempi. Per quanto riguarda i decreti, il costrutto *essere proibito* è molto raro dato che compare solo in 3 decreti, ossia n. 9 del 25 gennaio 2010, n.204 del 16 ottobre 2010, n. 148 del 4 agosto.2008 e nella maggior parte dei casi all'inizio della frase.

> 9. La movimentazione del pollame (inclusi i pulcini di un giorno) o di altri volatili in cattività a partire dal territorio dell'area di vaccinazione verso il territorio nazionale e comunitario **è proibita** dall'inizio della vaccinazione d'emergenza sino all'approvazione del piano di vaccinazione di emergenza ai sensi dell'articolo 53 e fatta salva qualsiasi ulteriore misura comunitaria, salvo se autorizzata dalla regione o provincia autonoma, sentito il Ministero, o dallo Stato membro ricevente.

Dal punto di vista della forma, l'articolo introdotto è molto simile a un articolo della direttiva da esso attuata, ossia all'articolo 9 della direttiva 2005/94:

> 9. La movimentazione del pollame (inclusi i pulcini di un giorno) o altri volatili in cattività a partire dal territorio dello Stato membro è proibita dall'inizio della vaccinazione d'emergenza sino all'approvazione del piano di emergenza ai sensi dell'articolo 54 e fatta salva qualsiasi ulteriore misura comunitaria, salvo se autorizzata dall'autorità competente dello Stato ricevente.

L'esempio riportato porta a un'osservazione che potrebbe essere rilevante dal punto di vista linguistico-redazionale, ossia che non sempre le decisioni vengono riportate o meglio parafrasate, ma a volte copiate, il che significa che i decreti vengono realizzati in maniera più sbrigativa (visibile anche nella parte grafica, decisamente poco curata) e che le direttive sono ritenute redatte correttamente. Inoltre, vale la pena osservare il comma 2 del decreto n.148 del 4 agosto 2008, comma 2:

> **È proibita** la vaccinazione contro le malattie non esotiche elencate nell'allegato IV, parte II, nelle parti di territorio dichiarate indenni dalle malattie in questione, conformemente agli articoli 46 e 47, o coperte da un programma di sorveglianza approvato ai sensi dell'articolo 41, comma1.

In questo articolo è rilevante l'ordine non marcato che serve a sottolineare l'importanza dell'azione in questo caso del comando. Lo stesso per quanto riguarda *è imposto* e *si impone*, ovvero le forme sono presenti solo nella direttiva 2005/60/CE del Parlamento europeo e del Consiglio e nel decreto n.45 del 16 aprile del 2012, ossia nel decreto che recepisce la medesima direttiva.

L'indagine effettuata mostra differenze non solo riguardanti la scelta delle forme impersonali, ma anche il loro uso. Tali differenze derivano prima di tutto da una diversa struttura testuale, ma anche da una diversa realtà linguistica e giuridica. I decreti italiani si avvalgono di espressioni più oggettive che aumentano la distanza fra il legislatore e il destinatario del testo (ogni cittadino). Nelle direttive tale distanza non è così marcata per motivi extralinguistici, ovvero l'UE è una confederazione di Stati autonomi con diversi ordinamenti giuridici e per questo nei testi giuridici comunitari certe forme sono utilizzate per evitare un tono aggressivo, autoritario e perciò non politicamente corretto.

11.7. Diatesi passiva

Un altro tratto sintattico tipico del linguaggio giuridico italiano è il frequente uso della forma passiva per rendere ancora una volta il testo più elaborato, ma anche arduo nella comprensione (Cavagnoli 2013: 75). Nei testi di diritto la diatesi passiva serve a rendere più solenne l'atto di essere soggetti a una legge o l'atto dell'adozione di un provvedimento. Nel presente libro, mi soffermo sull'uso pragmatico della diatesi passiva in alcuni articoli scelti.

Tuttavia Rashed Beniamen (2015: 244–247) individua altre funzioni pragmatico-testuali, come ad es. mettere in luce un oggetto grazie alla tematizzazione, evitare un tono aggressivo nella comunicazione non specificando il soggetto logico, evitare la diretta assunzione di colpa (molto frequente anche nel linguaggio burocratico) e l'uso di *andare + participio passato* in funzione passato deontico per non ricorrere al verbo *dovere*. Occorre ricordare che l'uso del verbo *andare* con il significato di necessità nelle costruzioni passive è possibile solo nel caso di tempi semplici, ma a differenza di *essere* e *venire*, non è possibile esprimere il complemento d'agente (Salvi, Vanelli 2004: 70).

Il primo esempio proviene dalla *Direttiva 2008/50/CE del Parlamento europeo e del Consiglio del 21 maggio 2008 relativa alla qualità dell'aria ambiente e per un'aria più pulita in Europa*:

> 3 Nell'informare la Commissione a norma dell'articolo 27, **gli Stati membri forniscono** la documentazione necessaria per dimostrare che ogni superamento è dovuto alla risospensione di particolato e che sono stati adottati provvedimenti ragionevoli per diminuire le concentrazioni.

Prima di passare alla diatesi passiva, mi soffermo sull'uso del presente indicativo con valore performativo, ossia "forniscono" sinonimo di "devono fornire", forma presente nel linguaggio giuridico come presente acronico con valore performativo, ma anche in un certo senso si potrebbe ritenere politicamente corretto visto il contesto dell'UE. La forma passiva presente nell'ultima riga serve a focalizzare l'attenzione sull'azione effettuata, ovvero sull'adozione dei provvedimenti e non sui provvedimenti stessi.

La forma passiva serve non solo a rendere il testo maggiormente elaborato e complesso, ma anche a evidenziare il fatto di subire un'azione, per sottolineare l'esigenza di adattarsi alla legge persino a sottolineare la gravità o semplicemente l'importanza di una decisione o di una situazione, come nel caso della *Direttiva 2005/60/CE del Parlamento europeo e del Consiglio del 26 ottobre 2005 relativa alla prevenzione dell'uso del sistema finanziario a scopo di riciclaggio dei proventi di attività criminose e di finanziamento del terrorismo*:

> (32) **Numerosi dipendenti** che hanno segnalato i loro sospetti di riciclaggio **sono stati vittime di minacce** o di atti ostili. Benché la presente direttiva non possa interferire con le procedure giudiziarie degli Stati membri, si tratta di una questione cruciale per l'efficacia del regime antiriciclaggio e di repressione del finanziamento del terrorismo. Gli Stati membri dovrebbero essere coscienti di tale problema e compiere ogni sforzo per proteggere i dipendenti da tali minacce o atti ostili.

In questo caso, si può notare come la forma passiva sia ancora volta a focalizzare la gravità di una situazione grazie all'espressione "essere vittima di minacce" invece di "ricevere minacce", in cui l'attenzione è concentrata sullo stato penalizzante (stato di vittima) e non solamente sul fatto di ricevere minacce.

Anche se si tratta sempre di focalizzazione dell'attenzione, l'art. 27 della Direttiva 2014/41/UE del Parlamento europeo e del Consiglio del 3 aprile 2014 relativa all'ordine europeo di indagine penale, è diversa dall'esempio precedente:

> Un OEI **può essere emesso** per ottenere prove concernenti i conti, di qualsiasi natura, detenuti presso una banca o un istituto finanziario diverso da una banca dalla persona soggetta a procedimento penale. Tale possibilità deve essere intesa in senso ampio per includere non solo la persona sottoposta a indagini o l'imputato ma anche qualsiasi altra persona per la quale le autorità competenti ritengono necessarie tali informazioni nel corso del procedi mento penale.

La forma passiva viene spesso utilizzata quando si tratta di emettere atti giuridici come leggi e provvedimenti. Nell'esempio sopra, innanzi tutto la diatesi passiva "può essere emesso" serve a dare un tono solenne, mentre la mancanza dell'agente serve ad evitare un tono aggressivo, anche se si tratta dell'ordine europeo di indagine. In "tale possibilità deve essere intesa(..)" la funzione pragmatica è ancora una volta dare un tono solenne, mentre con la diatesi attiva, ovvero se vi fosse "serve a/ ha lo scopo di", la forma della frase sarebbe più neutra. Lo stesso vale per la "persona sottoposta a indagini", che si potrebbe semplificare con "la persona indagata" ma anche qui il legislatore europeo sottolinea la solennità del testi e il subire l'azione dal paziente, in questo caso un'istituzione giudiziaria europea.

Se il ricorso alla forma passiva ha uno scopo pragmatico nelle direttive, è possibile ritenere che nei decreti in alcuni casi la forma passiva è superflua e ha la funzione di rendere il testo più complicato, soprattutto se unica ad espressioni a dir poco inusuali. Nel decreto n. 72 del 12 marzo 2015, è difficile stabilire la funzione pragmatica della forma passiva presente dato che la si potrebbe facilmente semplificare non solo sostituendola con la diatesi attiva, ma anche modificando il resto della frase:

> Nei confronti delle banche, degli intermediari finanziari, delle rispettive capogruppo, degli istituti di moneta elettronica, degli istituti di pagamento e dei soggetti ai quali **sono state esternalizzate** funzioni aziendali essenziali o importanti, nonché di quelli incaricati alla revisione legale dei conti, si applica la sanzione amministrativa pecuniaria da euro 30.000 fino al 10 per cento del fatturato,(...).

Come si vede, la forma passiva è superflua e serve a complicare la frase visto che dal punto di pragmatico è più rilevante la parte seguente della frase sull'applicazione della sanzione amministrativa pecuniaria. Vale la pena osservare l'art. 9, comma 2, lettera c del decreto n.333 dell'11 novembre 2003, in cui la forma passiva è da ritenersi discutibile:

> c) le imprese che **sono state incaricate** della gestione di servizi d'interesse economico generale a norma dell'articolo 86, paragrafo 2, del trattato CE se gli aiuti di Stato che ricevono in qualsivoglia forma, sia contributi, sia sussidi, sia indennizzi, **sono stati fissati** per un periodo appropriato con una procedura pubblica, trasparente e non discriminatoria.

Nell'articolo sopranominato, la forma passiva non solo appesantisce la frase, ma è anche superflua. Questo perché la si potrebbe eliminare nel primo caso evidenziato in grassetto lasciando semplicemente il participio "incaricate", mentre "sono stati fissati" si potrebbe eliminare visto che nel seguente sintagma preposizionale è inteso semanticamente che si tratta di fondi per un periodo di tempo. Tuttavia la diatesi passiva sottolinea ed enfatizza l'aver ricevuto un incarico e l'essere stato stabilito dall'agente, per il quale si intende un'autorità (anche se come spesso accade nei testi giuridici, l'agente non è specificato in maniera diretta).

Nell'analisi sintattica, talvolta è necessario ricorrere al significato semantico di un costrutto per poterlo analizzare in maniera più accurata, come nel caso dell'art. 9, comma 2 del decreto del 18 agosto del 2015:

> 2. Il Comitato informa tempestivamente delle proprie motivate decisioni l'operatore e le autorità che **sono state interessate** dal rilascio dell'autorizzazione o della concessione delle operazioni in mare in questione.

In questo paragrafo è possibile vedere come la diatesi passiva sia in alcuni casi superflua dato che la formulazione di un'autorità interessata dal rilascio di un'autorizzazione è alquanto artificiale e sarebbe più semplice dal punto di vista sintattico ma anche più corretto lessicalmente scrivere "le autorità in attesa del rilascio (…)" oppure "interessate al rilascio", ossia un participio passato invece della diatesi passiva al passato prossimo dato che dal contesto non risulta chiaramente se l'interesse per l'autorizzazione fosse stata un'azione compiuta o no.

Nel corpus è presente l'uso del passivo deontico, ovvero la forma passiva che denota un obbligo con l'uso del verbo *andare* in funzione di ausiliare, come ad esempio *nella Direttiva 2008/50/CE del Parlamento europeo e del Consiglio del 21 maggio 2008 relativa alla qualità dell'aria ambiente e per un'aria più pulita in Europa*:

> L'incertezza per le misurazioni in siti fissi **va interpretata** come applicabile nell'interno dell'opportuno valore limite (o dal valore obiettivo in caso di ozono).

Prima di passare alla forma passiva presente nell'articolo citato, mi soffermo sull'uso del presente indicativo con valore performativo, ossia "forniscono" è inteso come "devono fornire". Il presente deontico compare nel linguaggio giuridico, ma dal punto di vista stilistico lo si potrebbe anche definire come politicamente corretto dato che non esprime l'imperatività in maniera esplicita. La forma esplicita evidenziata in grassetto serve a focalizzare l'attenzione sull'azione effettuata e non sull'agente.

La forma passiva non solo rende il testo maggiormente elaborato, ma talvolta permette di focalizzare l'attenzione del lettore su un'informazione rilevante, o meglio più rilevante rispetto al resto della frase, come ad es. nell'art. 30 del decreto n.333 dell'11 novembre (già precedentemente citato):

> **Va sempre specificato il rapporto tra la fonte dei finanziamenti e il beneficiario.** Analogamente le informazioni di cui al comma 2 sono fornite separatamente

per le singole imprese, nonché per la società holding, o sub-holding, che raggruppa varie imprese, se le vendite consolidate di tale società inducono a classificarla nella categoria delle imprese manifatturiere sopra definita.

Nella frase "Va sempre (...)" l'ordine standard sarebbe: "il rapporto fra la fonte dei finanziamenti e il beneficiario va sempre specificato", tuttavia il legislatore italiano pone l'attenzione sulla performatività, ovvero sull'obbligo che il rapporto finanziario deve essere specificato anche grazie all'avverbio "sempre". Infatti, già la frase seguente sembra essere più neutra. Un altro esempio interessante proviene dal decreto n.155 del 13 agosto 2010:

1.4.1 sezione I Comunicazione mensile dei dati estivi di ozono
(...) La tecnica Multi-Point **va utilizzata** per generare atmosfere standard a diverse concentrazioni e attraverso di queste verificare la linearità della risposta strumentale entro il range di concentrazioni di interesse per lo studio di ambienti esterni. La miscela contenuta nella bombola di calibrazione è sottoposta ad un processo di diluizione con aria pulita. I rapporti di diluizione sono regolarmente controllati mediante sistemi per la misura della portata ad elevata precisione.

Nella prima frase si nota il presente deontico espresso con *andare + infinito*, il quale però non solo esprime la performatività, ma anche la finalità, ossia in questo caso lo scopo d'uso della tecnica Multi-Point. Nella seconda frase l'ordine anche qui è marcato, ma il comunicato è decisamente più neutro, probabilmente perché non è precisato l'agente. Tuttavia, nella medesima frase, la diatesi passiva sembra avere una funzione precisa soprattutto per la scelta del costrutto "essere sottoposto a un processo di pulizia" che rende la frase più solenne, mentre nel caso della frase seguente la diatesi attiva sarebbe decisamente più semplice:

La miscela contenuta nella bombola di calibrazione è diluita con aria pulita e (appositi) sistemi controllano regolarmente i rapporti di diluizione.

In queste due frasi l'uso del passivo avviene per scelta soggettiva e non per necessità. Un altro esempio analogo è visibile nell'art. 1, comma 2 del decreto del 6 febbraio 2007 n.28:

(...) il patrimonio del fondo pensione **deve essere investito** in misura predominante su mercati regolamentati. Gli investimenti in attività che non sono ammesse allo scambio in un mercato regolamentato **devono** in ogni caso **essere mantenute** a livelli prudenziali.

In questa parte, la forma passiva ha come funzione pragmatica rafforzare il comunicato e sottolineare gli obblighi derivanti dall'articolo in oggetto. Inoltre, è interessante l'uso del costrutto *venire al congiuntivo trapassato*, presente solo nelle direttive, come ad esempio nella direttiva 2009/44/CE del Parlamento europeo e del Consiglio:

> (5) (..)**Se** l'uso dei crediti come garanzia **venisse** ulteriormente **facilitato**, i consumatori e i debitori ne beneficerebbero anch'essi, dato che l'uso dei crediti come garanzia potrebbe in ultima portare ad una maggiore concorrenza e ad una migliore disponibilità di credito.

Pur essendo presente nelle direttive, bisogna precisare che è un costrutto abbastanza raro, dato che nel corpus sono presenti sei esempi, mentre nei decreti non è una struttura riscontrata, probabilmente per una questione di registro.

Dall'analisi comparativa emerge che la diatesi passiva è presente in entrambi i corpus. Tale caratteristica comune deriva dal fatto che la forma passiva serve nel linguaggio giuridico a sottolineare l'essere soggetti a delle norme e il subirne le conseguenze. Tuttavia, bisogna osservare che questa funzione stilistico-pragmatica è marcata nei decreti, in cui l'ordine serve anche a marcare l'attenzione sulla performatività o sull'informazione maggiormente rilevante.

Nei decreti si nota la tendenza a formare frasi con la forma passiva, anche se le si potrebbe semplificare tramite la diatesi attiva, il che rende tali testi solo maggiormente complessi e quindi meno chiari. Nelle direttive invece, l'ordine è solitamente marcato e la forma passiva serve piuttosto a focalizzare l'attenzione del lettore su un determinato elemento.

11.8. Gerundio

Oltre ai participi, nei testi giuridici si nota una discreta presenza dei gerundi. Vale la pena menzionare che esso possiede il tempo presente e passato. Il primo è presente nelle proposizioni gerundive e nelle perifrasi verbali costituite da *andare + gerundio* oppure *stare + gerundio*, le quali designano un'azione durativa e progressiva. Inoltre, vi sono sostantivi che hanno la forma grammaticale di un gerundio come ad es. *laureando, crescendo* (Dardano, Trifone 359).

Nel corpus analizzato il gerundio presente è solitamente collocato all'inizio della frase con il ruolo di introduzione, come riportato da Rashed Beniamen (2015: 297–300) e nelle direttive compare nella parte motivazionale, come ad es. nella *direttiva 2003/41/CE del Parlamento europeo e del Consiglio*:

> (15) **Dando** agli Stati membri la facoltà di escludere dal campo d'applicazione della presente direttiva gli enti che gestiscono schemi (…).

Nell'esempio riportato è visibile la funzione introduttiva o motivazionale frequente nell'uso del gerundio nelle direttive in cui interi paragrafi spesso iniziano IN maniera seguente: *agendo secondo la procedura, rispecchiando tale realtà, imponendo una restrizione, tutelando*, ecc. In ogni direttiva è presente l'espressione "considerando quanto segue", la quale introduce la parte motivazionale.

Inoltre, si riscontra l'uso del *gerundio presente + sostantivo* o *gerundio presente + aggettivo* che solitamente compare come inciso. Anche in questo caso si nota una maggiore ricchezza di esempi nei decreti, ovvero: *avendo riguardo, avendo cura, avendo accesso, avendo presente e locuzioni: avendo a riferimento, essendo a conoscenza, essendo tenuto all'osservanza*. Nelle direttive è presente solo il costrutto *gerundio + sostantivo*: *avendo riguardo, avendo luogo, avendo cura, avendo il potere, avendo i requisiti*. In entrambi l'uso del gerundio passato è decisamente raro, ossia nei decreti: *essendo stato condannato, essendo obbligato, essendo residenti, essendo abilitato* e nelle direttive: *avendo varato, avendo valutato, avendo perso (la cittadinanza)*.

Il gerundio è stato incluso nella presente analisi al fine di verificarne eventuali differenze d'uso. La ricerca ha dimostrato che non vi sono casi di interferenza con il soggetto, riportati nella parte teorica da Lubello (2014: 50) e nel corpus non sono presenti forme obsolete come *estradando, nubendi, costituendi, accertanda in suo capo* riportate da Rashed Beniamen (2015: 298). Tale osservazione permette di considerare una certa cura nella redazione dei testi di entrambe le varietà dal punto di vista grammaticale, ma anche la tendenza ad abbandonare l'uso di forme obsolete composte dal gerundio.

Dal punto di vista lessicale e pragmatico, l'unico esempio discutibile compare nel decreto 135 del 17 luglio 2016, ossia *avocando i compiti delegati* dal verbo *avocare*, ossia nel linguaggio giuridico "trasferire i diritti" e infatti nelle direttive è presente solo *trasferire i diritti* o *il trasferimento dei diritti*, come riportato nella parte precedente.

11.9. Gerundio e si enclitico

Nel corpus selezionato è evidenziata la presenza del costrutto *gerundio*$_+$ *si enclitico* in entrambi i gruppi anche se sono più numerosi nei decreti. Nel caso delle direttive ci si limita a un uso standard, mentre nei decreti in alcuni casi lo si potrebbe semplificare con un'espressione più semplice e chiara, come ad esempio nel comma 6 dell'art. 65-sexies del decreto del 3 agosto 2017 n. 129 sui requisiti operativi delle sedi di negoziazione:

> 6. La Consob approva gli accordi che il gestore di una sede di negoziazione intende concludere per l'esternalizzazione a soggetti terzi di tutte o parte delle funzioni operative critiche relative ai sistemi della sede da esso gestita che consentono la negoziazione

> algoritmica, **intendendosi** come funzioni operative critiche quelle indicate dall'articolo 65, comma 1, lettere b), c) ed e)

La stessa funzione è visibile nell'art. 80 del decreto n. 180 del 16 novembre 2015:

> Fondi istituiti presso altri soggetti
> 1. La Banca d'Italia può disporre che i fondi di risoluzione siano istituiti presso soggetti da essa individuati, ivi inclusi i sistemi di garanzia dei depositanti riconosciuti ai sensi dell'articolo 96 del Testo Unico Bancario. In questo caso, l'articolo 78, comma 2, si applica **intendendosi** riferito al soggetto presso cui è istituito il fondo di risoluzione in luogo della Banca d'Italia.

In entrambi gli esempi riportati, è visibile come il gerundio possa essere semplificato con "intese/i come", come del resto nel decreto n.155 del 14 agosto del 2010:

> - all'interno di ciascuna zona o di ciascun agglomerato vi sia almeno una stazione di misurazione per due milioni di abitanti o per 50.000 km2, **applicandosi**, tra tali due criteri, quello che determina il numero maggiore di stazioni di misurazione; nelle zone o negli agglomerati con una popolazione o una estensione inferiori, deve essere assicurata almeno una stazione di misurazione.

Nell'articolo qui sopra il *si enclitico* è superfluo e potrebbe essere sostituito con un gerundio semplice, ovvero "applicando". Vale la pena osservare il decreto n.142 del 29 novembre 2018:

> g) all'articolo 89, il comma 3 è sostituito dal seguente: <<3. **Verificandosi** la condizione dell'articolo 44, comma 2, lettera a), ultimo periodo, l'esclusione del comma 2 si applica agli utili provenienti da soggetti di cui all'articolo 73, comma 1, lettera d), e alle remunerazioni derivanti da contratti (..).

In questo esempio, sarebbe raccomandabile l'utilizzo di un participio, come ad es. *verificatasi* oppure semplicemente "data la condizione dell'articolo". L'unica costruzione perifrastica con il gerundio predicativo nel corpus è *stare + gerundio* anche se raramente. Nelle direttive questo costrutto è solitamente al presente indicativo, anche se in alcuni casi è all'imperfetto o al congiuntivo presente, ovvero: *sta calcolando, sta utilizzando stavano utilizzando o divulgando, stia procedendo*, ecc. Nei decreti compare solo all'indicativo presente. Vale la pena menzionare l'esempio del decreto n. 234 del 22 dicembre 2007, in cui il costrutto perifrastico compare in una subordinata e potrebbe essere sostituito con un'altra struttura sintattica:

> 4. Su richiesta dello Stato membro di cittadinanza, l'ufficio consolare trasferisce al medesimo Stato la domanda di tutela o il caso di un cittadino europeo non

rappresentato. L'ufficio consolare cede il caso appena lo Stato membro di cittadinanza **conferma che sta fornendo** tutela consolare al cittadino non rappresentato.

In questo caso "conferma che sta fornendo" potrebbe essere tranquillamente sostituibile da "conferma di fornire", ovvero con la preposizione e un verbo semplice all'infinito, il che renderebbe la frase più conforme con le indicazioni dei manuali di scrittura. Nelle direttive non si riscontrano esempi semplificabili come il presente.

Dall'indagine svolta emerge che la presenza del gerundio è rara in entrambi i corpus, anche se i decreti mostrano una maggiore varietà di esempi. Nelle direttive la funzione principale del gerundio è una funzione introduttiva, mentre nei decreti prevale come inciso o come proposizione subordinata.

12. Subordinate e congiunzioni

Dal punto di vista del collegamento che stabiliscono vi sono le congiunzioni *coordinative* e *subordinative*, mentre dal punto di vista della forma la distinzione è in *congiunzioni semplici, composte* e *locuzioni congiuntive* (Serianni, Castelvecchi 2020: 359). *Le congiunzioni coordinative* sono presenti quando fra due proposizioni vi è un rapporto di equivalenza dal punto logico e sintattico, mentre le *congiunzioni subordinative* uniscono due o più frasi legate da un rapporto di dipendenza, di cui una viene definita la frase principale. Dal punto di vista della forma, le congiunzioni semplici si ritengono tali quando formate da una sola parola. Le congiunzioni composte sono congiunzioni composte da due o più parole. Le locuzioni congiuntive sono sintagmi complessi formati da componenti ben distinti come ad es. *dal momento che* e vengono scritti, o possono essere scritti, separatamente (Ibidem).

In questa sede mi soffermo su alcune congiunzioni subordinative di tipo condizionale, causale, concessive e finali. Tale selezione è volta a mostrare le somiglianze e le differenze nelle proposizioni presenti nelle due varietà giuridiche. Inoltre la scelta di alcune congiunzioni invece di altre può essere determinante nelle valutazioni finali. Non mi soffermo sulle altre congiunzioni perché ritenute meno rilevanti per la valutazione della qualità degli atti giuridici.

12.1. Congiunzioni condizionali

Le congiunzioni condizionali fanno parte delle congiunzioni subordinative e determinano una condizione necessaria perché l'azione espressa nella proposizione principale si possa realizzare, come ad es. *se, purché, qualora, a condizione che, nel caso che* (Dardano, Trifone 2011: 429). Nella presente ricerca è stata valutata la presenza di alcune congiunzioni arcaiche e la loro eventuale frequenza in entrambi i corpus per rilevare ulteriori peculiarità che possano rilevare differenze o similitudini fra i due gruppi.

Per quanto riguarda le congiunzioni condizionali, la più frequente risulta essere la congiunzione *se*. Tuttavia, si nota che è maggiormente riscontrata nelle direttive (4540 volte) che nei decreti (1707). Oltre ad essere presente sia nella lingua comune che nei testi specialistici, non esige l'uso del congiuntivo tranne nel caso di periodo ipotetico di tipo II e III (specificato nelle parti dedicate all'uso di tempi e modi). Nei testi presi in esame, si nota un maggior uso del modo indicativo (presente o passato) rispetto al congiuntivo dopo la congiunzione *se*. Tale fenomeno si spiega dalla finalità di semplificare il più possibile i testi normativi evitando strutture complesse tramite l'uso dell'indicativo nel caso di *se* e nell'evitare l'uso del congiuntivo imperfetto e trapassato dopo *qualora*, descritto di seguito.

Nelle direttive compaiono frequentemente locuzioni come: *se opportuno, se necessario,* seguite da un verbo alla forma impersonale e presenti anche nei decreti. Negli atti normativi nazionali è frequente l'uso di *se + participio presente* anche se lo si potrebbe sostituire da un complesso verbale, come ad es.: *se esistente, se pertinente, se soccombente* e *se avente sede legale,* anche se si potrebbe semplificare con: *se ha sede legale (*decreto del 16 novembre 2015 n.180).

Inoltre, nei testi di natura giuridica si riscontra la struttura *qualora + congiuntivo imperfetto* oppure *trapassato*, mentre raramente compare *qualora + congiuntivo presente* oppure *passato*. Tale scelta è volta a rendere il testo più arcaico, lontano dall'uso comune e dal dare l'impressione che sia un testo elaborato. Tuttavia, nella presente analisi si rileva che malgrado solitamente *qualora* sia affiancato dal *congiuntivo imperfetto* oppure *trapassato*, in entrambi i gruppi di testi è accompagnato dal *congiuntivo presente* o *passato*, ma mai dal *congiuntivo imperfetto* o *trapassato*. Tale osservazione porta a due riflessioni: è la varietà comunitaria ad incidere sulla varietà nazionale, ossia le direttive incidono sulla redazione delle norme nazionali, oppure sono i decreti esaminati ad essere redatti con una maggiore accuratezza? Per rispondere a questa domanda ci si dovrebbe chiedere se in altri testi giuridici nazionali si tenda ad eliminare il congiuntivo imperfetto o trapassato nei casi in cui è possibile sostituirlo con il congiuntivo presente e passato. Tuttavia, questo richiederebbe l'analisi di un corpus composto da testi giuridici nazionali non necessariamente collegati alla realtà comunitaria, direttive europee e atti di recepimento nazionali, impossibile in questa sede.

Nei decreti è nettamente presente la congiunzione *quando* con valore condizionale seguita dal congiuntivo, come ad esempio nel decreto n.135 del 17 luglio 2016 e ne decreto n. 118 del 13 febbraio 2006:

> 3. Il Ministero dell'economia e delle finanze dispone la cancellazione dal Registro dei revisori legali, della società di revisione o del responsabile della revisione **legale quando non ottemperino** ai provvedimenti indicati nei commi 1 e 2.

> 3. Il diritto di cui al comma 1 non si applica alle vendite **quando il venditore abbia acquistato** l'opera direttamente dall'autore meno di tre anni prima di tali vendite e il prezzo di vendita non sia superiore a 10.000,00 euro. La vendita si presume effettuata oltre i tre anni dall'acquisto salva prova contraria fornita dal venditore.

In entrambi i casi *quando* compare come congiunzione condizionale, solitamente seguita dal congiuntivo imperfetto o trapassato come *qualora*. Tuttavia, proprio come nel caso di "qualora" si verifica la semplificazione dei tempi al modo congiuntivo, ovvero tramite l'uso del congiuntivo presente e passato. Nelle direttive, è visibile lo stesso fenomeno, anche se gli esempi con *quando + congiuntivo presente* o *passato* sono assai rari.

Purché è presente in entrambe le varietà con una minima differenza nella frequenza d'uso, ossia 380 volte nelle direttive e 179 nei decreti, ossia secondo i calcoli di normalizzazione la frequenza rispettiva è di 264,47 nelle direttive e 223,89 nei decreti. Dal punto di vista linguistico è interessante l'esempio seguente:

> (…) La pianta madre o i materiali così rimossi possono essere utilizzati come materiali certificati o materiali CAC, **purché soddisfano** i requisiti stabiliti dal presente decreto per le rispettive categorie.

Dopo *purché* dovrebbe comparire il congiuntivo presente o passato (Internazionale online), oppure un participio. Tuttavia nel decreto del 6 dicembre 2016 del Ministero delle Politiche Agricole Alimentari e Forestali, art. 29 comma 9, compare l'indicativo. L'esempio riportato risulta essere l'unico, dato che non vi sono altri casi con *purché + indicativo*. Tale presenza può essere interpretata non solo come un errore grammaticale, ma anche come in alcuni casi il legislatore italiano tenda ad avere meno cura del piano linguistico-redazionale rispetto al legislatore europeo, fenomeno visibile nelle parti a seguire.

Un'altra congiunzione molto frequente nel linguaggio giuridico, ma rara nell'italiano comune è decisamente *ove* di registro aulico. Per quanto riguarda la frequenza d'uso, nei compare circa 385 volte, mentre nelle direttive 558 volte, il che data la minima differenza quantitativa fra i due corpus, porta alla conclusione che in entrambe le varietà è frequente. Tuttavia, è differente l'uso e la formazione di espressioni marcate nel linguaggio giuridico e burocratico. Nei decreti vi sono espressioni giuridiche composte spesso da *ove + participio presente* o *participio passato* come ad es.: *ove applicabile, ove appropriato, ove nominati, ove assegnato, ove compatibili, ove considerato necessario, ove disponibile, ove previsto, ove opportuno, ove effettuata, ove istituiti, ove individuabili, ove erogata, ove richiesto, ove esistente, ove già individuato con apposito decreto, ove intendano avvalersi della deroga, ove ne ricorrano i presupposti, ove ciò non sia possibile, ove ciò sia necessario, ove contenuti in altre disposizioni di legge, ove corrisponda a, ove così previsto dallo statuto, ove corrisponda, ove non ne derivi pregiudizio per il corso delle indagini, ove pende il processo, ove ricorrano gli estremi per pronunciare la decadenza.*

Per quanto riguarda le direttive, *ove* compare spesso all'inizio di una frase o all'inizio di un punto o all'inizio di una proposizione subordinata come ad es. *ove accertino che, ove agiscano che, ove ciò non sia possibile* e come inciso: *ove applicabile, ove appropriato, ove ciò sia giustificato, ove ciò sia fattibile e appropriato, ove consentito, ove ciò risulti necessario, ove debitamente giustificato, ove consentito, ove del caso, ove disponibile, ove il diritto nazionale lo imponga, ove non vi sia alcuna necessità, ove occorra, ove opportuno, ove pertinente, ove possibile, ove possano essere determinati, ove previsto dalla legge, ove ritengano, ove si applichi il paragrafo, ove si faccia riferimento, ove sia individuato un rischio, ove sia sollevata una siffatta obiezione.*

In quanto alla scelta dei tempi verbali dopo *ove*, in entrambi i corpus l'indicativo compare solo quando si tratta di una sede legale, ad es. *ove ha sede il centro aziendale, ove hanno sede le società, ove hanno sede legale gli enti, nei settori ove in atto la liberalizzazione*, ossia quando significa dove e precede un complemento di luogo, mentre negli altri casi si riscontra l'uso del congiuntivo. Inoltre, occorre menzionare la presenza della congiunzione *laddove* con valore condizionale, presente nel linguaggio burocratico (Internazionale online). Questa congiunzione compare in entrambi i corpus, ma nelle direttive sono stati riportati 288 esempi nei testi comunitari e 78 nei decreti, il che mostra in maniera evidente che nei testi comunitari è molto più frequente rispetto ai testi giuridici italiani.

Oltre alle classiche congiunzioni vi sono locuzioni condizionali che solitamente esigono il congiuntivo, come ad esempio *posto che, ammesso che, a condizione che, a patto che, nel caso che, nell'eventualità che*, ecc. La prima, ossia *posto che* compare nelle direttive solamente quattro volte e solamente *nella direttiva 2014/59/UE del Parlamento e del Consiglio del 15 maggio che istituisce un quadro di risanamento e risoluzione degli enti creditizi e delle imprese di investimento e che modifica la direttiva 82/891/CEE del Consiglio, e le direttive 2001/24/CE, 2002/47/CE, 2004/25/CE, 2005/56/CE, 2007/36/CE, 2011/35/UE, 2012/30/UE e 2013/36/UE e i regolamenti (UE) n. 1093/2010 e (UE) n. 648/2012, del Parlamento europeo e del Consiglio*, il che mostra che si tratta di una locuzione molto rara presente negli esempi: *posto che continuino ad essere eseguiti, posto che gli obblighi sostanziali, posto che non insorga*, e come inciso *posto che, per quanto concerne una decisione*. Nei decreti questa locuzione non compare affatto, il che mostra due osservazioni: la prima, porterebbe all'osservazione che talvolta la qualità delle direttive dipende dall'istituzione che le delibera ma anche dalle singole preferenze linguistiche oppure dal livello di conoscenza della varietà del linguaggio giuridico non solo per quanto concerne la terminologia, ma anche sul piano stilistico; la seconda invece, confuta la tesi secondo la quale le direttive siano certamente redatte meglio e più semplici rispetto ai decreti. Nel valutare quale delle due varietà sia "migliore" occorre essere cauti e analizzare attentamente i testi giuridici comunitari e italiani su diversi piani. Tuttavia, anche in tal caso, la risposta potrebbe non essere del tutto univoca. *A condizione che* compare 340 volte nelle direttive 147 nei decreti, ovvero tenendo conto della differenza nella quantità di parole porta alla conclusione che sia frequente in entrambe le varietà

A patto che solo due volte ossia nella direttiva 2014/26/UE del Parlamento e del Consiglio e nella direttiva 2004/39/CE del Parlamento e del Consiglio, mentre non compare nei decreti probabilmente per una questione di registro. Anche *nell'ipotesi che* compare solo nella direttiva del 2014/17/UE del Parlamento e del Consiglio, mentre nei decreti non è presente. *Nell'eventualità* che non compare in nessuno dei due corpus, ma *nell'eventualità di + sostantivo* è presente in alcuni casi, ossia: *nell'eventualità di una vaccinazione* (solo nella direttiva 2005/94/CE del Consiglio) nei decreti sono riscontrabili altre strutture, ossia *per l'eventualità del contenzioso giudiziario*, *per l'eventualità della revisione prevista* (decreto del 31 marzo 2011 n. 55). *Ammesso che* e *nel caso che* non compaiono nelle direttive e nemmeno nei decreti, il che si potrebbe spiegare dalla tendenza evidenza a evitare, quando è possibile, le

congiunzioni che esigono il congiuntivo.

Riassumendo, la seguente tabella mostra la frequenza d'uso di singole congiunzioni e locuzioni presenti in entrambi i corpus con allegato il valore di essa normalizzata a un milione:

Tab. 40: Congiunzione o locuzione, frequenza nelle direttive e nei decreti, risultato dei calcoli di normalizzazione delle direttive e nei decreti.

Congiunzione o locuzione	Direttive	Decreti	Normalizzazione (direttive)	Normalizzazione (decreti)
qualora	1414	512	984,14	640,41
quando	4540	1707	3159,82	2135,12
purché	380	179	264,47	223,89
ove	385	558	267,96	697
laddove	288	78	200,45	97,56
a condizione che	340	147	236,64	183,87

Dall'indagine risulta che vi sono delle minime differenze nella scelta delle congiunzioni condizionali, ossia le congiunzioni ritenute strettamente formali come *qualora*, *ove*, *laddove*, e la locuzione *a condizione che* sono presenti in entrambe le varietà (Treccani online). La ricerca mostra che entrambi i corpus si avvalgono principalmente della congiunzione *quando* in funzione di congiunzione condizionale, mentre la seconda più frequente nelle direttive è *qualora* e nei decreti *ove*. Tuttavia vale la pena notare che per entrambi i gruppi gli esempi più rari sono *laddove* e a *condizione che*, mentre in nessuno dei corpus è stata rilevata la presenza delle locuzioni *ammesso che* e *nel caso che*. Inoltre, occorre precisare le locuzioni presenti solo nelle direttive ossia *a patto che*, *nell'ipotesi che* non inserite nella precedente tabella dato che non presenti nei decreti e rare nelle direttive.

12.2. Congiunzioni finali

Le congiunzioni finali determinano la finalità dell'azione espressa nella frase principale, come ad es. *affinché, al fine di, perché* e molte altre (Dardano, Trifone 2011: 429). L'approccio è il medesimo, al fine di verificare quali congiunzioni siano più frequenti in entrambi i corpus.

Per quanto riguarda le congiunzioni finali, le più comuni nei corpus sono *al fine di* e *affinché*. *Al fine di* compare 994 volte nelle direttive e 339 nei decreti, mentre è anche comune la congiunzione *ai fini di*. Nelle direttive *affinché* viene solitamente menzionato per descrivere le attività dell'UE ossia ad esempio: "gli Stati membri provvedono affinché (..)" come introduzione. *Allo scopo di* è presente solo in 3 direttive (2001/27/CE della Commissione, 2011/36/UE del Parlamento europeo e del Consiglio, 2003/85/CE del Consiglio), mentre in entrambi compare, anche se con una frequenza minore, a *scopo + nome* ad es. *a scopo di riciclaggio*, *a scopo + aggettivo* ad es. *a scopo pubblicitario*, mentre non è presente la struttura *a scopo di + verbo*, probabilmente per una questione di registro. Oltre ad esse non bisogna dimenticare l'uso di *perché + congiuntivo*, anche se abbastanza raro nei testi esaminati presente in entrambi con una frequenza simile. Occorre menzionare la struttura *per + infinito*, dato che non solo è la più semplice dal punto di vista lessicale e strutturale, ma è decisamente la più frequente. Vale la pena precisare che le differenze nella frequenza d'uso derivano anche dalle differenze sul piano strutturale, ossia siccome le direttive contengono la parte motivazionale, utilizzano maggiormente le congiunzioni finali.

Per una maggiore chiarezza, nella seguente tabella sono riportati i dati precisi riguardo l'occorrenza delle congiunzioni e delle locuzioni presenti in entrambi i corpus con i rispettivi risultati ottenuti dopo i calcoli di normalizzazione:

Tab. 41: Congiunzione o locuzione, frequenza nelle direttive e nei decreti, risultato dei calcoli di normalizzazione delle direttive e nei decreti.

Congiunzione o locuzione	Direttive	Decreti	Normalizzazione (direttive)	Normalizzazione (decreti)
al fine di	994	339	691,81	424,02
ai fini di	1185	665	824,76	831,78
affinché	699	86	486,50	107,57
a scopo di	143	57	99,53	71,30
perché	14	4	9,74	5,00
dato che	34	2	23,66	2,5
per + infinito	4040	917	2811,82	1146,99

I dati mostrano che in entrambi i corpus si evidenzia una netta tendenza alla struttura *per + infinito* per esprimere la finalità, il che significa che entrambe le varietà tendono ad avvalersi della struttura più semplice che non esige il congiuntivo, anche se occorre precisare che secondo i calcoli di normalizzazione la frequenza nelle direttive è doppia rispetto ai decreti. Inoltre, in tutti e due i gruppi sono frequenti *ai fini di* o *al fine di*. Tuttavia, vale la pena osservare che nelle direttive è molto più frequente l'uso della locuzione *dato che* e delle congiunzioni *perché* e *affinché* rispetto ai decreti.

12.3. Congiunzioni concessive

Le congiunzioni concessive determinano una concessione, negandone l'eventuale effetto come ad es. *sebbene, seppure, malgrado che, benché* e molte altre (Dardano, Trifone 2011: 429). Inoltre introducono le proposizioni concessive, la cui caratteristica è evidenziare un rapporto di condizione e conseguenza (Salvi, Vanelli: 279). Tuttavia, mi soffermo sulla presenza delle congiunzioni scelte per valutare le differenze fra le due varietà giuridiche.

A differenza delle congiunzioni condizionali e finali, in cui le differenze d'uso sono minime, nelle concessive la situazione sembra differente. La congiunzione più frequente risulta essere *tuttavia*, presente 650 volte nelle direttive, 53 volte nei decreti e nella maggioranza dei casi all'inizio della frase. Assai frequenti risultano essere le locuzioni *per quanto* e *anche se*, ovvero *per quanto* è presente ben 636 volte nelle direttive, ma solo una volta è seguito dal congiuntivo presente, mentre negli altri casi dal presente indicativo e 74 nei decreti, sempre davanti a un verbo al presente indicativo. *Anche se* 57 volte nelle direttive e 47 volte nei decreti anche quando 21 volte nelle direttive e 16 nei decreti.

Nonostante compare nei decreti 107 volte, fra cui una volta seguito dal congiuntivo, e raramente nelle direttive (solo 14 volte) tuttavia sempre seguito da un sostantivo, come ad es.: *nonostante le misure adottate, nonostante quanto disposto, anche quando* compare 21 volte nelle direttive e 16 nei decreti, mentre la locuzione *nonostante che* non compare in nessuno dei testi esaminati.

Benché mostra invece una tendenza contraria, ossia è presente 19 volte nelle direttive e mai nei decreti, ma solo in quattro esempi è seguito dal congiuntivo, negli altri da un sostantivo. Lo stesso vale per *sebbene + sostantivo* e *sebbene + congiuntivo*, presente in toto 36 volte nelle direttive, ma nei testi normativi nazionali solo nel decreto 19.11.2015 del Ministero della Salute. Anche *malgrado + sostantivo* compare nelle direttive solo 5 volte e solo nelle direttive più recenti come ad esempio 2015/2436, 2003/41, 2003/85, 2002/95 di solito in funzione di inciso, nella direttiva 2002/95 compare con il futuro nel punto 5) della motivazione:

> **Malgrado queste misure**, tuttavia, parti significative di RAEE continueranno a finire negli attuali canali di smaltimento. Anche se i RAEE fossero raccolti separatamente e sottoposti a processi di riciclaggio, il loro tenore di mercurio, cadmio, piombo, cromo VI, PBB e PBDE potrebbe presentare rischi per la salute o l'ambiente.

Nei decreti compare solo 2 volte sempre seguito da un sostantivo, il che mostra che in entrambe le varietà si evita il costrutto *malgrado + congiuntivo.*

Nell'indagine svolta, è evidente una maggior tendenza all'uso del costrutto *pur + gerundio* nelle direttive, ossia: *pur essendo, pur provvedendo, pur riconoscendo, pur imponendo, pur mantenendo, pur autorizzando, pur rispettando e solo tre esempi nei decreti: pur essendo fiscalmente residenti, pur derivando da strumenti finanziari, pur recando la marcatura CE* e nei decreti *pur muniti della marcatura CE, pur recando, pur derivando da strumenti finanziari* (come nelle direttive), *pur non incidendo sull'aliquota*. Inoltre, vi sono esempi presenti in una varietà e assenti nell'altra, come ad esempio *nondimeno* 9 volte nelle direttive e mai nei decreti e ancorché visibile solo decreti più recenti.

Gli esempi sopraelencati mostrano che vi sono delle differenze nella scelta delle congiunzioni, ma anche che entrambe le varietà tendono a scegliere le strutture con l'indicativo a scapito del congiuntivo. Tuttavia, nei casi in cui le strutture con l'indicativo non possano essere utilizzate, entrambe le varietà si avvalgono del congiuntivo presente o passato. Anche in questo caso le differenze nelle frequenze possono certamente derivare dalla struttura testuale.

Per avere un miglior quadro della situazione, occorre osservare la seguente tabella, in cui sono rilevati i numeri delle occorrenze delle rispettive congiunzioni e locuzioni insieme ai dati che emergono dai calcoli di normalizzazione:

Tab. 42: Congiunzione o locuzione, frequenza nelle direttive e nei decreti, risultato dei calcoli di normalizzazione delle direttive e nei decreti.

Congiunzione o locuzione	**Direttive**	**Decreti**	**Normalizzazione (direttive)**	**Normalizzazione (decreti)**
tuttavia	650	53	452,4	66,3
per quanto	636	74	442,65	92,56
anche se	57	47	39,67	58,79
anche quando	21	107	14,61	20,01
nonostante	14	0	9,74	133,83
benché	19	0	13,22	0
sebbene	36	2	25,05	1,25
malgrado	5	2	3,47	2,50
pur + gerundio	20	5	1,39	6,25
pur + participio	2	3	1,39	3,75
nondimeno	9	0	6,26	0

In questa fase sono state riportate anche le congiunzioni che non compaiono in uno dei corpus perché ritenute rilevanti per i risultati dell'indagine. A differenza dei precedenti capitoletti, le differenze nell'uso di determinate congiunzioni, ossia per quanto riguarda le direttive le congiunzioni con una maggiore occorrenza sono *tuttavia* e *per quanto*, mentre le altre riportano un valore nettamente inferiore, ossia sono molto più rare. Nei decreti le congiunzioni più frequenti con un valore simile sono *nonostante, per quanto* e *tuttavia.* In entrambi compaiono con una frequenza simile anche se, anche quando e malgrado, ma vi è un'evidente differenza nell'uso di altre. Vale la pena osservare che in merito alle congiunzioni *benché, sebbene, nondimeno*, esse non sono molto frequenti nelle direttive, ma nei decreti *sebbene* è molto raro, mentre *nondimeno* e *benché* non compaiono affatto. D'altra parte, si nota una differenza d'uso di alcune congiunzioni presenti nei decreti, ma molto rare nelle direttive come ad esempio nel caso delle strutture *pur + gerundio, pur + participio* e di *nonostante*, in cui si nota una netta discrepanza fra i due corpus. I dati riportati mostrano che per quanto riguarda le congiunzioni concessive le direttive non sono affatto più monotone nella scelta rispetto ai decreti, ma tendono ad evitare strutture più complesse come *pur + gerundio, pur + participio.*

12.4. Congiunzioni causali

Per congiunzioni causali si intendono le congiunzioni che determinano un motivo, una ragione, come ad es. *perché, giacché, siccome, visto che, dato che* e molte altre (Dardano, Trifone 2011:429).

Per quanto riguarda le congiunzioni causali, esse sono generalmente maggiori nelle direttive rispetto ai decreti. La più frequente nelle direttive è decisamente *poiché* seguita dal passato prossimo oppure da un sostantivo (ben 198 volte), mentre molto rara nei decreti, dato che compare solo due volte. La seconda, è *perché*, nelle direttive 71 volte in funzione di congiunzione causale, mentre nei decreti solamente 12. Lo stesso vale per *dato che*, frequente nelle direttive, ma raro nei decreti. Sia nei decreti che nelle direttive sono assai presenti nella parte motivazionale il participio passato di vedere in funzione di congiunzione *visto/a/i + sostantivo* e la congiunzione *visto che*.

Per una maggiore chiarezza i dati rilevati nell'indagine sono stati riportati nella seguente tabella:

Tab. 43: Termine specialistico, frequenza nelle direttive e nei decreti, risultato dei calcoli di normalizzazione delle direttive e nei decreti.

Congiunzioni o locuzioni	**Direttive**	**Decreti**	**Normalizzazione (direttive)**	**Normalizzazione (decreti)**
poiché	198	2	137,80	2,5
perché	71	12	49,41	15,00
dato che	34	2	23,66	2,5
visto che	2	1	1,39	1,25
visto/a/i/e	402	1257	279,79	1572,26

In primo luogo, vale la pena menzionare che in generale le congiunzioni causali sono più numerose nelle direttive, come del resto le congiunzioni condizionali, per una semplice differenza sul piano strutturale e testuale. Probabilmente questo perché nei testi giuridici italiani raramente i giuristi si avvalgono delle causali, fenomeno mostrato nelle seguenti parti della presente ricerca. Per verificare il motivo della presenza di alcune congiunzioni in una varietà e non nell'altra occorrerebbe esaminare i testi in lingua originale e valutare se vi siano esigenze ristrette nella traduzione di determinate congiunzioni nella varietà comunitaria.

Inoltre è possibile osservare che, almeno nella scelta delle congiunzioni, le direttive risultano essere meno monotone rispetto ai decreti. In entrambi i corpus prevale la congiunzione *visto/a/i/e* seguita da un sostantivo, anche se bisogna precisare che i calcoli di normalizzazione a un milione ne mostrano una netta maggioranza nei decreti rispetto alle direttive. Inoltre, stando alle direttive, la seconda congiunzione più frequente è *poiché* e la differenza d'uso tra essa e *visto/a/i/e* non è così netta rispetto alla differenza d'uso con le altre congiunzioni e soprattutto se si guarda al risultato ottenuto nei decreti. Anche nel caso di *perché* e *dato che* la situazione sembra essere simile dato che anche se non sono molto frequenti nelle direttive, si reputano rarissime nei decreti. Vi sono inoltre congiunzioni presenti nella varietà comunitaria, ma non nei decreti, come ad es.: *giacché* e *dal momento che*, oppure al contrario come *per il fatto che* assente nei testi comunitari, mentre *siccome* non compare in nessuno dei testi scelti.

Note conclusive in merito all'analisi sintattica

La scelta dei fenomeni sintattici sottoposti all'analisi aveva, come punto di partenza, gli studi sulle peculiarità della sintassi del linguaggio giuridico, ampiamente descritti nella parte teorica della ricerca effettuata. A ciò si sono aggiunti fenomeni osservati direttamente nel corpus che potenzialmente potevano differenziare la varietà giuridica italiana, utilizzata nei decreti, dal linguaggio usato nelle direttive.

Per unificare il metodo d'analisi, nella descrizione dei vari fenomeni sintattici si parte dalla loro presentazione attraverso le grammatiche della lingua italiana (in primo luogo: Serianni: 1997; Serianni: 2020; Salvi e Vanelli: 2004). Riguardo ai singoli fenomeni presi in esame vale la pena menzionare che la ricerca ha prevalentemente confermato la presenza di peculiarità descritte nelle varie ricerche precedenti. Per esempio, la ricerca ha rilevato numerosi esempi con l'uso di verbi comuni come *fare, dare* e *tenere*, ma anche *porre*. A questo punto cominciano ad emergere differenze più pronunciate fra i due corpus, ovvero le direttive mostrano un maggior numero di esempi. I decreti, come nella parte lessicale mostrano un maggior numero di esempi arcaici rispetto alle direttive, come ad es. nella scelta di costrutti complessi rispetto a verbi semplici o nell'uso di espressioni con il verbo *porre*, i quali potrebbero a loro volta essere sostituibili con un verbo semplice.

Il secondo sottocapitolo della parte sintattica tratta dei verbi modali e del *si enclitico* con valore passivo o impersonale, fenomeno menzionato nella parte concernente il linguaggio giuridico e analizzato da Mortara Garavelli. Anche in questo caso le direttive mostrano una maggiore ricchezza di esempi rispetto alle direttive. Per dare un quadro più ampio, ci si è ulteriormente concentrati sul *si proclitico*. I risultati hanno mostrato che i corpus si avvalgono di entrambe le strutture, ma con la differenza che le direttive sono maggiormente inclini al *si proclitico*, conformemente alle indicazioni dell'opuscolo *Scrivere Chiaro* e ai manuali di redazione, mentre i decreti si avvalgono alternativamente di entrambe le strutture.

La successiva questione sottoposta all'indagine riguarda la presenza dei participi presenti e passati. Nella ricerca sono stati sottoposti ad esame gli esempi e le strutture riportati nella parte teorica, ma non soltanto. In questo caso sebbene gli esempi siano presenti in entrambi i corpus, i decreti presentano una netta differenza rispetto alle direttive comunitarie. Prima di tutto negli atti giuridici italiani è stato riscontrato un maggiore numero di esempi rispetto alle direttive.

Inoltre, nei decreti i participi rilevati includevano in molti casi termini tecnici propri del linguaggio del diritto. Anche dal punto di vista dell'ordine della frase, i decreti presentano una maggiore tendenza all'anteposizione del participio passato rispetto alle direttive, visibile sia nel numero delle occorrenze che nella varietà degli esempi. Inoltre, malgrado la simmetria tematica del corpus, occorre sottolineare che vi sono participi che compaiono in una varietà e non nell'altra, più precisamente, presenti nei decreti e non nelle direttive. Inoltre, occorre menzionare che dal punto di vista semantico gli esempi riscontrati nelle direttive si riferiscono di solito all'economia e alla politica, mentre per quanto riguarda i decreti indicano anche procedure e termini giuridici. Tali differenze derivano dal fatto che i participi presenti e passati sono da ritenersi maggiormente radicati nella tradizione del linguaggio giuridico italiano, mentre nel caso del linguaggio giuridico comunitario, la presenza dei participi è meno marcata. Inoltre, nel corpus dei decreti sono stati rilevati esempi di locuzioni preposizionali che non compaiono nelle direttive.

Nella seguente parte si è proceduto all'uso di tempi e modi analizzando non solo le occorrenze, ma soprattutto i contesti d'uso. In questo capitolo è stata toccata la questione dell'imperatività, ovvero di come nei due corpus viene espressa la nozione di obbligo, dovere. Per cominciare nell'indagine sono state utilizzate le nozioni presenti nella parte teorica. In primo luogo, in entrambi compare il presente atemporale non deittico, il quale non indica la successione temporale degli eventi, ma solo il loro collegamento. Inoltre, è stato illustrato come sia il presente che il futuro indicativo vengano utilizzati per esprimere un comando avvalendosi certamente del verbo modale *dovere*, anche se le direttive si mostrano più incline verso l'uso del futuro semplice e composto rispetto ai decreti, il che potrebbe derivare da una tendenza di trasposizione dall'inglese. Nella ricerca è emerso l'uso del passato remoto in un decreto di attuazione del 2014, malgrado, secondo diverse fonti, il passato remoto sia innanzitutto raro negli atti giuridici e utilizzato in particolari zone d'Italia nella lingua comune. Pertanto, la presenza di esso nell'atto normative serve a rendere il testo più arcaico ed elaborato, ma anche a sottolineare la lontananza dell'azione a cui si riferisce.

La ricerca ha evidenziato delle differenze fra i due corpus in merito alla scelta del congiuntivo. Stando alle grammatiche citate, l'uso del congiuntivo dipende in gran parte dalla congiunzione e dal verbo reggente. Tuttavia, sono stati riscontrati casi particolari in cui dopo una concessiva dopo la quale solitamente compare l'indicativo, compare invece il congiuntivo. Tale fenomeno è spiegabile nella tendenza del linguaggio giuridico e burocratico a rendere i testi più complicati per dare l'impressione che siano maggiormente elaborati tramite l'uso di forme obsolete e strutture che non osservano le regole standard per una questione di registro. Occorre sottolineare che questi esempi sono stati ricavati solo dai decreti e non dalle direttive, il che mostra una concreta differenza fra le due varietà.

La successiva questione sottoposta all'analisi è la presenza del modo condizionale e delle sue funzioni pragmatico-applicative nei testi, anch'esse riportate dalle grammatiche. Occorre osservare come la parte testuale incida su determinati fenomeni linguistici, ossia nelle direttive l'uso del condizionale è maggiore perché esse contengono all'inizio la parte motivazionale. Tuttavia, limitarsi ai numeri non avrebbe portato ad altre osservazioni. L'indagine ha mostrato come, a differenza dei decreti, il condizionale serva spesso per esprimere un obbligo, un comando o un suggerimento in maniera attenuata. Tale uso deriva da fattori extralinguistici, ovvero dalla struttura giuridica comunitaria. Occorre ricordare che l'UE è un insieme di Stati sovrani con lingue, culture e ordinamenti giuridici diversi. Le direttive sono rivolte in primo piano agli Stati membri e in secondo piano ai cittadini. Questo perché, talvolta, per recepire le leggi comunitarie, occorre modificare le leggi nazionali; utilizzare il modo indicativo o imperativo in alcuni casi non sarebbe politicamente corretto tenendo conto della sovranità di ciascun Paese. Questa politica linguistica si spiega anche nella funzione stessa della parte motivazionale in cui vengono solitamente nominate le basi giuridiche, ma anche le motivazioni della necessità di una data direttiva. Nei decreti il condizionale risulta raro per tre motivi: in primo luogo i decreti sono prevalentemente indirizzati ai cittadini, le leggi sono imposte dallo Stato al cittadino e il terzo motivo riguarda l'aspetto prettamente pratico, ossia l'uso del condizionale creerebbe ambiguità nell'interpretazione e nell'applicazione del diritto.

Di seguito si è passati alle forme impersonali e dall'indagine emerge ancora una volta che le direttive sono meno dirette rispetto ai decreti dato che mostrano una maggior tendenza alla forma impersonale volta al condizionale. Inoltre, è stato rilevato che nei testi comunitari sono presenti espressioni di significato vago (ad es. *pare che*) per motivare una decisione inclusa nelle direttive. Tali espressioni non compaiono nei decreti, il che evidenzia la differenza formale-applicativa delle due realtà giuridiche. Inoltre, vi sono forme impersonali accompagnate da un aggettivo, che oltre a motivare la giustezza del contenuto, mostrano l'approccio delle istituzioni europee in merito ad una precisa questione, ma anche diminuiscono la distanza fra l'istituzione che impone le regole comportamentali e il lettore, ovvero il destinatario. Nell'analisi delle forme impersonali è stato rivelato un dettaglio rilevante, ossia negli atti di recepimento vi sono interi paragrafi copiati dalle direttive che recepiscono. Questo significa che i decreti vengono redatti con una minore accuratezza redazionale rispetto alle direttive. Talvolta viene modificato l'ordine delle parole probabilmente per focalizzare l'attenzione del lettore su un preciso elemento che può variare nelle due varietà giuridiche.

L'ordine delle parole si è rivelato un aspetto particolarmente rilevante nella parte concernente la diatesi passiva. Nelle direttive l'ordine delle frasi dipende dal contenuto, ovvero da quale elemento si ritiene più rilevante rispetto agli altri, mentre nel caso dei decreti l'ordine non marcato appesantisce le frasi e complica i testi. Inoltre, nei testi comunitari si nota una maggiore tendenza a omettere l'agente per evitare un tono aggressivo e dare un tono solenne ai testi. Nelle direttive la forma passiva ha una funzione pragmatica, mentre nei decreti nella maggior parte dei casi è da ritenersi superflua e rende i testi ulteriormente complicati.

Un'altra questione esaminata è l'uso del gerundio e in materia si possono fare due osservazioni. Per prima cosa, nel corpus non vi sono esempi di gerundi non conformi alle regole grammaticali. Tale considerazione è rilevante siccome mostra che il linguaggio giuridico italiano dei decreti selezionati non mostra tutte le caratteristiche descritte nella parte teorica. Questo fenomeno potrebbe essere motivato dall'incidenza della varietà giuridica dell'UE su quella nazionale oppure da un'eventuale osservanza dei numerosi manuali di scrittura. Inoltre occorre notare che solitamente il gerundio compare nelle direttive all'inizio della frase, mentre nei decreti come inciso e spesso con il *si enclitico* anche quando non sarebbe necessario, scelta probabilmente volta ad una questione di registro. Oltre a ciò, bisogna sottolineare che nell'uso del gerundio, i decreti mostrano una maggiore varietà di esempi rispetto alle direttive.

Il capitolo seguente riguarda i tipi di subordinate e le congiunzioni. Per cominciare, sono state menzionate le definizioni delle congiunzioni in base alle grammatiche correnti. È necessario precisare che la scelta dell'analisi si è limitata alle congiunzioni condizionali, finali, concessive e causali, ritenute le più rilevanti nell'indagine comparativa delle due varietà. Per quanto riguarda le congiunzioni condizionali, si nota che alcune di esse non sono presenti in nessuno dei gruppi, inoltre entrambi prediligono la congiunzione di registro neutro presente anche nel linguaggio comune, ma con la differenza che dopo essa nelle direttive è frequente la congiunzione *qualora*, ritenuta di registro elevato, mentre nei decreti si rileva la presenza dell'arcaismo *ove*. I dati emersi dall'analisi delle congiunzioni finali evidenziano in entrambi i corpus la tendenza alla struttura *per + infinito* raccomanda da *Scrivere Chiaro* e per le stesse congiunzioni. Questo prova che la varietà comunitaria incide sulla qualità dei decreti legge che le recepiscono. Nel caso delle congiunzioni concessive, dai dati emerge che entrambi i corpus tendono a scegliere strutture che richiedono l'indicativo e non il congiuntivo. Inoltre, vi sono congiunzioni rare nelle direttive e non presenti nei decreti, il che mostra che non sempre le direttive sono più monotone lessicalmente rispetto agli atti giuridici italiani. Tuttavia, bisogna aggiungere che nei decreti sono presenti strutture arcaiche invece molto rare nelle direttive. Nelle congiunzioni causali, si nota nuovamente che le direttive hanno una maggiore ricchezza di varietà e quindi sono meno monotone rispetto ai decreti. Inoltre, i dati riportati mostrano che le congiunzioni causali sono più numerose nei testi comunitari probabilmente per il fatto che esse contengono la parte motivazionale, anche se bisogna precisare che ancora una volta in entrambi i corpus le scelte delle congiunzioni risultano essere simili.

Nell'ultimo capitoletto viene analizzata la presenza di alcune espressioni presenti nell'opuscolo *Scrivere Chiaro*. Tale scelta deriva dalla volontà di riprendere la questione della scrittura giuridica e verificare quale dei due corpus osservi meglio le indicazioni redazionali. Dall'analisi emerge che le direttive non sono affatto più monotone e povere linguisticamente rispetto ai decreti, anzi tutt'altro, talvolta risulta essere il contrario. I testi comunitari non sono del tutto omogenei fra di loro e la presenza di alcuni fenomeni dipende in parte dall'istituzione che le approva. Dal punto di vista linguistico, le direttive della Commissione europea risultano essere le più accurate e conformi alle raccomandazioni di *Scrivere Chiaro*. In più alcune scelte presenti nei decreti sembrano essere determinate dalle direttive, il che prova un'incidenza della varietà comunitaria sul linguaggio giuridico nazionale, almeno per quanto concerne i decreti di attuazione.

Conclusioni finali

La presente ricerca pone a confronto il linguaggio giuridico comunitario e il linguaggio giuridico italiano. La ricerca è divisa in due parti principali, ossia la parte teorica e la parte analitica, anch'esse suddivise in capitoli e capitoletti. Nella parte teorica sono racchiuse le nozioni teoriche e gli studi in materia, applicati di seguito nell'analisi del corpus per rendere il presente elaborato maggiormente coeso dal punto di vista della struttura.

In primo luogo sono state descritte le nozioni generali, ossia le principali caratteristiche che rendono il linguaggio giuridico una lingua speciale. Di seguito si passa alla questione del potere della parola nella giurisprudenza percepita come mezzo di controllo sul popolo dato che per chi ricopriva importanti cariche politiche sapeva adoperare il linguaggio.

Il seguente capitoletto riporta le principali classificazioni dei testi normativi. A questo punto si arriva alle principali peculiarità del linguaggio giuridico, ossia ai tratti lessicali, morfologici e sintattici. Nella parte lessicale sono citati gli studi dei principali linguisti esperti del linguaggio del diritto, fra cui Serianni, Mortara Garavelli, Mantovani, Benedetti, Dell'Anna e altri. Innanzi tutto viene ripresa la distinzione di Serianni dei *tecnicismi specifici* e *collaterali*, arricchita da Mortara Garavelli, la quale vi ha aggiunto i *tecnicismi giuridici*. Inoltre, vengono menzionati i neologismi e forestierismi di origine anglosassone, entrati a far parte del linguaggio giuridico tramite altre lingue speciali, quali l'economia e l'informatica. Ad essi sono menzionati in contrasto le espressioni arcaiche e gli eufemismi. Ai latinismi è stato dedicato un capitolo a parte visto il legame del linguaggio giuridico con la lingua latina e il diritto romano. Si tratta di espressioni latine, massime e termini tecnici.

A seguire sono i capitoletti che descrivono le peculiarità morfologiche ossia i fenomeni di prefissazione, suffissazione, la loro natura e i meccanismi di formazione delle parole. Dopo essa, sono descritte le peculiarità sintattiche del linguaggio giuridico, come ad es. l'uso di complessi verbali a discapito dei verbi semplici, il *-si* enclitico con valore passivo o impersonale, l'uso dei participi presenti e passati compresa la loro posizione nella frase, il gerundio, la scelta di tempi e modi, la normalizzazione e infine le locuzioni preposizionali. Quest'ultimo capitoletto è molto rilevante per lo svolgimento dell'analisi dato che gli esempi presenti in questa parte sono stati utilizzati nello studio del corpus.

La seconda parte tratta del linguaggio comunitario ed è diviso in cinque principali capitoli, anch'essi suddivisi in capitoletti. Ci si concentra sulla nozione di *multilinguismo*, cruciale per le basi giuridiche e per la divisione in *lingue ufficiali, lingue di lavoro* e *lingue procedurali*, malgrado il ruolo dominante dell'inglese e del francese. Tuttavia occorre tenere presente il ruolo chiave della traduzione, ma anche dell'accuratezza del *drafting multilingue*, legato al concetto di parità linguistica.

Il secondo capitolo descrive il regime linguistico delle singole istituzioni comunitarie, descrivendone tuttavia i ruoli e le competenze. Per una questione pratica sono state descritte solo le principali istituzioni, quali la Commissione europea, il Consiglio dell'UE, il Parlamento europeo, la Corte di Giustizia e il Tribunale, la Banca centrale europea (BCE), la Banca europea per gli investimenti (BEI), la Corte dei Conti, il Mediatore europeo e l'Alto Rappresentante, il Comitato delle regioni, il Comitato economico sociale e le Agenzie. Benché il presente elaborato appartenga all'ambito della linguistica, prima di passare alle peculiarità del linguaggio comunitario, ho ritenuto opportuno descriverne accuratamente le problematiche extralinguistiche dato che sono i fattori che hanno portato alla nascita di questa varietà.

A seguire, il capitolo che tratta degli aspetti linguistici del linguaggio comunitario. Il primo capitoletto illustra la nozione di linguaggio comunitario chiamato anche *comunitarese* o *eurocratese* dai termini *Eurojargon* o *Eurospeak* . Si delineano i primi legami con il linguaggio giuridico, ossia anche il linguaggio comunitario tratta di diritto, ovvero del diritto dell'UE, ma non possiede una lunga tradizione linguistica ed è il risultato di un lavoro di traduzione. Occorre precisare che essendo il linguaggio comunitario un fenomeno abbastanza recente, vi sono pochi studi in materia. Tuttavia, nella presente ricerca sono stati riportati gli studi di Cosmai, Tosi, Ioratti Ferrari, Wagner, Bech e Martínez e altri. Le caratteristiche della varietà comunitaria dipendono in parte dai fattori linguistici, quali l'interferenza delle altre lingue in un contesto multiculturale e il fatto in alcune situazioni i testi comunitari non sono redatti da madrelingua. Inoltre, viene riportato il termine di *testi ibridi*, dovuto al fatto che nel voler mantenere una certa neutralità, le rispettive versioni linguistiche tendono ad essere testi che, malgrado siano corretti grammaticalmente, risultano essere lontani dalle norme linguistiche della lingua di arrivo. Questo mostra come il linguaggio comunitario sia il risultato di un lavoro di traduzione, ma anche di compromessi linguistici e culturali. Come il linguaggio giuridico italiano, anche il linguaggio comunitario è soggetto a critiche, come lo si può appurare dai termini dispregiativi *comunitarese* e *eurocratese*.

Per rendere più completa la parte introduttiva, sono stati riportati gli studi in merito ad altre lingue ufficiali non solo neolatine, ma anche slave come ad es. la lingua polacca, in cui si riscontrano i medesimi fenomeni riguardanti la varietà comunitaria. Infine, vale la pena notare come la realtà dell'UE abbia inciso sul lessico delle lingue nazionali, in questo caso dell'italiano, arricchendolo lessicalmente di nuovi termini e nozioni.

Dopo la parte linguistica, si passa al problema redazionale. In primo luogo sono elencati i tre principali tipi di testi comunitari, ritenuti vincolanti, ossia: le direttive, i regolamenti e le decisioni, anche se per la presente ricerca sono rilevanti le prime. Di seguito viene riportata la questione della redazione dei testi comunitari legato al *principio di trasparenza*, ma anche al problema del destinatario e della comprensione degli atti giuridici. Vale la pena menzionare che anche se le direttive comunitarie sono indirizzate agli Stati membri, le istituzioni si impegnano a rendere i testi accessibili ai cittadini sia dal punto di vista tecnico, ovvero traducendole nelle rispettive lingue ufficiali e pubblicandole sui siti dell'UE, ma anche tenendo particolar cura della parte redazionale. Sono stati riportati due elaborati assai rilevanti, ossia la *Guida pratica comune del Parlamento europeo, del Consiglio e della Commissione per la redazione dei testi legislativi dell'Unione europea* e l'opuscolo della Commissione europea intitolato *Scrivere Chiaro*. Oltre alle indicazioni sulla redazione, sulla struttura e l'elaborazione del contenuto del testo normativo, vi sono apportati concreti suggerimenti in merito ai termini da evitare per la loro complessità con termini più semplici e quindi raccomandabili. Queste indicazioni saranno fondamentali per lo svolgimento dell'analisi lessicale e sintattica.

Il capitoletto seguente riguarda anch'esso la redazione degli atti normativi, ma da un punto di vista prettamente pratico che si concentra sul ruolo centrale dei traduttori e dei giuristi. La prassi mostra che il multilinguismo non sempre è possibile e talvolta ci si avvale del testo in inglese, non sempre redatto da un madrelingua. Seguono i pareri degli esperti in maniera al fine di valutare la qualità del progetto di legge. A causa della complessità dei testi e della loro importanza, si pone particolare attenzione alla redazione e in un secondo piano si passa alla traduzione della versione finale a cui segue la revisione dei giuristi linguisti. Le differenze istituzionali incidono in parte sulle competenze linguistiche, ossia la Commissione non è solo "il motore" della legislazione europea, ma è anche la principale istituzione che si occupa della traduzione dei documenti normativi e della collaborazione interistituzionale. Tuttavia, occorre precisare che il ruolo decisivo spetta al Consiglio e ai suoi esperti, i quali hanno il compito di collaborare con i rappresentanti del Parlamento europeo nell'analisi delle proposte di legge della Commissione.

Per poter comprendere meglio la complessità della realtà linguistico-lavorativa dell'UE, è stato dedicato un intero capitolo alla traduzione comunitaria. Questo capitolo, a differenza di quelli precedenti, si concentra su altri aspetti della traduzione, vale a dire sull'ausilio della tecnologia a partire dalla traduzione automatica, presente nella Commissione europea. Questo sistema è ritenuto alquanto utile per due motivi: il primo, vista la delicatezza dei testi strettamente vincolabili e talvolta riguardanti tematiche ardue, la Commissione evita di affidarsi a traduttori esterni per motivi di privacy, secondo, la traduzione automatica permette di accedere alla consultazione linguistico-terminologica in breve tempo o di correggere una "traduzione grezza" e renderla una traduzione di qualità in breve tempo. Inoltre, sono stati menzionati altri programmi, banche dati quali Poetry, ManDesk, TraDesk, DGT Vista, l'archivio Translator's Workbench (TWB) e i sistemi di ricerca terminologica, ossia IATE, Euramis, Eur-Lex, N-Lex, Quest, DocFinder.

Il seguente capitolo tratta delle difficoltà e delle sfide della traduzione comunitaria, fra cui il contesto multilingue, la complessità delle procedure decisionali e l'elevato numero di persone che vi partecipano. Inoltre, la difficoltà di trasposizione varia in base alle differenze fra i rispettivi ordinamenti giuridici. Occorre notare come in questo caso si nota un diverso approccio delle istituzioni comunitarie al linguaggio del diritto rispetto ai giuristi nazionali. Il linguista si concentra sulla qualità linguistica cercando la migliore soluzione traduttiva, mentre per il giurista la lingua è uno strumento di argomentazione. Proprio per questo motivo la redazione degli atti normativi comunitari è così complessa e richiede tempo. La prassi e l'ausilio della tecnologia hanno permesso di creare soluzioni univoche per quanto riguarda la traduzione delle congiunzioni e di alcuni termini ripetitivi. Questo permette di evitare situazioni di ambiguità, errori, ma soprattutto discrepanze non solo fra il testo originale e la traduzione, ma anche fra le rispettive versioni linguistiche, anche se a discapito della libertà di scelta del traduttore.

L'opera segue con la descrizione del profilo del traduttore e delle istituzioni incaricare del processo di reclutamento, quali la DGT, EPSO e la DGI per gli interpreti. Anche se l'argomento della presente ricerca non è legato all'interpretazione, è stato concesso minimo spazio a tale tematica per ottenere un quadro maggiormente completo del regime linguistico dell'UE. Oltre ai criteri formali per i traduttori, è stato descritto il ruolo dei giuristi linguisti e il lavoro degli interpreti.

Dopo la parte teorica si procede alla parte analitica con la descrizione del corpus e della metodologia. Per prima cosa sono stati esposti i criteri di scelta del corpus degli atti comunitari che includono: la scelta di utilizzare solo direttive e non altri tipi di testi, utilizzare solamente direttive entrate in vigore ed emanate negli anni 2000–2018 e di diversi ambiti per avere risultati maggiormente attendibili. Il corpus dei decreti è stato scelto in base alle direttive, vale a dire che sono stati selezionati solo i testi che recepivano le medesime direttive. Talvolta accade che un decreto legge recepisca più direttive e per questo motivo vi è una certa discrepanza nel numero dei testi, ossia 120 direttive e 115 atti di recepimento che danno 1.436.790 lemmi, 1.414 occorrenze nelle direttive e 799.486 lemmi e 512 occorrenze nei decreti.

Proprio per rendere l'analisi più precisa, in alcuni casi oltre all'analisi qualitativa si è passati all'analisi quantitativa. Nel capitolo, è stata illustrata la divisione del corpus delle direttive secondo la tematica, secondo gli anni in cui sono state pubblicate e infine guardando all'istituzione che le ha approvate. Anche il corpus dei decreti legislativi è stato descritto e suddiviso in categorie in base all'anno in cui sono entrati in vigore e all'istituzione che li ha emanati.

Il capitoletto che segue serve come introduzione all'analisi lessicale e sintattica. Esso riporta i recenti studi che hanno come oggetto il confronto fra la varietà comunitaria e la varietà nazionale effettuati da Cortelazzo, Ondelli e Mazzi. Ognuno di essi ha adottato una metodologia e un corpus diverso dall'altro, ma occorre aggiungere che si sono avvalsi di dati quantitativi che hanno portato a risultati assai rilevanti.

Segue la descrizione della metodologia e della finalità dell'analisi qualitativa in atto. Il fine della presente ricerca consiste nel paragonare il linguaggio giuridico comunitario al linguaggio giuridico nazionale sul piano lessicale e sintattico. L'ipotesi era che le direttive comunitarie fossero più semplici dal punto di vista terminologico e sintattico dato che sono il risultato di un lavoro di traduzione, in cui la qualità del testo di arrivo, inteso come comprensibilità per il cittadino medio, è maggiore rispetto a quella degli atti giuridici nazionali. Per quanto riguarda la metodologia, i testi selezionati sono stati convertiti al formato *txt* e di seguito inseriti nel programma *AntConc*, il quale mostra le occorrenze dei termini scelti. Nell'indagine sono stati selezionati alcuni tratti menzionati nelle parti teoriche, fra cui i tecnicismi e le locuzioni presenti nella parte sul linguaggio giuridico e i termini indicati nell'opuscolo *Scrivere Chiaro*. Tale scelta serve anche per verificare quale delle due varietà sia più incline ad osservare le indicazioni dei manuali di scrittura dei testi giuridici. Occorre notare che nell'indagine lessicale e sintattica sono stati adoperati mezzi diversi. Vale la pena aggiungere che ciascuna delle problematiche analizzate ha portato a riflessioni distinte.

Per quanto riguarda la parte lessicale, ci si è limitati ai principali fenomeni quali la presenza di prestiti, tecnicismi, calchi e termini gergali. Nel valutare il registro di un dato termine, sono stati consultati due dizionari: il *GRADIT* e *Internazionale online*. Inoltre, in alcuni casi ci si è avvalsi di dizionari specialisti di terminologia giuridica ed economica. In primo luogo, al fine di rendere più coesa e ordinata la presente parte, è stata riportata la definizione dei prestiti in base alle grammatiche correnti di Dardano e Trifone e di Serianni e Antonelli. L'indagine dei due corpus ha rilevato che le direttive mostrano una maggior tendenza ed apertura all'uso di termini di origine straniera. Inoltre, dall'analisi emerge che in alcuni casi si tratta di tecnicismi specifici e quindi prestiti di necessità, mentre nella maggioranza sono prestiti non integrati con valenza tecnica e che hanno come equivalente un termine italiano, quindi sono definibili come tecnicismi collaterali. L'analisi dei prestiti ha inoltre rilevato che le direttive non sono omogenee dal punto di vista redazionale, ossia i prestiti inglesi sono riportati in tre modi differenti: il primo, il più frequente, in cui il termine inglese è accompagnato dall'equivalente italiano fra parentesi, il secondo invece al contrario, ossia è il termine anglosassone fra parentesi ad accompagnare il termine italiano, oppure nel caso dei prestiti di necessità ne allegano la definizione all'inizio della direttiva. Vale la pena notare che la maggior parte dei prestiti indipendentemente dal fatto che siano integrati o meno, vengono allegati di una definizione.

I decreti legge mostrano una massima attenzione nella terminologia giuridica e una maggiore chiusura riguardo i prestiti. Tale approccio deriva probabilmente dalla necessità di massima precisione nell'applicare il diritto europeo sul piano della giurisdizione nazionale, visibile nella scelta di utilizzare l'equivalente italiano quando è possibile. Tuttavia, occorre notare che le direttive generalmente aggiungono la definizione ai termini tecnici di origine straniera, mentre tale scelta si realizza nei decreti solo nel caso in cui si tratta di termini strettamente tecnici e non conformi con la terminologia giuridica italiana. Questo mostra che il legislatore europeo ha cura del destinatario esperto e non esperto, mentre il legislatore italiano solo dei destinatari esperti. I decreti nazionali si limitano a fornire la definizione di termini tecnici non presenti nella giurisprudenza italiana e non di tutti i termini tecnici.

Di seguito si è passati all'analisi dei prestiti di provenienza latina, i quali hanno portato ad un risultato inaspettato, ossia ad una maggiore presenza dei medesimi nelle direttive, malgrado sia il linguaggio giuridico italiano ad avere una lunga tradizione linguistica e culturale a differenza della varietà comunitaria. Tuttavia, anche in questo caso occorre osservare che in molti casi i termini latini presenti nelle direttive rimandano a concetti legati alla cultura giuridica del diritto romano, il che significa che il ruolo di questi termini consiste nel mostrare l'appartenenza del diritto comunitario al diritto romano e alla sua cultura giuridica. Per contro, ci si dovrebbe chiedere se la presenza dei termini latini menzionati derivi da un fattore culturale e non dall'esigenza di emulare eventualmente il linguaggio giuridico italiano, domanda a cui non è possibile rispondere in questa sede senza aver studiato altre versioni linguistiche delle direttive in cui compaiono i latinismi. In secondo luogo, occorre precisare che i termini latini compaiono nelle direttive del Parlamento europeo e del Consiglio, ma non nelle direttive emanate dalla Commissione europea. Questa osservazione porta a due riflessioni: la prima, che le direttive europee non sono univoche nella redazione e nella terminologia, la seconda invece mostra che fra tutte le istituzioni europee, è la Commissione ad osservare con maggiore attenzione le indicazioni sulla redazione degli atti normativi.

La questione lessicale successivamente analizzata riguarda la presenza dei tecnicismi. Anche in questo caso per mantenere una maggiore coesione e chiarezza, ci si è avvalsi delle grammatiche italiane. Questa parte dell'indagine è da ritenere particolare, dato che è divisa in tre passaggi. Il primo passaggio consiste nell'individuare la presenza dei tecnicismi collaterali, il che è stato possibile grazie alla lettura dei testi e all'uso degli esempi presenti nella parte teorica. Di seguito, si è passati alla ricerca dei sinonimi che facessero parte della lingua corrente e fossero di registro neutro. L'ultimo passaggio è stato valutare l'occorrenza dei tecnicismi e degli equivalenti in entrambi i corpus. Per una maggiore precisione nella valutazione delle due varietà sono stati effettuati in alcuni casi i calcoli di normalizzazione a un milione, il che serve anche a rendere maggiormente attendibili le osservazioni in merito e a valutare quale delle due varietà fosse da ritenersi più semplice dal punto di vista terminologico. In questo caso i risultati non sono stati univoci. In primo luogo, entrambe le varietà mostrano una notevole presenza di tecnicismi collaterali paragonabile, anche se superiore nei decreti malgrado la disparità quantitativa dei corpora. In secondo luogo, in molti casi entrambi i corpus mostrano una preferenza verso i termini di registro neutro, soprattutto nel caso dei verbi, facilmente sostituibili con vocaboli più semplici. Tuttavia, l'analisi ha rilevato che vi sono arcaismi presenti solo nella varietà e non nei testi comunitari. Sia la numerosa presenza dei prestiti, che l'assenza degli arcaismi giuridici mostrano che il linguaggio comunitario risulta essere più moderno rispetto al linguaggio giuridico italiano.

L'ultimo capitoletto della parte lessicale riguarda i falsi amici e i termini appartenenti al gergo comunitario. Ci si è basati sugli esempi illustrati nell'opuscolo *Scrivere Chiaro*. In primo luogo, occorre precisare che nel corpus è stato individuato un solo falso amico, il che mostra l'accuratezza delle direttive per quanto riguarda il piano redazionale e terminologico. Inoltre, nei testi comunitari sono stati rilevati solo alcuni esempi del gergo comunitario che però sono stati omessi nei decreti nazionali.

L'analisi sintattica apre con l'indagine riguardante i complessi verbali. Anche in questa parte dell'indagine, gli studi riportati si sono rivelati essenziali per quanto riguarda la metodologia. In più, al fine di una maggiore coesione e chiarezza, sono state riportate le definizioni delle grammatiche correnti di Serianni, Salvi e Vanelli con l'aggiunta delle osservazioni di Dardano e Trifone nei capitoli successivi. Nella ricerca sono stati rilevati gli esempi di espressioni e formule create sia dai verbi comuni, che dal verbo *porre*. Dall'analisi risulta che sul campo sintattico vi siano differenze maggiormente evidenti tra i due corpus. In primo luogo, le direttive mostrano una maggiore ricchezza di esempi rispetto ai decreti, il che confuta l'ipotesi secondo la quale i testi comunitari sarebbero più monotoni dal punto di vista sintattico. Inoltre, nelle leggi italiane si nota una maggior frequenza di esempi ritenuti arcaici nella parte teorica, fenomeno che riconferma l'attaccamento della varietà nazionale a vocaboli di uso arcaico e obsoleto.

La questione dei verbi è appurata anche nel capitoletto successivo riguardante i verbi modali e la struttura composta da *si enclitico* con valore passivo oppure impersonale e dal *si proclitico*. I risultati riportati permettono di stabilire che malgrado siano presenti entrambe le strutture, le direttive si avvalgono maggiormente del *si proclitico* in osservanza delle raccomandazioni della Commissione europea. Di seguito si è passati ai participi presenti e passati. Come nella parte precedente, anche in questa fase si rileva una maggior ricchezza di esempi nei decreti che nelle direttive. Tale osservazione mostra l'attaccamento del linguaggio giuridico nazionale all'uso di forme complesse, arcaiche e lontane dalle raccomandazioni dei manuali di scrittura. Per giunta, dal punto di vista semantico si nota che gli esempi rilevati nei testi nazionali indicavano termini tecnici appartenenti al linguaggio del diritto e all'economia, mentre nei testi comunitari riguardavano piuttosto l'economia o l'attività amministrativa. In più, il fenomeno dell'anteposizione del participio passato risulta essere molto più marcato nei decreti che nelle direttive. L'ultima osservazione in merito consiste nel fatto che vi sono participi e locuzioni preposizionali arcaiche, le quali compaiono nella varietà nazionale e non in quella comunitaria, constatazione che conferma quanto affermato.

Il capitolo successivo concerne la scelta di tempi e modi in base alle occorrenze, ai contesti d'uso e alle eventuali funzioni pragmatico-testuali. Inoltre ci si è soffermati anche sulla questione dell'imperatività. Entrambe le varietà si avvalgono del presente atemporale non deittico per indicare non la successione di determinati eventi, bensì il loro collegamento. La differenza tra le due varietà è evidente nell'uso del futuro semplice e composto prevalentemente presente nei testi comunitari e raro nei testi italiani. Nell'indagine è emerso l'uso del passato remoto nei decreti. Benché si tratti di solamente due esempi, occorre precisare che l'uso del passato remoto è ritenuto obsoleto e raro da Rashed Beniamen e anche dalle grammatiche. In base al contesto riportato, è possibile affermare che la sua funzione era prima di tutto di marcare la lontananza delle azioni espresse e di seguito far sembrare il testo maggiormente complesso ed elaborato. Nelle direttive non vi è nessun esempio di verbi coniugati al passato remoto.

Dopo il modo indicativo, è stato riportato il modo condizionale, comprese le rispettive funzioni pragmatiche menzionate nelle grammatiche. Ad incidere sui risultati, è senz'altro l'aspetto organizzativo-testuale delle direttive, le quali possiedono la parte motivazionale in cui compaiono i verbi al condizionale. Nelle direttive il condizionale viene usato per esprimere un obbligo in maniera attenuata, il che non sorprenderebbe in un contesto non normativo. Infatti, nei decreti il condizionale non ha la stessa funzione ed è molto raro. Questa differenza deriva non solo dalla motivazione, ma anche da fattori extralinguistici, quali la realtà comunitaria e l'ordinamento giuridico della UE. Le direttive sono indirizzate agli Stati membri e perciò usare forme non attenuate potrebbe rivelarsi non corretto politicamente. Ovviamente vi sono forme più dirette (ad es. *gli Stati devono*) che sono però rare e vengono utilizzate in contesti particolari riguardanti questioni altamente vincolanti. Come è già stato riferito, il condizionale è raro nei decreti dato che il linguaggio giuridico nazionale tende ad essere più diretto e distante, ma anche perché il condizionale potrebbe portare ad un'errata interpretazione ed applicazione delle normative da parte dei cittadini.

Si prosegue con l'analisi concernente le forme impersonali, da cui emerge nuovamente che le direttive si avvalgono di forme più attenuate e meno dirette rispetto i decreti. Nei testi comunitari si rileva la presenza di forme impersonali con significato vago e forme impersonali accompagnate da un aggettivo, le quali precedono la motivazione della necessità o meno di un'azione oppure esprimono l'approccio delle istituzioni comunitarie in merito ad un'azione. Inoltre è stato rilevato che alcuni paragrafi delle direttive sono stati copiati ed inseriti negli atti di recepimento. Ciò mostra che le direttive sono ritenute correttamente redatte dai giuristi italiani, ma anche che i decreti prestano meno attenzione alla parte redazionale dei testi rispetto alle istituzioni comunitarie.

La seguente questione toccata nel presente elaborato riguarda la diatesi passiva. L'analisi qualitativa dei testi ha rivelato che nelle direttive l'uso della forma passiva e l'ordine della frase dipende dal contenuto, o meglio dallo scopo pragmatico del testo evidenziato proprio nella disposizione dei singoli elementi della proposizione. Inoltre, i testi comunitari spesso tralasciano l'agente in modo da evitare un tono aggressivo. Nei decreti la funzione della diatesi passiva pare essere opposta in base agli esempi rilevati. Gli atti normativi nazionali tendono a complicare il testo, mentre nelle direttive hanno una particolare funzione pragmatica.

Nell'uso del gerundio non sono state rilevate osservazioni che permettano una netta distinzione delle due varietà oltre alla maggiore ricchezza di esempi nel corpus dei decreti. Tuttavia, vale la pena precisare che nei testi esaminati non sono stati trovati casi che non fossero conformi alle grammatiche standard. Questo mostra che nessuna delle varietà si avvale degli esempi obsoleti trattati nella parte teorica. Occorre aggiungere che vi è una minima differenza nell'uso del gerundio, ossia nelle direttive compare solitamente all'inizio della frase, mentre nei decreti compare come inciso. Inoltre, si rileva una maggiore tendenza all'uso della struttura *gerundio + si enclitico* nei decreti rispetto alle direttive, il che mostra nuovamente l'attaccamento del linguaggio giuridico italiano a determinate strutture ritenute arcaiche.

Nel presente libro sono stati analizzati alcuni tipi di congiunzioni per valutare quale delle due varietà usufruisse maggiormente di forme arcaiche o forme ritenute vicine all'italiano comune. Questa parte ha rilevato più somiglianze che differenze. Per cominciare, le prime congiunzioni valutate sono state le congiunzioni condizionali seguite dalle finali, concessive e causali. In merito alle prime, è stato rilevato che in entrambe le varietà la più scelta risulta essere una parola corrente, mentre fra le congiunzioni più frequenti vi è anche una congiunzione ritenuta arcaica nella parte teorica. Queste osservazioni trovano conferma nell'analisi delle congiunzioni finali, in cui la scelta ricade per entrambi i gruppi sulle stesse congiunzioni. Tale osservazione mostra che le direttive comunitarie incidono sulla qualità degli atti di recepimento. Per quanto riguarda le congiunzioni concessive, dall'analisi risulta che entrambe le varietà prediligono congiunzioni meno complesse, vale a dire che non richiedono il congiuntivo, anche se nelle direttive vi sono congiunzioni non presenti nei decreti. Tale constatazione riconferma che i testi comunitari non sono da ritenere più monotoni rispetto ai testi giuridici nazionali. Ciononostante, nei decreti sono state rilevate strutture ritenute arcaiche che nei testi comunitari risultano essere singolari. Inoltre l'indagine effettuata in merito alle congiunzioni causali riconferma la ricchezza della varietà degli esempi nelle direttive in confronto ai decreti. Oltre a ciò vale la pena sottolineare che le congiunzioni causali sono molto più numerose nei testi comunitari per via della parte motivazionale.

La parte analitica chiude con l'analisi riguardante la presenza di singole espressioni menzionate nell'opuscolo della Commissione europea *Scrivere Chiaro*. In questo capitoletto viene ripresa la questione della redazione dei testi normativi. La ricerca conferma che le direttive non sono affatto monotone nella scelta dei termini e che fra le due varietà quella che tende maggiormente alla semplicità redazionale è quella comunitaria. Inoltre, gli esempi riportati sono presenti o mancanti nei due corpus in maniera simile, il che permetterebbe di constatare che la varietà comunitaria incida sul linguaggio degli atti di recepimento. Inoltre, nel corpus dei decreti si vede nuovamente la tendenza ad avvalersi di arcaismi.

Riassumendo, la ricerca tratta del linguaggio giuridico dell'UE e del linguaggio giuridico italiano a confronto. Il linguaggio comunitario nasce in un contesto multiculturale e multilinguistico da un lavoro di traduzione, mentre il linguaggio giuridico italiano possiede una lunga tradizione linguistica. Le prime differenze derivano dall'aspetto testuale, ossia le direttive contengono la parte motivazionale, mentre i decreti legislativi italiani no. Inoltre, il legislatore italiano si mostra meno attento alla forma dei testi, il che è visibile ad es. nella mancanza degli accenti, ma anche nella scelta di trascrivere interi paragrafi dei testi comunitari.

La ricerca ha analizzato le due varietà sul piano lessicale e sintattico. Ciascun aspetto ha portato osservazioni diverse, alcune delle quali si sono rivelate sorprendenti. Le direttive europee mostrano una forte tendenza al rinnovamento lessicale dovuta alla necessità di coniare nuovi termini, ma anche si avvale sia dei forestierismi, che degli equivalenti italiani spesso inserendoli insieme. Tale scelta deriva dall'esigenza di abituare il lettore, o meglio il destinatario, alla terminologia comunitaria, ma evitando caos. Il legislatore italiano mostra una maggiore chiusura al rinnovamento lessicale, ma anche una profonda accuratezza nella terminologia e un attaccamento a termini ed espressioni arcaiche. Dal punto di vista della questione del destinatario vale la pena notare che nelle direttive la maggior parte di termini tecnici (compresi prestiti) viene definita nella parte motivazionale, mentre nei decreti italiani vengono specificati solo i termini specifici che potrebbero creare ambiguità nell'interpretazione e nell'applicazione del diritto.

La parte sintattica ha rivelato che le varietà rispettano le grammatiche, a differenza degli esempi riportati nella parte teorica sul linguaggio giuridico. Tuttavia, anche sul piano sintattico è evidente che la varietà giuridica nazionale tende ad usare maggiormente strutture arcaiche e a complicare i testi nella scelta di forme complesse. Questo mostra che la varietà comunitaria presta maggiore attenzione alla questione del destinatario medio o non esperto rispetto al legislatore italiano. Tale approccio è visibile anche nel numero delle occorrenze alquanto maggiore nelle direttive che evidenzia una ripetitività lessicale, la quale mostra che, dopo accurate analisi, tale fenomeno è volto a rendere i testi più comprensibili ed evitare ambiguità nell'interpretazione del contenuto. Inoltre vale la pena notare che la presente non ha rilevato fra i due corpus differenze tali da ritenere attuale la definizione di *testi ibridi* nei confronti delle direttive.

Bibliografia

Accademia della Crusca, (2011) *Guida alla redazione degli atti amministrativi. Regole e suggerimenti*, Firenze: Ittig-Cnr.

Antelmi, D. (2008) " Vaghezza, definizioni e ideologia nel linguaggio giuridico", In: Garzone, G., Santulli, F. (a cura di), *Il linguaggio giuridico. Prospettive interdisciplinari*. Associazione italiana giuristi di impresa. Milano: Giuffrè Editore, pp. 89–115.

Barcz, J. (2003) " II filar Unii Europejskiej-Wspólna Polityka Zagraniczna i Bezpieczeństwa". *In:* Barcz, J. (a cura di), *Prawo Unii Europejskiej. Zagadnienia systemowe*. Varsavia: Prawo i Praktyka Gospodarcza, pp. 97–99.

Benedetti, A. (2012) *Mi rimetto alla clemenza della corte. Analisi, note e proposte di correzione del linguaggio giuridico italiano*, Genova: Erga edizioni.

Bertaccini F., Di Nisio S. (2011) *Il traduttore e il revisore nei diversi ambiti professionali*, inTRAlinea, p. 6.

Bertozzi, P. (2009) "Ipso iure", In: *Dizionario dei brocardi e dei termini giuridici*, Bertozzi, P. (a cura di), Milano: Ipsoa Editore, p. 103.

Bertozzi, P. (2009) "Ipso facto", In: *Dizionario dei brocardi e dei termini giuridici*, Bertozzi, P. (a cura di), Milano: Ipsoa Editore, p. 103.

Bertozzi, P. (2009) "Lucro cessante", In: *Dizionario dei brocardi e dei termini giuridici*, Bertozzi, P. (a cura di), Milano: Ipsoa Editore, p. 57.

Bertozzi, P. (2009) "Lucro cessante", In: *Dizionario dei brocardi e dei termini giuridici*, Bertozzi, P. (a cura di), Milano: Ipsoa Editore, p. 57.

Bertozzi, P. (2009) "Lex contractus", In: *Dizionario dei brocardi e dei termini giuridici*, Bertozzi, P. (a cura di), Milano: Ipsoa Editore, p. 57.

Bertozzi, P. (2009) "Lucro cessante", In: *Dizionario dei brocardi e dei termini giuridici*, Bertozzi, P. (a cura di), Milano: Ipsoa Editore, p. 57.

Bracchi, E. (2016) "Interferenze sull'italiano giuridico nei processi di traduzione e di trasportazione dalla lingua francese", In: *Il linguaggio giuridico nell'Europa delle pluralità*. Roma: Senato della Repubblica. Studi e ricerche, pp. 83–96.

Cassese, S. (1994) *Codice di stile delle comunicazioni scritte ad uso delle amministrazioni pubbliche. Proposta e materiali di studio*, Roma: Presidenza del Consiglio dei Ministri.

Cavagnoli, S. (2008) "La nota a sentenza come genere unificante di prassi e dottrina giuridica". In: Garzone, G., Santulli, F. (a cura di), *Il linguaggio giuridico. Prospettive interdisciplinari*, Milano: Giuffrè Editore, pp. 285–301.

Cavagnoli, S. (2013) *Linguaggio giuridico e lingua di genere: una simbiosi possibile*, Alessandria: Edizioni dell'orso, pp. 75–83.

Cortelazzo, M. (2013) "Leggi italiane e direttive europee a confronto". In: Ondelli, S. (a cura di), *Realizzazioni testuali ibride in contesto europeo. Lingue dell'UE e lingue nazionali a confronto*, Trieste: EUT. Edizioni Università di Trieste, pp. 57–66.

Cosmai, D. (2011) *Tradurre per l'unione europea*, Milano: Hoepli.

Czapliński, W. (2003) "I filar Unii Europejskiej-Wspólna Polityka Zagraniczna i Bezpieczeństwa", In: Barcz, J. (a cura di), *Prawo Unii Europejskiej. Zagadnienia systemowe*, Varsavia: Prawo i Praktyka Gospodarcza, pp. 75–77.

Czapliński W. (2003) "I filar Unii Europejskiej-Wspólna Polityka Zagraniczna i Bezpieczeństwa", In: Barcz, J. (a cura di) *Prawo Unii Europejskiej. Zagadnienia systemowe*, Varsavia: Prawo i Praktyka Gospodarcza, p. 123.

Dardano M., Trifone P. (2011) *Grammatica italiana con nozioni di linguistica*, Milano: Zanichelli.

Dizionari Garzanti (2005) *Garzanti business English: inglese-italiano, italiano-inglese*, Milano: Garzanti linguistica.

De Mauro, T. (1994) *Capire le Parole*, Roma-Bari: Editori Laterza, pp. 81–97.

De Mauro, T. (2000) *Grande dizionario italiano dell'uso (GRADIT)*, Torino: UTET,

Dell'Anna, M. (2013) *In nome del popolo italiano. Linguaggio giuridico e lingua della sentenza in Italia*, Roma: Bonacci Editore.

De Pace, C. (2000) "Introduzione alla lingua del diritto Italia-Francia-Deuxième partie-Le droit en France". Citato in: Bracchi, E. (2016) *Interferenze sull'italiano giuridico nei processi di traduzione e di trasportazione dalla lingua francese,* Roma: Senato della Repubblica. Studi e ricerche, p. 92.

De Renzo, F. (1994) "Alcune riflessioni sul rapporto tra linguaggio giuridico e linguaggio scientifico", In: De Mauro, T. (a cura di), *Studi sul trattamento linguistico dell'informazione scientifica*, Roma: Bulzoni, p. 270.

De Renzo, F. (2018) "La macchina della formazione permanente", In: Casale G. (a cura di), *Europa. Le sfide della scienza*, Roma: Istituto della Enciclopedia italiana fondata da Giovanni Treccani, p. 10.

Doczekalska, A. (2014) "Legal multilingualism as a right to remain unilingual-fiction or reality?", In: Institute of Linguistics. Faculty of Modern Languages and Literature (a cura di), *Comparative Linguistics. International Journal for Legal Communication*. Poznań: Adam Mickiewicz University, Volume 20/ 2014, pp. 7–18.

Dragone, S. (2006) " La qualità della legislazione comunitaria e il ruolo dei giuristi-revisori del servizio giuridico della Commissione europea", In: Jacometti V., Pozzo B. (a cura di), *Le politiche linguistiche delle istituzioni comunitarie dopo l'allargamento. Redazione, traduzione e interpretazione degli atti giuridici comunitari e il loro impatto sull'armonizzazione del diritto europeo,* Milano: Giuffrè Editore, p. 145.

Falbo, C. (2012) *La ricerca in interpretazione. Dagli esordi alla fine degli anni settanta*, Milano: Franco Angeli, pp. 30–51.

Ferreri, S. (2011) "La lingua del legislatore europeo", In: Visconti, J. (a cura di), *Lingua e diritto. Livelli di analisi*, Milano: Editore LED, p. 247–248.

Fortis, D. (2005) *Il linguaggio amministrativo italiano*, In: Revista de Llengua, n. 43.

Gambaro, A. (2008) "La prospettiva del privatista", In: Bambi F., Pozzo, B. (a cura di), *L'italiano giuridico che cambia*, Citato in: Bracchi, E. (2016) *Interferenze sull'italiano giuridico nei processi di traduzione e di trasportazione dalla lingua francese*, Roma: Senato della Repubblica. Studi e ricerche, pp. 72–75.

Garzone, G., Santulli, F. (2008) "Introduzione", In: Garzone, G., Santulli, F. (a cura di), *Il linguaggio giuridico. Prospettive interdisciplinari*, Milano: Giuffrè Editore, pp. 89–115.

Gotti, M. (1991) *I linguaggi specialistici. Caratteristiche linguistiche e criteri pragmatici. La Nuova Italia*, Firenze: La nuova Italia, p. 32.

Gualdo R. (2011) *Linguaggi specialistici dell'italiano*, Roma: Carocci editore, pp. 433.

Guggueis M. (2016) "I giuristi linguisti e le sfide per garantire concordanza, qualità redazionale e corretta terminologia giuridica nei testo normativi dell'Unione Europea", In: *Il linguaggio giuridico nell'Europa delle pluralità*, Roma: Senato della Repubblica. Studi e ricerche, pp. 49–58.

Ioratti Ferrari, E. (2013) *Interpretazione comparante e multilinguismo europeo*, Milano: CEDAM.

Il sole 24 ore (2011) "Disposizioni take or pay", In: *Il sole 24 ore. Guida alla contabilità e al bilancio*, Milano.

Kierzkowska, D. (2003) "Tłumaczenie środowiskowe w Polsce", In: *Uregulowania status zawodu tłumacza pisemnego i konferencyjnego w kontekście poszerzenia Unii Europejskiej*, Łódź: Wydawnictwo Uniwersytetu Łódzkiego, p. 81.

Lubello, S. (2014) *Il linguaggio burocratico*, Roma: Carocci editore, pp. 50–56.

Lubello, S. (2017) *La lingua del diritto e dell'amministrazione,* Bologna: Il Mulino, pp. 93–103.

Mantovani, D. (2008) "Lingua e diritto. Prospettive di ricerca fra sociolinguistica e pragmatica", In: Garzone, G., Santulli, F. (a cura di), *Il linguaggio giuridico. Prospettive interdisciplinari*, Milano: Giuffrè Editore, pp. 23–41.

Mariani Biagini, P., Parenti, L. (2000) "Gli archivi lessicali della lingua giuridica italiana. Considerazioni e prospettive", In: Veronesi, D. (a cura di), *Linguistica giuridica italiana e tedesca. Rechtslinguistik des Deutschen und Italienische*, Padova: Unipress, pp. 285–287.

Masini, A. (2007) "L'italiano contemporaneo e le sue varietà", In: Bonomi, I. (a cura di), *Elementi di linguistica italiana*, Roma: Carrocci, pp. 62–65.

Mazzi, D. (2013) "If it be the case that the appellants are under such an obligation...: A comparative study of conditionals in English legal discourse", In: Ondelli, S. (a cura di), *Realizzazioni testuali ibride in contesto europeo. Lingue dell'UE e lingue nazionali a confronto*, Trieste: EUT. Edizioni Università di Trieste, pp. 27–40.

Mortara Garavelli, B. (2001) *Le parole e la giustizia. Divagazioni grammaticali e retoriche su testi giuridici italiani,* Torino: Piccola Biblioteca Einaudi. Saggistica letteraria e linguistica. Torino.

Nazzini, R. (2010) "*Legal English* e giudici dell'Unione europea", In: Visconti J. (2016) *Interferenze sull'italiano giuridico nei processi di traduzione e di trasposizione dalla lingua inglese*, Roma: Senato della Repubblica. Studi e ricerche, pp. 75–79.

Ondelli, S. (2013a) "Introduzione", In: Ondelli, S. (a cura di), *Realizzazioni testuali ibride in contesto europeo. Lingue dell'UE e lingue nazionali a confronto*, Trieste: EUT. Edizioni Università di Trieste, pp. 9–26.

Ondelli, S. (2013b) "Un genere testuale oltre i confini nazionali: la sentenza", In: Ondelli, S. (a cura di), *Realizzazioni testuali ibride in contesto europeo. Lingue dell'UE e lingue nazionali a confronto*, Trieste: EUT. Edizioni Università di Trieste, pp. 67–92.

Palermo, F. (2011) "Lingua, diritto e comparazione nel contesto europeo. Profili metodologici, tra opportunità e rischi", *InTRAlinea Special Isssue: Specialised Translation II.*

Piemontese, E. (1998) ""Osar d'ingentilire la lingua forense" è davvero "fatica gittata"?", In: Leoni, F. A., Gambarare, D., Gensini, S., Simone, R. (a cura di), *Ai limiti del linguaggio. Vaghezza, significato e storia*, Roma: Laterza, pp. 321–329.

Piemontese, E. (2000) "Leggibilità e comprensibilità delle leggi italiane. Alcune osservazioni quantitative e qualitative", In: Veronesi, D. (a cura di), *Linguistica giuridica italiana e tedesca. Rechtslinguistik des Deutschen und Italienische,* Padova: Unipress. pp. 103–119.

Piemontese, E. (2003) "La leggibilità e la comprensibilità dei testi: alcuni strumenti per la produzione di testi della pubblica amministrazione leggibili e comprensibili", In: Zuanelli, E. (a cura di), *Manuale di comunicazione istituzionale. Teoria e applicazioni per aziende e amministrazioni pubbliche. Appendice normativa sullo stato di attuazione della legge n.150 del 2000*, Seconda edizione, Roma: Editore Colombo, p. 217.

Piemontese E. *La semplificazione del linguaggio amministrativo. Presupposti, strumenti e prospettive*, Treccani online.

Rossolillo, G. (2016) "Linguaggio giuridico e natura dell'Unione europea", In: *Il linguaggio giuridico nell'Europa delle pluralità. Lingua italiana e percorsi di produzione e circolazione del diritto dell'Unione europea*, Roma: Senato della Repubblica. Studi e ricerche, pp. 179–194

Sabatini, A., (1987) *Raccomandazioni per un uso non sessista della lingua italiana*. Roma: Istituto Poligrafico e Zecca dello Stato, p. 13.

Santulli, F., (2008), *La sentenza come genere testuale: narrazione, argomentazione, performatività*. In: *Il linguaggio giuridico. Prospettive interdisciplinari*, Garzone, G., Santulli, F., Milano: Giuffrè Editore, pp. 207–235.

Salvi G., Vanelli, L. (2004) *La nuova grammatica italiana*, Bologna: Il Mulino.

Scarpa, F. (2005), *La traduzione specializzata. Lingue speciali e mediazione linguistica*, Milano: Hoepli, pp. 16–17.

Serianni, L. (1997) *Grammatica, sintassi dubbi*, terza edizione, Torino: Le Garzantine, pp. 117.

Serianni, L. (2003), *Italiani scritti*, Bologna: Il Mulino, pp. 117–122.

Serianni, L., Antonelli G., (2017) *Manuale di linguistica italiana. Storia, attualità, grammatica*, seconda edizione, Torino: Pearson, pp. 166–167.

Serianni, L., Castelvecchi A. (2020) *Grammatica italiana. Italiano comune e lingua letteraria*, Torino: UTET.

Sepe, S. (2004) "Il linguaggio delle istituzioni nella dinamica dei rapporti tra amministrazioni pubbliche e cittadini", In: Sepe, S., Basilica, F. (a cura di), *Il linguaggio delle istituzioni pubbliche nei discorsi di insediamento di Avvocatura dello Stato, Consiglio di Stato, Corte dei conti*, Roma: SSPA edizioni, pp. 23–41.

Sobrero, A. (1993) *Introduzione all'italiano contemporaneo – la variazione e gli usi*, Roma-Bari. Laterza.

Tafani, L. (2016) "Il fattore linguistico nel recepimento delle direttive europee", In: *Il linguaggio giuridico nell'Europa delle pluralità. Lingua italiana e percorsi di produzione e circolazione del diritto dell'Unione europea*, Roma: Senato della Repubblica. Studi e ricerche, pp. 203–215.

Tosi, A. (2012) *Un italiano per l'Europa. La traduzione come prova di vitalità*, Roma: Carocci.

Vellutino, D. (2018) *L'italiano istituzionale per la comunicazione pubblica*, Bologna: Il Mulino.

Viale, M. (2008) *Studi e ricerche sul linguaggio amministrativo*, Padova: CLEURP (Coop. Libraria Editrice Università di Padova), p. 90.

Visconti, J. (2016) "Interferenze sull'italiano giuridico nei processi di traduzione e di trasposizione dalla lingua inglese", In: *Il linguaggio giuridico nell'Europa delle pluralità. Lingua italiana e percorsi di produzione e circolazione del diritto dell'Unione europea*. Roma: Senato della Repubblica. Studi e ricerche, pp. 71–82.

Wagner, E., Bech, S., Martínez, J.M. (2002) *Translating for the European Union Istitutions*, Machester: St. Jerome Publishing, p. 3–5.

Wołodkiewicz, W. (2009) *Europa i prawo rzymskie. Szkice z historii europejskiej kultury prawnej*, Varsavia: Wydawnictwo PWN, pp. 89–93.

Ziller, J. (2016) "Lingue e politica linguistica nell'Unione europea" In: *Il linguaggio giuridico nell'Europa delle pluralità. Lingua italiana e percorsi di produzione e circolazione del diritto dell'Unione europea*. Roma: Senato della Repubblica, p. 36.

Sitografia

"A buon diritto", *Treccani online*, http://www.treccani.it/vocabolario/ricerca/legittimamente--a-buon-diritto-/Sinonimi_e_Contrari/, ultimo accesso: 01.05.2019.

"A fortiori", *Treccani online*, http://www.treccani.it/vocabolario/a-fortiori/, ultimo accesso: 01.05.2019.

"A rigor di logica", *Treccani online*, http://www.treccani.it/vocabolario/ricerca/a-rigor-di-logica/, ultimo accesso: 01.05.2019.

"A tambur battente", *Internazionale online*, https://dizionario.internazionale.it/parola/a-tamburo-battente, ultimo accesso: 01.05.2019.

Adire, *Internazionale online*, https://dizionario.internazionale.it/parola/adire, ultimo accesso: 01.05.2019.

Arrigo, R. M., *Le politiche del multilinguismo nell'UNIONE EUROPEA*, http://www.silviacosta.it/wp-content/uploads/2015/12/Multilinguismo-UE-con-prefazione-manfredo.pdf, ultimo accesso: 19.02.2019.

"Avviare", *Internazionale online*, https://dizionario.internazionale.it/parola/avviare; ultimo accesso: 01.05.2019.

"Acquis communautaire", *Treccani online*, http://www.treccani.it/enciclopedia/acquis-comunitario_%28Lessico-del-XXI-Secolo%29/, ultimo accesso: 19.02.2019.

"AntConc", *Laurence Anthony's Website*, https://www.laurenceanthony.net/software/antconc/, ultimo accesso: 16.09.2020.

"Bail-in", *Treccani online*, http://www.treccani.it/magazine/lingua_italiana/neologismi/searchNeologismi.jsp?abcd=abdc&pathFile=/sites/default/BancaDati/Osservatorio_della_Lingua_Italiana/Marzo_2013/bail-in.xml&lettera=B, ultimo accesso: 29.04.2020.

"Base revolving", *Law insidre online*, https://www.lawinsider.com/dictionary/revolving-base-rate-loans, ultimo accesso: 28.04.2020.

Benchmarking, *Treccani online*, http://www.treccani.it/vocabolario/benchmarking/, ultimo accesso: 28.04.2020.

Brochardt, K-D., (1990) *ABC del diritto comunitario*, https://publications.europa.eu/it/publication-detail/-/publication/dd23a521-30cf-41a2-b0f4-c1e186ef5819/language-it, ultimo accesso: 19.02.2019.

Brom, P., (2014) *Analiza hybrydowych tekstów Unii Europejskiej-wybrane zagadnienia metodologiczne*, cejsh.icm.edu.pl/cejsh/element/bwmeta1.element...200f.../18_Brom_340-352_.pdf, ultimo accesso: 19.02.2019.

Candidature EPSO, *EPSO online*, https://epso.europa.eu/how-to-apply_it, ultimo accesso: 19.02.2019.

Carta dei diritti fondamentali dell'Unione europea, https://www.europarl.europa.eu/charter/pdf/text_it.pdf, ultimo accesso: 19.02.2019;

"CDE – Centri di documentazione europea", *Commissione europea online*, https://ec.europa.eu/italy/news/20180531_invito_a_manifestazione_interesse_CDE_it, ultimo accesso: 19.02.2019;

"CEI", *European Union online*, http://europa.eu/interpretation/doc/language_profiles.pdf, ultimo accesso: 19.02.2019;

"Centro di Manifestazione europea online", (2018) *European Union online*, https://ec.europa.eu/italy/news/20180531_invito_a_manifestazione_interesse_CDE_it, ultimo accesso: 19.02.2019;

"Centro di traduzione", *European Union online*, http://cdt.europa.eu/it/procedura-dinanzi-al-mediatore-it, ultimo accesso: 19.02.2019;

CERDP, (2012) *Senato online*, https://www.senato.it/3182?newsletter_item=1486&newsletter_numero=142, ultimo accesso: 19.02.2019.

"Cheval", *European Union online*, http://ec.europa.eu/dgs/scic/what-is-conference-interpreting/cheval/index_it.htm ultimo accesso: 19.02.2019.

"Co-branding", *Lexico dictionary online*, https://www.lexico.com/en/definition/co-branding, ultimo accesso: 19.02.2019.

Commissione europea, (2008) *Multilinguismo: una risorsa per l'Europa e un impegno comune*, https://eurlex.europa.eu/LexUriServ/LexUriServ.do?uri=COM:2008:0566:FIN:IT:PDF ultimo accesso: 19.02.2019.

Commissione europea online, *Dipartimento italiano della DGT*, https://ec.europa.eu/italy/content/lingue_it, ultimo accesso: 19.02.2019.

Commissione europea – Direzione Generale della Comunicazione, (2014) *Guida del cittadino alle istituzioni europee*, http://www.europedirect.unisi.it/wp-content/uploads/sites/32/2015/11/Come-funziona-lUnione-europea.pdf, ultimo accesso: 19.02.2019.

Commissione europea, (2018) *Guida per candidati, Commissione europea*, http://europa.eu/interpretation/doc/tips_for_candidates.pdf, ultimo accesso: 19.02.2019.

Commissione europea, *Opuscolo*, https://www.unipu.hr/uploads/media/TRADURRE_PER_L__EU.pdf, ultimo accesso: 19.02.2019.

Commissione europea, (2018) *Pre-selection Test Tool (PST). Candidate User Guide (web app versione)*, http://europa.eu/interpretation/doc/pst_candidate_user_guide.pdf, ultimo accesso: 19.02.2019.

Commissione europea, (2016) *Scrivere Chiaro*, https://publications.europa.eu/en/publication-detail/-/publication/725b7eb0-d92e-11e5-8fea-01aa75ed71a1/language-it, data di accesso: 8.01.2019.

"Commissivo", *Treccani online*, http://www.treccani.it/vocabolario/ricerca/COMMISSIVO/, ultimo accesso: 01.05.2019.

"Commissorio", *Treccani online*, http://www.treccani.it/enciclopedia/patto-commissorio/, ultimo accesso: 01.05.2019.

"Contumacia", *Treccani online*, http://www.treccani.it/vocabolario/contuma cia/, ultimo accesso: 01.05.2019.

"Cooperazione rafforzata", *European Union online*, https://eur-lex.europa.eu/summary/glossary/enhanced_cooperation.html?locale=it, ultimo accesso: 28.04.2020

"Condizionale", *Treccani online*, http://www.treccani.it/enciclopedia/condiz ionale_(Enciclopedia-dell%27Italiano)/ ultimo accesso: 01.05.2019;

"Convergenza", *Treccani online*, http://www.treccani.it/enciclopedia/euro_%28Enciclopedia-Italiana%29/, ultimo accesso: 5.05.2020.

"Credit default swap", *Treccani online*, http://www.treccani.it/enciclopedia/cds_%28Dizionario-di-Economia-e-Finanza%29/, ultimo accesso: 01.05.2019.

Curia online, *Consigli ai relatori alla Corte*, https://curia.europa.eu/jcms/jcms/Jo2_12354/conseils-aux-plaideurs, ultimo accesso: 19.02.2019.

DGI della Corte, Curia online, *Direction de l'interpretation*, https://curia.europa.eu/jcms/jcms/Jo2_12357/direction-de-l-interpretation, ultimo accesso: 19.02.2019.

"Dispositivo", *Treccani online*, https://dizionario.internazionale.it/parola/disp ositivo, ultimo accesso: 01.05.2019.

"Dispositivo", *Treccani online*, http://www.treccani.it/vocabolario/dispositivo/, ultimo accesso: 01.05.2019.

"Disposizione", *Internazionale online*, https://dizionario.internazionale.it/par ola/disposizione, ultimo accesso: 01.05.2019;

"Dolus malus", *Brocardi online*, https://www.brocardi.it/D/dolus-malus.html, ultimo accesso: 01.05.2019;

ECA online, *Richiesta di tirocinio*, https://www.eca.europa.eu/it/Pages/trainee shipcomplet.aspx, ultimo accesso: 19.02.2019;

EPSO online, *Tirocini*, https://epso.europa.eu/job-opportunities/traineeships_it, ultimo accesso: 19.02.2019.

EPSO online, *Giuristi presso il Mediatore europeo* https://www.epsoconco rsi.com/giuristi-presso-lufficio-mediatore-europeo-strasburgo/, ultimo accesso: 19.02.2019.

EPSO online, *Mediatore europeo*, https://www.epsoconcorsi.com/giuristi-presso-lufficio-mediatore-europeo-strasburgo/, ultimo accesso: 19.02.2019.

EPSO online, *Mediatore europeo Agenzie*, https://epso.europa.eu/apply/job-offers/institutions-and-agencies/2093-europeiska-ombudsmannen_it, ultimo accesso: 19.02.2019.

EPSO online, *Tirocini*, https://epso.europa.eu/job-opportunities/traineeships_it, ultimo accesso: 19.02.2019.

"Estoppel", *European Union online*, https://iate.europa.eu/search/standard/result/1550927938606/1, data di accesso: 10.02.2019.

European Commission, (2018) *European Language Label*, http://ec.europa.eu/education/initiatives/label/label_public/index.cfm, ultimo accesso: 19.02.2019.

European Commission-SCIC, *European Union online*, https://ec.europa.eu/info/departments/interpretation/conference-interpreting-types-and-terminology_en, ultimo accesso: 19.02.2019.

"Espletare", *Internazionale online*, https://dizionario.internazionale.it/parola/espletare, ultimo accesso: 01.05.2019.

"Equipollente", *Treccani online*, http://www.treccani.it/vocabolario/equipollente/, ultimo accesso: 01.05.2019.

"Equipollenza", *Treccani online*, http://www.treccani.it/vocabolario/equipollenza/, ultimo accesso: 01.05.2019.

Eur-lex online, *TUE, Trattato sull'Unione europea*, https://eur-lex.europa.eu/resource.html?uri=cellar:2bf140bf-a3f8-4ab2-b506-fd71826e6da6.0017.02/DOC_1&format=PDF, ultimo accesso: 05.01.2019.

"Factoring", *Treccani online*, http://www.treccani.it/enciclopedia/factoring_%28Enciclopedia-Italiana%29/, ultimo accesso: 01.05.2019.

Fontaine P., *Le politiche dell'Unione europea. L'Europa in 12 lezioni*. Lussemburgo: ufficio delle pubblicazioni dell'Unione europea, http://www.europedirect.unisi.it/wp-content/uploads/sites/32/2015/11/leuropa-in-12-lezioni.pdf, ultimo accesso: 05.01.2019.

"Factoring", *Treccani online*, http://www.treccani.it/enciclopedia/factoring_%28Enciclopedia-Italiana%29/, ultimo accesso: 01.05.2019.

"Forfating", *Treccani online*, http://www.treccani.it/enciclopedia/societa-finanziaria_%28Dizionario-di-Economia-e-Finanza%29/, ultimo accesso: 01.05.2019.

"Futures", *Treccani online*, http://www.treccani.it/enciclopedia/derivati-finanziari_%28Enciclopedia-Italiana%29/, ultimo accesso: 01.05.2019.

"Gare d'appalto DGI", *European Union online*, https://ec.europa.eu/info/funding-tenders/tenders/tender-opportunities-department/tender-opportunities-interpretation_it, ultimo accesso: 19.02.2019.

"Governance", *Treccani online*, http://www.treccani.it/enciclopedia/governance_%28Dizionario-di-Economia-e-Finanza%29/, ultimo accesso: 01.05.2019.

HM. Government online, *Transposition Guidance. How to implement European Directives effectively*, 2018, https://assets.publishing.service.gov.uk/government/uploads/system/uploads/attachment_data/file/682752/eu-transposition-guidance.pdf, ultimo accesso: 19.02.2019;

Hübner, D. (2016) "Brexit. Angielski przestanie być językiem oficjalnym", *Newsweek online*, https://www.newsweek.pl/swiat/brexit-angielski-przestanie-byc-jezykiem-oficjalnym-unii/lrj7xpk, ultimo accesso: 19.02.2019;

IDABC, (2005) *Traduzione automatica*, https://publications.europa.eu/en/publication-detail/-/publication/8c9d8a8a-a759-44a5-9e22-b6ebbf9705d5/language-it/format-PDF, ultimo accesso: 19.02.2019;

"Intraprendere", *Internazionale online*, https://dizionario.internazionale.it/parola/intraprendere ultimo accesso: 01.05.2019;

"Illico et immediate", *Treccani online*, http://www.treccani.it/vocabolario/illico-et-immediate, ultimo accesso: 01.05.2019;

"Imaging", *Treccani online*, http://www.treccani.it/vocabolario/imaging/, ultimo accesso: 01.05.2019;

"Ipso facto", *Treccani online*, http://www.treccani.it/vocabolario/ipso-facto/, ultimo accesso: 01.05.2019;

"Laddove", *Internazionale online*, https://dizionario.internazionale.it/parola/laddove, ultimo accesso: 01.05.2019;

"Libera circolazione delle persone, delle merci, dei capitali", *Treccani online*, http://www.treccani.it/enciclopedia/libera-circolazione-delle-persone/, ultimo accesso: 28.04.2020;

"Market timing", *Treccani online*, http://www.treccani.it/enciclopedia/timing_%28Dizionario-di-Economia-e-Finanza%29/, ultimo accesso: 01.05.2019;

"Nth to default", *Treccani online*, http://www.treccani.it/magazine/lingua_italiana/articoli/parole/default.html, ultimo accesso: 01.05.2019;

Ost, F. (2013) "Babel revisité. Défense et illustration du multilinguisme", *Synergies Italie n. 9 online*, https://gerflint.fr/Base/Italie9/ost.pdf, ultimo accesso: 19.02.2019;

"Orizzontale", *Eur-lex online*, https://eur-lex.europa.eu/legal-content/IT/TXT/?uri=LEGISSUM%3Al14547,ultimo accesso: 28.04.2020

Parlamento europeo, (2016) *Comunicazione verbale e scritta*, http://www.europarl.europa.eu/news/it/news-room/20071017FCS11816/4/Comunicazione-verbale-e-scritta, ultimo accesso: 19.02.2019;

Peculato, Treccani online, http://www.treccani.it/vocabolario/peculato/, ultimo accesso: 01.05.2019;

Peruginelli, G. (2011) *Riflessioni sull'accesso globale al diritto: analisi dei sistemi di ricerca multilingue*, https://www.jlis.it/article/download/4606/4483, ultimo accesso: 19.02.2019;

Piemontese, E. (2002) "Laboratorio di scrittura. Non solo temi all'esame di Stato. Idee per un curricolo", https://www.lettere.uniroma1.it/sites/default/files/707/Piemontese_Laboratorio-scrittura_0.pdf, ultimo accesso: 01.05.2019;

"Pivot", *Scic online*, http://ec.europa.eu/dgs/scic/what-is-conference-interpreting/pivot/index_it.htm, ultimo accesso: 19.02.2019.

"Post mortem", *Treccani online*, http://www.treccani.it/vocabolario/post-mortem/, ultimo accesso: 01.05.2019;

"Prima facie", *Treccani online*, https://www.garzantilinguistica.it/ricerca/?q=prima%20facie, ultimo accesso: 01.05.2019;

"Principio di precauzione", *Eur-lex online*, https://eur-lex.europa.eu/summary/glossary/precautionary_principle.html?locale=it ultimo accesso: 28.04.2020;

"Principio di proporzionalità", *Eur-Lex online*, https://eur-lex.europa.eu/summary/glossary/proportionality.html?locale=it, ultimo accesso: 28.04.2020

"Principio di sussidiarietà", *Eur-Lex online*, https://eur-lex.europa.eu/summary/glossary/subsidiarity.html?locale=it, ultimo accesso: 28.04.2020

"Pro rata", *Treccani online*, http://www.treccani.it/vocabolario/pro-rata/, ultimo accesso: 01.05.2019;

Publications Office of the European Union online, *Translation tools and workflow* https://publications.europa.eu/en/publication-detail/-/publication/00e51a8e-9c50-11e6-868c-01aa75ed71a1/language-en, ultimo accesso: 19.02.2019;

Publications Office of the European Union, (2012) ec.europa.eu/info/files/it_print_2016.pdf, ultimo accesso: 19.02.2019;

"Purché", *Internazionale online*, https://dizionario.internazionale.it/parola/purche, ultimo accesso: 19.02.2019

Quest e DocFinder, https://publications.europa.eu/en/publication-detail/-/publication/00e51a8e-9c50-11e6-868c-01aa75ed71a1/language-en, ultimo accesso: 19.02.2019;

"Regolamento di esecuzione", *Treccani online*, http://www.treccani.it/enciclopedia/regolamento-dir-cost_(Diritto-on-line)/, ultimo accesso: 05.05.2020;

"Rescissione", *Treccani online,* http://www.treccani.it/vocabolario/rescissione/, ultimo accesso: 01.05.2019;

"Retour", *Scic online*, http://ec.europa.eu/dgs/scic/what-is-conference-interpreting/retour/index_it.htm, ultimo accesso: 19.02.2019;

"Revolving fund", Cambridge dictionary, https://dictionary.cambridge.org/it/dizionario/inglese/revolving-fund, ultimo accesso: 19.02.2019

SEAE online, *Tirocini*, http://www.carriereinternazionali.com/europa/item/10052-tirocinio-ue-carriera, ultimo accesso: 19.02.2019;

SEAE online, *Instituzioni*, https://europa.eu/european-union/about-eu/institutions-bodies/eeas_it, ultimo accesso: 19.02.2019;

Secretariat of the European Parliament online, *Stages*, https://ep-stages.gestmax.eu/uploads/rules-en.pdf, ultimo accesso: 19.02.2019;

Servizio europeo per l'Azione Esterna, http://www.carriereinternazionali.com/europa/item/10052-tirocinio-ue-carriera, ultimo accesso: 19.02.2019;

"Situato", *Internazionale online*, https://dizionario.internazionale.it/parola/situato

Swap, http://www.treccani.it/enciclopedia/swap-funzionamento-e-tipologie-di-swap_%28Dizionario-di-Economia-e-Finanza%29/, ultimo accesso: 01.05.2019;

"Spot", *Treccani online*, http://www.treccani.it/enciclopedia/spot_%28Dizionario-di-Economia-e-Finanza%29/ ultimo accesso: 01.05.2019;

Tarabusi, T., Signorile, M. (2007) *Regole e suggerimenti per la redazione dei testi normativi, manuale per le Regioni promosso dalla Conferenza dei Presidenti delle Assemblee legislative delle Regioni e delle Provincie autonome con il supporto scientifico dell'Osservatorio legislativo interregionale*, Terza edizione, Consiglio regionale della Toscana, http://web.consiglioveneto.it/qualita/manuale%20drafting.pdf, ultimo accesso: 01.05.2019;

"Testa", *IDABC online,* http://ec.europa.eu/idabc/servlets/Doc87ba.pdf?id=23648, ultimo accesso: 19.02.2019;

"TFUE, Trattato sul Funzionamento dell'Unione europea", *Eur-Lex online*, https://eur-lex.europa.eu/legal-content/IT/TXT/?uri=celex%3A12012E%2FTXT, ultimo accesso: 19.02.2019;

"Trattato di Amsterdam", *Eur-Lex online*, https://europa.eu/european-union/sites/europaeu/files/docs/body/treaty_of_amsterdam_it.pdf, ultimo accesso: 08.01.2019;

"Trust", *Internazionale online*, https://dizionario.internazionale.it/parola/trust, ultimo accesso: 28.04.2020.

"Ubicare", *Internazionale online*, https://dizionario.internazionale.it/parola/ubicare, ultimo accesso: 01.05.2019.

Ufficio delle pubblicazioni dell'Unione europea, (2014) *Traduzione e multilinguismo* https://publications.europa.eu/en/publication-detail/-/publication/e0770e72-afa1-4971-8824-6190512537dc/language-it, ultimo accesso: 19.02.2019.

Ufficio delle pubblicazioni dell'Unione europea, (2015) *Come funziona l'Unione europea*, http://www.europedirect.unisi.it/wp-content/uploads/sites/32/2015/11/Come-funziona-lUnione-europea.pdf, ultimo accesso: 19.02.2019.

Unione europea, *Interpreti dell'Unione europea*, http://europa.eu/interpretation/index_it.html, ultimo accesso: 19.02.2019.

Unione europea, *Interpretazione SCIC*, http://ec.europa.eu/dgs/scic/what-is-conference-interpreting/language-regime/index_it.htm, ultimo accesso: 19.02.2019;

"Unit trust", *Cambridge Dictionary*, https://dictionary.cambridge.org/it/dizionario/inglese/unit-trust, ultimo accesso: 01.05.2019;

Unione europea, *Guida pratica comune del Parlamento europeo, del Consiglio e della Commissione per la redazione dei testi legislativi dell'Unione europea*, https://eur-lex.europa.eu/content/techleg/IT-guida-pratica-alla-redazione-di-testi-legislativi.pdf, ultimo accesso: 8.01.2019;

"Usucapione", *Treccani online*, http://www.treccani.it/vocabolario/usucapione/, ultimo accesso: 01.05.2019;

"Venture capital", *Treccani online*, http://www.treccani.it/enciclopedia/venture-capital/, ultimo accesso: 01.05.2019;

"Vertice", *Internazionale online*, https://dizionario.internazionale.it/parola/vertice, ultimo accesso: 28.04.2020

"Vessatorio", *Corriere online*, https://dizionari.corriere.it/dizionario_italiano/V/vessatorio.shtml, ultimo accesso: 20.04.2020

"Vilipendio", *Treccani online*, http://www.treccani.it/vocabolario/vilipendio/, ultimo accesso: 01.05.2019;

"Window trading", *Law insider online*, https://www.lawinsider.com/dictionary/trading-window, ultimo accesso: 01.05.2019;

Études de linguistique, littérature et art
Studi di Lingua, Letteratura e Arte

Dirigée par Katarzyna Wołowska et Maria Załęska

Volume 1 Teresa Muryn/Salah Mejri/Wojciech Prażuch/Inès Sfar (éds): La phraséologie entre langues et cultures. Structures, fonctionnements, discours. 2013.

Volume 2 Przemysław Dębowiak: La formation diminutive dans les langues romanes. 2014.

Volume 3 Katarzyna Wołowska: Le sens absent. Approche microstructurale et interpétative du virtuel sémantique. 2014.

Volume 4 Monika Kulesza: Le romanesque dans les *Lettres* de Madame de Sévigné. 2014.

Volume 5 Judyta Zbierska-Mościcka: Lieux de vie, lieux de sens. Le couple lieu/identité dans le roman belge contemporain. Rolin-Harpman-Feyder-Lalande-Lamarche-Deltenre. 2015.

Volume 6 Izabela Pozierak-Trybisz: Analyse sémantique des prédicats de communication. Production et interprétation des signes. Emplois de communication non verbale. 2015.

Volume 7 Maria Załęska: Retorica della linguistica. Scienza, struttura, scrittura. 2014.

Volume 8 Teresa Muryn / Salah Mejri / Wojciech Prażuch / Inès Sfar (éds.): La phraséologie entre langues et cultures. Structures, fonctionnements, discours. 2015.

Volume 9 Ewa Stala: El léxico español en el *Waaren-Lexicon in zwölf Sprachen* de Ph. A. Nemnich. 2015.

Volume 10 Paulina Mazurkiewicz: Terminologie française et polonaise relative à la famille. Analyses fondées sur les documents de la doctrine sociale de l'Église catholique. 2015.

Volume 11 Christophe Cusimano: Le Sens en mouvement. Études de sémantique interprétative. 2015.

Volume 12 Renata Jakubczuk: Téo Spychalski: Dépassement scénique du littéraire. 2015.

Volume 13 Katarzyna Gabrysiak: Analyse lexicale des verbes français exprimant la cause. À partir de l'exemple de *déterminer* et de *produire*. 2015.

Volume 14 Anna Grochowska-Reiter: Commedia all'italiana come specchio di stereotipi veicolati dal dialetto. Un approccio sociolinguistico. 2016.

Volume 15 Marta E. Cichocka: Estrategias de la novela histórica contemporánea. Pasado plural, Postmemoria, Pophistoria. 2016.

Volume 16 Anna Krzyżanowska / Katarzyna Wołowska (éds): Les émotions et les valeurs dans la communication I. Découvrir l'univers de la langue. 2016.

Volume 17 Anna Krzyżanowska / Katarzyna Wołowska (éds): Les émotions et les valeurs dans la communication II. Entrer dans l'univers du discours. 2016.

Volume 18 Edyta Kociubińska (éd.): Le jeu dans tous ses états. Études dix-neuviémistes. 2016.

Volume 19 Maria Załęska (ed.): Il discorso accademico italiano. Temi, domande, prospettive. 2016.

Volume 20 Adrianna Siennicka: Benito Mussolini retore. Un caso di persuasione politica. 2016.

Volume 21 Regina Bochenek-Franczakowa: Présences de George Sand en Pologne. 2017.

Volume 22 Andrzej Zieliński: Las fórmulas honoríficas con -ísimo en la historia del español. Contribución a la lexicalización de la deixis social. 2017.

Volume 23 Ewa Kalinowska: Lire en classe de français. Nouvelles d'expression française dans l'enseignement et l'apprentissage du FLE. 2017.

Volume 24 Paulina Malicka: Il movimento del dono nella poesia di Eugenio Montale. Rifiutare – ricevere – ricambiare. 2017.

Volume 25 Anne Isabelle François / Edyta Kociubińska / Gilbert Pham-Thanh / Pierre Zoberman (dirs.): Figures du dandysme. 2017.

Volume 26 Andrzej Zieliński / Rosa María Espinosa Elorza: La modalidad dinámica en la historia del español. 2018.

Volume 27 Wojciec Prażuch. Les langues de bois contemporaines. Entre la novlangue totalitaire et le discours détabouisé du néo-populisme. 2018.

Volume 28 Witold Wołowski (ed.): Le théâtre à (re)découvrir I. Intermédia / Intercultures. 2018.

Volume 29 Witold Wołowski (ed.): Le théâtre à (re)découvrir II. Intermédia / Intercultures. 2018.

Volume 30 Gilles Quentel: La genèse du lexique français. 2018.

Volume 31 Luca Palmarini: La lessicografia bilingue italiano-polacca e polacco-italiana dal 1856 al 1946. 2018.

Volume 32 Anna Krzyżanowska / Jolanta Rachwalska von Rejchwald (éds.): Texte, Fragmentation, Créativité I. Text, Fragmentation, Creativity I. Penser le fragment en linguistique. Studies on a fragment in linguistics. 2018.

Volume 33 Jolanta Rachwalska von Rejchwald / Anna Krzyżanowska (éds.): Texte, Fragmentation, Créativité II. Text, Fragmentation, Creativity II. Penser le fragment littéraire. Studies on a fragment in literature. 2018.

Volume 34 Tomasz Szymański : Texte, La morale des choses. Sur la théorie des correspondances dans l'œuvre de Charles Baudelaire. 2019.

Volume 35 Maciej Durkiewicz : Lingua e testualità dei diari on-line italiani. 2020.

Volume 36 Nikol Dziub / Tatiana Musinova / Augustin Voegele (éds): Traduction et interculturalité. Entre identité et altérité. 2019.

Volume 37 Krzysztof Kotuła: Voir à travers le texte, lire à travers l'image. Les mécanismes de la lecture du manuscrit médiéval. 2019.

Volume 38 Edyta Kociubińska (éd.): Le dandysme, de l'histoire au mythe. 2019.

Volume 39 Katarzyna Wołowska (éd.): Les facettes de l'interprétation multiple. 2019.

Volume 40 Ewa Urbaniak: La reduplicación léxica en español y en italiano: formas y motivaciones. 2020.

Volume 41 Alessandro Baldacci / Anna Małgorzata Brysiak / Tomasz Skocki (a cura di): Il futuro della fine. Rappresentazioni dell'apocalisse nella letteratura italiana dal Novecento a oggi. 2020.

Volume 42 Alessandro Baldacci / Anna Małgorzata Brysiak / Tomasz Skocki (a cura di): Variazioni sull'apocalisse. Un percorso nella cultura occidentale dal Novecento ai giorni nostri. 2021.

Volume 43 Joanna Jereczek-Lipińska / Mirosław Trybisz / Izabela Pozierak-Trybisz / Joanna Drzazgowska (éds): La Globalisation communicationnelle. Les enjeux linguistiques. 2021.

Volume 44 Joanna Jereczek-Lipińska / Mirosław Trybisz / Izabela Pozierak-Trybisz / Joanna Drzazgowska (éds): La Globalisation communicationnelle. Les nouveaux défis pour la littérature, la traduction et la didactique de langues. 2021.

Volume 45 Ágata Cristina Cáceres Sztorc: Cicatrices Resonantes Género, violencia y memoria en la obra literaria de Rocío Silva Santisteban. 2021.

Volume 46 Artur Gałkowski / Stefano Cavallo / Katarzyna Kowalik (eds.): Et in Arcadia ego. Roma come luogo della memoria nelle culture europee • Et in Arcadia ego. Rome as a memorial place in European cultures. Le strade che portano alla Città eterna • The roads leading to the Eternal City. 2021.

Volume 47 Nikol Dziub / Augustin Voegele (eds.): Le prix Nobel de littérature et l'Europe. 2021.

Volume 48 Andrzej Zieliński (eds.): Las fórmulas de saludo y de despedida en las lenguas románicas: sincronía, diacronía y aplicación a la enseñanza. 2021.

Volume 49 Anna Dyda: Leggibilità e comprensibilità del linguaggio medico attraverso i testi dei foglietti illustrativi in italiano e in polacco. 2021.

Volume 50 Brygida Sawicka-Stępińska: Me como las eses hasta en la sopa. Cambio fonético frente a la norma en el español ecuatoriano. Enfoque acústico y sociolingüístico. 2021.

Volume 51 Katarzyna Popek-Bernat (ed.): Normatividad, equivalencia y calidad en la traducción e interpretación de lenguas ibéricas. 2022.

Volume 52 Anna Kaczmarek-Wiśniewska (ed.): Animal(ité). 2021.

Volume 53 Ewa Urbaniak: Celebrar ritos a través de las palabras. Análisis contrastivo de los ritualismos lingüísticos en español y en polaco. 2021.

Volume 54 Marta Katarzyna Kacprzak / Gerardo Beltrán Cejudo (eds.): Retos e incertidumbres: sobre la traducción de literatura en lenguas ibéricas. 2022.

Volume 55 Sandoss Ben Abid-Zarouk/Abdelouahad Mabrour / Latifa Kadi-Ksouri / Jacqueline Bacha (eds.): Interactions langagières et apprentissage des langues dans des contextes spécifiques. 2022.

Volume 56 Desy Masieri: L'italiano giuridico in Italia e nelle istituzioni dell'UE. 2022.

www.ingramcontent.com/pod-product-compliance
Ingram Content Group UK Ltd.
Pitfield, Milton Keynes, MK11 3LW, UK
UKHW041824031026
15587UKWH00002B/546

9 783631 876480